New Wun Ching Developmental Publishing Co., Ltd.
New Age · New Choice · The Best Selected Educational Publications — NEW WCDP

第8版

商事法

最新修正法規

8th Edition

BUSINESS LAW

陳櫻琴、蔡鐘慶
王忠一、黃仲宜
顏忠漢、郭豐榮 / 編著

　　本書出版至今已十七年，距上次第七版修正業已經過一年多，其中保險法於 2022年 11 月再次修正，因此，將保險法章節依據最新修正法條進行更新。此次修正要特別感謝新文京開發出版股份有限公司的鼓勵與敦促、以及先前致理科技大學財務金融系姚彥成兼任講師給予寶貴意見、中原大學財經法律研究所葉文豪同學協助部分校訂，亦謝謝使用本書之師生，你們的使用是本書繼續修訂最大的動力。

陳櫻琴、蔡鐘慶、王忠一
黃仲宜、顏忠漢、郭豐榮

謹識於 2024 年 1 月

　　本書出版至今已十五年，這段期間法律環境變遷甚大，距上次第六版修正業已經過三年，其中經歷公司法於 2021 年 12 月修正，保險法分別於 2020 年 6 月、2021 年 5 月修正。隨著時序的推進，本書作者群在公私領域也多有成長，其中本書作者陳櫻琴老師甫於 2022 年 1 月於中原大學榮退，目前擔任上市公司獨立董事以及繼續在學校兼課作育英才，其餘作者亦有不同目標努力，藉由本書再版，把彼此情誼再次凝聚。此次修正要特別感謝新文京開發出版股份有限公司的鼓勵與敦促、致理科技大學財務金融系姚彥成兼任講師給予寶貴意見、中原大學財經法律研究所葉文豪同學協助部分校訂，亦謝謝使用本書之師生，你們的使用是本書繼續修訂最大的動力。

陳櫻琴、蔡鐘慶、王忠一
黃仲宜、顏忠漢、郭豐榮

謹識於 2022 年 9 月

本書出版至今超過十年，這段期間工商經營環境變化甚大，相關商事管理法制也頻繁修改，商學院、管理學院師生採用本書，對作者的指教，只有讓本書更符合學習商事法的課程及自修之用。

2018 年公司法大幅修正施行，本書配合修訂六版，以更符合當代公司經營觀點論述，敬請讀者繼續指正。在金融控股集團之下，保險公司扮演重要角色，無論保險業的經營或金融監管，面臨全新的挑戰，對公司治理和保險監管法制的調整幅度甚大，例如 2016 年保險法三度修正，2018 年多達五次頻繁修正，2019 年 1 月對公開發行的保險代理公司、保險經紀公司也強化內控內稽的管理。本書一併配合修正，期能符合經營實務與監管法制。

隨著時序的推進，本書作者群在公私領域也多有成長，無論在職場上轉換跑道，或學術精進與參與公司治理的實務累積，藉由本書的合作完成，成為商事法律研究的志同道合好友，相信是最值珍貴的過程。

並期待讀者諸君感受到我們滿滿的師生情誼和好友熱情。

陳櫻琴、蔡鐘慶、王忠一
黃仲宜、顏忠漢、郭豐榮

謹識於 2019 年 5 月

　　本書出版後，承蒙各大學院校商事法或商事法概要課程採用，得以再修訂出版，作者一同深感欣慰。公司法修正後，採用新類型的「閉鎖性股份有限公司」設立者，亦有若干家數能符合新創公司的需求，商事法的學習與實用，能與社會商事運作更為貼近，此亦為本書兼具研究及實務雙管齊下的作用。

　　修訂出版在即，數語致謝，並請各界繼續指教，期使本書內容更符合實用。

陳櫻琴、蔡鐘慶、王忠一
黃仲宜、顏忠漢、郭豐榮
謹識於 2016 年 8 月

　　商事法近來頻繁修正，因應經濟發展需求，如 2015 年公司法修正引進「閉鎖性股份有限公司」，同年保險法亦大幅修正，明確規定資本適足率，強化保險業之管理，並配合銀行兼營保險業，嚴格保險代理人等責任。本書配合最新修法趨勢，修訂四版亦有作者生力軍郭豐榮加入，其為中央大學財務金融系兼任講師，英國倫敦政經大學金融法碩士，在公部門貢獻所長。本書合著作者多年來在各自工作崗位上努力，並不忘進修，作者之一黃仲宜除具有法律專業外，攻讀學位不懈，取得中央大學工程博士，更顯見法律與其他專業領域整合的重要性。作者之一蔡鐘慶在金融機構工作多年，亦取得中正大學法學博士，並擔任中原大學兼任助理教授。作者一致認為，在工作研究之餘，能有好友提攜，奮力朝目標努力，皆是人生中最美好的學習過程與成果。

　　本書在修訂之際，諸多公司法及保險法重要法律和法規命令，大幅度修正，蔡鐘慶博士徹夜揮汗增修公司法相關內容，倍感辛勞。中原大學財經法律研究所謝坤政及劉明琇同學提供最新修法資料；任職於台灣國際專利法律事務所的亭安協助繕打文字，作者一同深表致謝。

　　本書提供各大學院校商事法概要課程授課參考，期能有助於學子熟悉商事法相關知識。

陳櫻琴、蔡鐘慶、王忠一
黃仲宜、顏忠漢、郭豐榮
謹識於 2015 年 8 月

　　商事法對於企業經營及交易秩序管理甚為重要，近年來公司經營環境變化迅速，因應社會需要，商事法修正頻繁，例如保險法即為強化保險業經營的管理，有多次的修訂，公司法亦在全球金融海嘯各國政府強化公司治理的趨勢下，亦有修正。本書出版後，承蒙學界採用，合著的作者也在各大學院校當作授課的教材，更希望本書能與時俱進，提供商事法入門之用。

　　新文京開發出版股份有限公司大力促成，本書能在 2009 年 1 月保險法修正後，以極短的時間協助修訂三版問世，特予致謝。合著作者亦在各領域有進一步的發展，我們願意珍惜這樣共同研究、共同學習的機會，並祈學界繼續不吝賜教。

陳櫻琴、蔡鐘慶、王忠一、
黃仲宜、顏忠漢
謹識於 2010 年 7 月

修訂二版序／PREFACE

法律書籍的修正應與時俱進，近來臺灣的各項立法修正速度頻繁，本書在 2006 年 3 月底出版後，各校學子使用為商事法教科書，作者也在教學相長過程中，對此一領域議題的掌握更有心得。隨著「商業會計法」及「保險法」陸續修正，本書基於提供最新的法條資訊及立法動向的考量，並刪減若干篇幅（主要是海商法在大多數的商事法授課內容未列入），增加重要的法律概念比較圖表，期以更簡明、有系統的方式介紹商事法的基本概念與案例。敬請各界先進繼續賜教，使本書內容更臻完善。

陳櫻琴、蔡鐘慶、王忠一
黃仲宜、顏忠漢
謹識於 2007 年 6 月

BUSINESS LAW

序言/PREFACE

　　商事法是法律學系必修科目，也是商管學院選修科目，尤其是公司治理等新興議題的討論，近年來，有關商事法律的理論與實務研究愈來愈重要，各大學院校也加強商事法課程，有的系所每學期三學分、有的系所每學期二學分，有關講授商事法的課程，在教材上要選擇商管學院適合的程度及篇幅，本書的作業即在此一基礎上，提供商事法最基本的介紹，並以案例解析方式，說明經典案例，為顧及更淺顯地了解商事法，在各法都編列實用 Q&A，以問答的方式，可以用最簡單的入門方式認識商事法。

　　本書作者群對於「普法教育」甚有使命感，也就是以淺顯易懂的方式從事法律艱深條文的轉化，提供非法律背景訓練所需的教材，本書是我們繼「資訊法律」、「環境法律」、「醫療法律」及「工程與法律」之後的嘗試之作。不過由於商事法屬於法律科目中的重點科目，不僅條文數量眾多，理論及學說的意見如何說明亦十分重要，相信本書可提供商管學院參加證照考試的商事法參考書籍。

　　編著者之一陳櫻琴為國立中興大學法學博士，目前擔任中原大學行政法、經濟法及公平交易法等科目之教授，並曾擔任中原大學財經法律系主任及行政院公平交易委員會委員，對於研究財經法規與執行財經政策，累積了豐富的學理與實務經驗。

　　蔡鐘慶為中原大學財經法律所碩士，現為中正大學法律研究所博士生，碩士論文係從比較法觀點探討我國私募制度之法律佈局，從事有關於公司法、證券交易法之研究，亦於中原大學財經法律系擔任兼任講師，講授商事法課程。

　　王忠一為輔仁大學法學士、中正大學法學碩士，現為元智大學管理研究所(EMBA)國際企業組研究生，並任職於政府機關負責政府採購等相關事宜，除於明新科技大學等校講授憲法、行政法、民刑法以及商事法等通識科目外，對民法及商事法因於教學過程中與學生互動，故頗有心得。

　　黃仲宜兼具法律及管理專業背景，擁有臺灣大學法律學士及加州大學工程學士暨美國管理研究所學位，現任職於政府機關辦理法務相關事宜，除於中原大學、清雲科技大學等校講授商事法、管理課程及通識科目外，亦曾擔任臺北市政府採購評選委員，從事於管理與法律之結合研究工作。

　　顏忠漢為中原大學財經法律系碩士，高考法制類科及格，曾任職中央健康保險局北區分局課長，現任職臺北市政府衛生局法制專員，對健康保險及醫療衛生相關法令，均有研究。現並擔任中原大學財經法律系兼任講師，講授商事法課程。

　　本書性質定位於編著相關商事法法規，提供重要的商事法律介紹，除了商事法總論介紹基本架構、商業登記法及商業會計法等之外，在各論方面則介紹公司法、票據法、海商法及保險法四種重要的商事法規，提供法律導覽，側重其在商業領域的運作實務，且藉由重要的案例及實用的答客問，以淺顯的方式，提供各大學院所「商事法」相關課程之用，請各界先進不吝指教。

陳櫻琴、蔡鐘慶、王忠一
黃仲宜、顏忠漢

謹識於 2006 年 3 月

BUSINESS LAW

目 錄/CONTENTS

第三編　票據法

第四編 保險法

⚖ 表目錄

第三篇　實用 Q&A

第四編　保險法

第一篇　法律導覽

BUSINESS LAW

| 第一編 |

商事法總論

第一篇　總　論

BUSINESS LAW

一、民商合一制

商事法為關於「商事」法律之一切總稱，我國為「民商合一」之立法體例，商事觀念納入民事觀念為立法基礎，商事為民事之一部分，商事立法與民事立法綜合規定，商事法律之規定包括於民法、商法及特別商法中。所謂商業，依商業登記法規定，以營利為目的，以獨資或合夥方式經營之事業（商登§2），其所經營之行業甚廣，農業、工業或各種製造業、服務業，凡以營利為目的，均可稱為商業，其經營及交易所生之法律關係即為商事法律關係。

商事法之意義，有廣義及狹義兩種意義。廣義商事法包括有關商事之一切事項，如商業契約、商業登記、商業組織、商業管理、商業會計、商業課稅及商務仲裁等。狹義商事法一般以「公司法」、「票據法」、「海商法」及「保險法」為重點，本書並包括「商業登記法」及「商業會計法」，但因篇幅所限，海商法暫未列入說明。

在國際商事交易頻繁，商事法可分為國際商事法與國內商事法兩種。國際商事法，指國際法上關於商事之規定，包括公約、條約及國際間共同遵守的商業習慣等。國內商事法，指關於國內之商事法規，又可分為商事公法與商事私法兩種。商事公法，指有關於行政機關管理商事行為法律關係之規定，一般屬於管理性質之法律，故稱公法，包括憲法、行政法、警察法及刑法等。商事私法，指私人之間有關商事私法法律關係之規定，如商事法、商事特別法及商事習慣法等。惟商事法具有國際共通性，諸多國際商事法已引進在國內商事法規定；且現行商事法之內容，均包括公法管理關係與私法交易關係，故商事公法與商事私法已甚難作明確區別。

我國商事法之立法早在18年國民政府時代，採取民商統一法典，屬於商法總則性質及部分商事行為的規定，納入民法規定中，如代理、買賣、交互計算、租賃、僱傭、承攬、委任、經理人及代辦商、寄託、倉庫、運送、旅客運送、承攬運送、合夥、指示證券、無記名證券及保證等，均與商事行為有關。部分商事交易行為特殊者，則另立商事單行法規。

商事單行法規尚包括證券交易法、銀行法、商標法、信託法、動產擔保交易法、公平交易法、消費者保護法、船舶法及強制汽車責任保險法等；新發展之商事法，則有期貨交易法、企業併購法、金融控股公司法及金融資產證券化條例等。本書有關商事法基本架構及各法 5W、法律條文架構，參見圖 1-1 至圖 1-12。

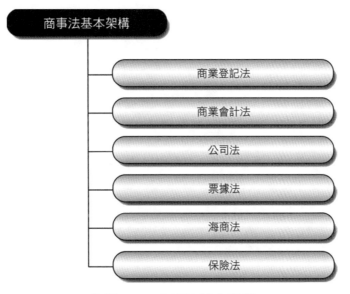

✒ 圖 1-1　商事法基本架構

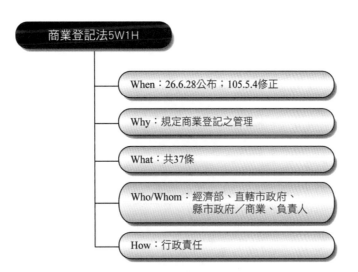

✒ 圖 1-2　商業登記法 5W1H

商業會計法5W1H

- When：37.1.7公布；103.6.8修正
- Why：商業會計事務之處理
- What：共10章83條
- Who/Whom：經濟部、直轄市政府、縣市政府／商業會計事務
- How：刑事責任、行政責任

圖 1-3　商業會計法 5W1H

商業會計法條文架構

- 第一章　總則§1～§13
- 第二章　會計憑證§14～§19
- 第三章　會計帳簿§20～§26
- 第四章　財務報表§27～§32
- 第五章　會計事務處理程序§33～§40
- 第六章　認列與衡量§41～§57
- 第七章　損益計算§58～§64
- 第八章　決算及審核§65～§70
- 第九章　罰則§71～§81
- 第十章　附則§82～§83

圖 1-4　商業會計法條文架構

公司法5W1H

- When：18.12.26公布；110.12.14修正；110.12.29施行
- Why：管理營利社團法人（公司）之規定
- What：共9章449條
- Who/Whom：經濟部、直轄市政府／無限公司、有限公司、兩合公司、股份有限公司及外國公司
- How：民事責任、刑事責任、行政責任

✑ 圖 1-5 公司法 5W1H

公司法條文架構

- 第一章　總則§1～§36
- 第二章　無限公司§40～§97
- 第三章　有限公司§98～§113
- 第四章　兩合公司§114～§127
- 第五章　股份有限公司§128～§356-14
- 第六章　刪
- 第六章之一　關係企業§369-1～§369-12
- 第七章　外國公司§370～§386
- 第八章　公司登記及認許§387～§438
- 第九章　附則§449

✑ 圖 1-6 公司法條文架構

票據法5W1H

- When：18.10.30公布；76.6.29修正
- Why：管理票據有價證券之規定
- What：共5章146條
- Who/Whom：金融監督管理委員會／匯票、本票、支票及金融機構
- How：民事責任

✍ 圖 1-7　票據法 5W1H

票據法條文架構

- 第一章　通則§1～§23
- 第二章　匯票§24～§119
- 第三章　本票§120～§124
- 第四章　支票§125～§144
- 第五章　附則§145～§146

✍ 圖 1-8　票據法條文架構

海商法5W1H

- When：18.12.30公布施行；98.7.8修正
- Why：管理船舶及海上航行運送之規定
- What：共8章153條
- Who/Whom：交通部／船舶、運送、海上保險
- How：民事責任、行政責任

✍ 圖 1-9　海商法 5W1H

海商法條文架構

第一章　通則§1～§5

第二章　船舶§6～§37

第三章　運送§38～§93

第四章　船舶碰撞§94～§101

第五章　海難救助§102～§109

第六章　共同海損§110～§125

第七章　海上保險§126～§152

第八章　附則§153

🖋 圖 1-10　海商法條文架構

保險法5W1H

When：18.12.30制定；111.11.30修正

Why：對不可預料或不可抗力之事故，給予賠償

What：共6章178條

Who/Whom：金融監督管理委員會／被保險人、
　　　　　　保險業、要保人、受益人

How：民事責任、刑事責任和行政責任

🖋 圖 1-11　保險法 5W1H

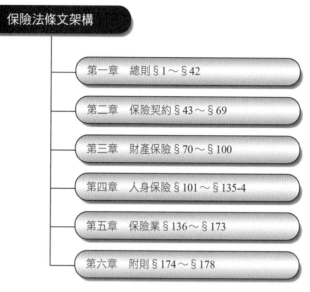

保險法條文架構

第一章 總則§1～§42

第二章 保險契約§43～§69

第三章 財產保險§70～§100

第四章 人身保險§101～§135-4

第五章 保險業§136～§173

第六章 附則§174～§178

圖 1-12 保險法條文架構

二、商事法之特性

商事法具有營利性、技術性、兼具國際與國內性、兼具公法與私法性、利益調和性等特性，說明如下：

（一）營利性

商事法具有營利之本質，立法主旨強調容許商業自由選擇經營之權利，無論公司或商業組織，均「以營利為目的」，維護自然人個人或法人之營利權利，包括票據法、海商法、保險法等絕大部分，都與營利目的有關。

（二）技術性

商事法之誕生，乃是基於經濟交易之需要，與民、刑法等與社會倫理規範不同。原則上是社會先有某種交易型態產生，為規範商事交易之權利義務，而產生各種商事法律。條文以實用為最大考量，法條本身具有技術性，尤其票據法、保險法及海商法，多由專家所設計，為國際習慣所採用，技術性最為濃厚，與一般法律偏向倫理性色彩之本質不同。

（三）兼具國際與國內性

商事法原屬國內法範疇，但國際貿易發達，跨國交易頻繁，國際間逐漸發展統一商法之趨勢，例如國際海事、運送公約與條約，國內海商法亦採納之，商事法兼具國際與國內性。

（四）兼具公法與私法性

　　法律體系傳統上分公法與私法，公法乃規定行政機關與人之間法律關係；私法乃規定私人間之法律關係。商事法包括行政機關對商事行為之管理，也包括私人間商事交易法律關係，商事法兼具公法與私法性，例如保險法的內容，規定保險契約，為私法性質，但設有專章規定「保險業」（第5章），則屬於公法管理性質。

（五）兼具任意法與強行法性

　　商事立法部分採任意規定，委由當事人自由決定，公權力不予涉入；但部分採強行規定，屬於法律之強制，不得違反。商事行為強調簡便，在特定當事人間產生法律關係，應由當事人自治與自決，任意性之規定已足。例如公司董事報酬由股東會決定、票據是否附有利息由當事人約定、保險契約之特約條款亦委由當事人自由訂定。但商事行為直接或間接與第三人產生利害關係，為保障交易安全，維護社會大眾之利益，法律亦作強行規定，如公司法公積之提存與使用、票據應記載事項、船長解職之限制及保險業者之責任準備金等，顯示商事法為調和公益與私益，兼具任意法與強行法性。

三、商事法之基本原則

　　商事法強調交易自由原則、交易公平原則與交易安全原則，此三項基本原則說明如下：

（一）交易自由原則

　　商事交易首重簡便，依契約自由與方式自由而進行交易，即訂立商事契約，內容得依當事人意思自行決定，私人相互間交易，原則上無需法定的方式，除有違背公序良俗，國家法律不加以干涉。對於商事行為的解釋，亦採自由原則，解釋意思表示，應探求當事人之真意，不得拘泥於所使用之辭句（民§98）。商事法尊重當事人交易自由原則，如公司章程任意記載事項、公司內部關係、經理人職權等；票據法亦有票據任意記載事項，均屬強調交易自由原則。

（二）交易公平原則

　　商事交易行為以營利為目的，交易人憑一己之力而自由競爭，依誠信方法互為交易，強調交易公平原則。誠信為倫理觀念，在法律上形成一種行為準則，在民法及商事法均有適用，例如商事交易主體立於平等地位，互為交易，以維持公平，公

司法關於股份有限公司各股東的表決權之行使、公司認許之互惠主義等，均為符合公平原則之實踐。

（三）交易安全原則

　　商事交易涉及當事人及利害第三人，為保障交易安全，商事法立法之基礎在於強制主義、公示主義、外觀主義及嚴格責任主義等。例如公司章程、票據、載貨證券及保險契約等，均有規定絕對必要記載事項，對於違反規定者並有刑事責任或行政責任之規定，即顯示商事法之強制性。所謂公示主義，即交易當事人對於營業上之一切事實，與社會公益有關者，應公告週知。外觀主義係以交易當事人行為之外觀為準，而認定其行為所生之效果，交易行為完成後，原則上不得撤銷。例如票據之文義式、要式性與外觀解釋原則，以利票據流通，確保交易安全。至於嚴格責任主義，對於交易行為之當事人或負責人，賦予以嚴格之責任，例如公司負責人、票據之發票人、背書人、海商之運送人或船舶所有人等，法律規定特別嚴格之責任，以保護交易安全。

第二篇　法律導覽

BUSINESS LAW

第一章　商業登記法

一、登記設立主義與登記對抗主義

　　商業登記法 26 年制定，僅 29 條條文，對於經營商業者，保護與監督並重；經多次修正，105 年修正條文共 37 條。本法主管機關為經濟部，但商業登記之申請，由商業負責人向營業所在地之主管機關為之，亦即向營業所所在地之「直轄市政府」或「縣（市）政府」辦理。目前屬於地方政府辦理事項，多屬程序性法律之規定。

　　所謂商業登記，即依一定法定程序，由當事人將應行登記事項，向營業所所在地主管機關所為之登記。因商業之經營與社會經濟有密切關係，依一定公示方法，表示其營業狀態，以保護交易安全。商業登記法，為關於商業登記的普通法，規定一般商業登記之法律，原則上採「登記設立主義」，又稱登記必要主義，即商業非經商業所在地主管機關登記，不得成立，但小規模商業，得免依本法申請登記（商登§4）。且申請登記事項有虛偽情事者，商業負責人處 6 千元以上 3 萬元以下罰鍰（商登§30）。

　　商業登記之種類，包括開業登記、負責人、經理人之任免或調動、分支機構登記、變更登記、遷移登記、停業登記、歇業登記等（商登§9~§18）。

　　商業登記法具有強制性，違反強制登記之處罰，未經設立登記而以商業名義經營業務或為其他法律行為者，商業所在地主管機關應命行為人限期辦妥登記；屆期未辦妥者，處 1 萬元以上 5 萬元以下罰鍰，並得按次連續處罰（商登§31）。至於商業之種類，本法係採概括主義，並未一一列舉商業之種類，僅分大規模營業與小規模營業兩種。小規模營業（商登§5），免申請商業登記，其他者即屬大規模營業，應申請商業登記。其次，商業登記事項包括「所營業務」（商登§9I），商業經營有應登記事項而不登記者，商業負責人處 2 千元以上 1 萬元以下罰鍰（商登§32），此即一般所謂「違規營業」之處罰。

商業組織分「獨資」、「合夥」及「公司」組織三種，目前常見者為公司組織，故依公司法申請公司登記者居多，適用商業登記法者少。商業組織之營業所，如同自然人之住居所，為商業活動一切行為之根據地，營業所之種類又為主營業所及分支機構，均屬應登記事項，如有變更，應為遷出及遷入之變更登記（商登§15I）。商業設立登記後，有應登記事項而未登記，或已登記事項有變更而未為變更之登記者，不得以其事項對抗善意第三人，為「登記對抗主義」（商登§20I）。違反登記之規定者，其商業負責人有處罰之規定（商登§33、§34）。

二、商業負責人及輔助人

商業行為之主體，包括商業負責人及其輔助人，本法規定商業負責人，在獨資組織者，為出資人或其法定代理人；在合夥組織者為為執行業務之合夥人（商登§10I）。至於經理人為輔助商業營業之人，依民法第 553 條規定，稱經理人者，謂由商號之授權，為其管理事務及簽名之人。其與商業之間法律關係，有委任關係、僱傭關係或委任及僱傭之混合關係，本法對經理人之責任，採取實質說，亦即經理人在執行業務範圍內，亦為商業負責人（商登§10II）。經理人之權限在其營業範圍內，原則上不受限制，商業如加以限制，不得對抗善意第三人（民§557）。

三、商業名稱

「商業名稱」為商業主體在營業上所用之名稱，在營業交易行為用以署名，表彰自己在營業上的活動，從而公司在經營商業時，「公司名稱」即為商業名稱，商業登記法所規定之商業名稱，實務上即指「商號名稱」。

本法對於商業之名稱，得以其負責人姓名其他名稱充之。但不得使用易於使人誤認為與政府機關或公益團體有關之名稱，亦不得使用公司字樣（商登§27、§28II）。至於目前實務上對於使用「商號名稱」之限制，規定商業在同一直轄市或縣（市），不得使用與已登記之商業相同之名稱（商登§28I），有稱「商號專用權」或「商號權」。但有下列情形者，不在此限：

1. 原已合法登記之商業，因行政區域調整，致與其他商業之名稱相同。

2. 增設分支機構於他直轄市或縣（市），附記足以表示為分支機構之明確字樣。

早年實務見解認為「商號名稱被侵害時，得請求主管機關命令登記在後之商號改名（行政法院判例 47 判 48 號）。但此種規定強調商號登記之「排他效力」，似有過於嚴苛之處。由於營業主體所表彰名稱，與營業人之「姓名人格權」有關，早期強調商業名稱之「專用權」，利用公權力管理商業名稱之制度，近年迭有鬆綁之趨勢。

　　例如有關公司名稱之規定，第 18 條原則上僅管理公司名稱之相同，是否「類似」之爭議，依其使用行為是否造成混淆誤認，而認定有無違反競爭法，適用公平交易法規定。

　　商業名稱與商標亦有不同，商業名稱是表彰商業之營業活動，而商標是表示特定商品或服務之標識，並得藉以與他人之商品或服務相區別（商標§5），採取註冊保護主義（商標§2）。若以商業名稱之文字申請註冊商標，則商號與商標結合為一，營業人使用時可能產生混淆誤認之爭議更多。

四、主管機關職權

　　商業登記主管機關為地方政府，其職權包括下列事項：

（一）通知補正

　　對於商業登記之申請，認有違反法令或不合法定程式者，商業所在地主管機關應通知補正（商登§22）。

（二）撤銷登記

　　本法對商業登記採取嚴格主義，如商業有下列情事之一者，其所在地主管機關得依職權、檢察機關通知或利害關係人申請，撤銷或廢止其商業登記或部分登記事項（商登§29）：

1. 登記事項有偽造、變造文書，經有罪判決確定。

2. 登記後滿 6 個月尚未開始營業，或開始營業後自行停止營業 6 個月以上者。

3. 遷離原址，逾 6 個月未申請變更登記，經商業所在地主管機關通知仍未辦理者。

4. 登記後經有關機關調查，發現無營業跡象，並經房屋所有權人證明無租借房屋情事者。

5. 商業名稱經法院判決確定不得使用，商業於判決確定後 6 個月內尚未辦妥名稱變更登記，並經商業所在地主管機關令其限期辦理仍未辦妥。

第二章　商業會計法

一、商業會計之意義

　　商業會計，亦稱商業帳簿，乃商業用以明白表示其營業及財產狀況，依法所造具之帳冊。商業會計可分為實質意義與形式意義兩種。實質意義之商業會計，指商業所備置之一切帳簿，其備置原因可基於法律規定，或出於自己之意思；形式意義之商業會計，指商業依法令所備置之帳簿。

　　形式意義之商業會計，又可分為廣義與狹義兩種。廣義之商業會計，指商業依組織本身需要所為之計算書表及依法令所規定設置之帳簿均屬之。狹義之商業會計法，指依商業會計法專章規定，商業應設置之「會計帳簿」（第3章）。

　　本法在37年公布，僅57條條文，至40年在臺灣才開始施行。近年來若干上市公司產生商業會計之弊端，經大幅度之修正。由於「國際會計準則」之發展，商業會計在決算及審核上亦有所配合，103年修正，共83條，自105年施行，修正第四章章名為「財務報表」、第六章章名為「認列與衡量」。

　　各國對於商業會計立法上有採干涉主義、放任主義及折衷主義等，我國商業會計法對於商業帳簿採取「干涉主義」，強制規定商業負責人「設置商業帳簿」、「設置會計人員」、「公司會計人員之任免」或「依法律規定記帳」之法律責任，並處以行政罰鍰（商會§76~§79）。

二、商業會計之範圍

　　商業會計法名稱雖為「商業會計」，但其所稱商業範圍，比商業登記法為廣，本法所稱商業，以營利為目的之事業；其範圍依商業登記法、公司法及其他法律之規定，如證券交易法、銀行法等，其商業會計均適用本法。商業負責人之範圍亦依公司法、商業登記法及其他法律有關之規定（商會§2I、§4）。本法所規定「會計帳簿」之種類有二，一為序時帳簿，一為分類帳簿。序時帳簿係以事項發生之時序為主而為記錄者，分類帳簿係以事項歸屬之會計項目為主而記錄者（商會§20）。

　　對會計項目採「概括規定」，會計項目應按財務報表之要素適當分類，商業得視實際需要增減之（商會§27）。對於財務報表之分類有四：一、資產負債表；二、綜合損益表；三、現金流量表；四、權益變動表。前項各款報表應予必要之附註，並

視為財務報表之一部分（商會§28）在第 28-1 條以下分別就各種財務報表之要素及附註事項予以規定。

　　商業會計不僅為揭示商業營業上之狀況，且足以為公司管理、證券管理及民刑事訴訟上之依據，原則上應以國幣為記帳本位，應以中文為之。且應在一定期間內加以保存，各項會計憑證、除應永久保存或有關未結會計事項者外，應於年度決算程序辦理終了後，至少保存 5 年。各項會計帳簿及財務報表，至少保存 10 年（商會§38），即採取確定期間保存制。

　　商業會計法之重要精神應確立以「財務會計」為主，才能正確表達商業之財務狀況及經營成果之財務報表。但過去坊間迭有所謂「兩套帳」，形成原因即在於以「稅務會計」為主的帳務處理方式，若干公司、商號針對稅務機關、銀行、股東分別有不同會計帳簿。

　　第 2 條第 2 項規定為「本法所稱商業會計事業之處理，係指商業從事會計事項之辨認、衡量、記載、分類、彙總，及據以編製財務報表。」第 62 條規定，申報營利事業所得稅時，各項所得計算依稅法規定所作調整，應不影響帳面紀錄。目的希望商業能依一般公認會計原則處理帳務，再依主管機關或銀行的規定作調整，逐漸改善「兩套帳」之作法。

三、商業會計法之特性

　　商業會計法具有法律規範性、商業性、資訊性等特性，說明如下：

（一）法律規範性

　　商業會計法規範商業會計之強制記載事項，具有法律規範性，不得違反憲法、法律及行政法一般法律原則。商業會計事務之處理，得委由會計師或依法取得代他人處理會計事務資格之人辦理之；公司組織之商業，其委託處理商業會計事務之程序，準用第 2 項及第 3 項規定（商會§5V），且有關「會計憑證、會計項目、會計帳簿及財務報表，其名稱、格式及財務報表編製方法等有關規定之商業會計處理準則，由中央主管機關定之」（商會§13），俾符合法律授權原則。其次有關公開發行公司之商業會計，除本法外，尚應適用其他相關法規，其適用順序參見圖 1-13：

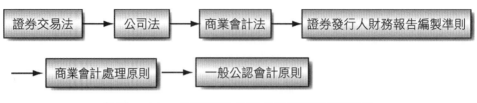

圖 1-13 公開發行公司會計原則適用順序

（二）商業性

亦稱營利性，本法名為商業會計法，但適用行業是指以營利為目的之事業，而不以其所營事業或所屬業別而決定是否適用，具有商業營利性，惟若非以營利之目的之事業，如學校、醫院等財團法人，其會計帳冊，則不適用本法。

（三）資訊性

商業會計具有資訊性，其處理會計事務所得的產出，如憑證、帳冊及報表簽章等。一般會計資訊之品質，包括「攸關性」(relevance)、「可靠性」(reliability)與「決策有用性」(decision usefulness)，商業會計所強調者為後兩者。會計資訊是否攸關，繫於資訊是否有預測價值、回饋價值與及時性；會計資訊的可靠性，繫於該資訊的忠實表達、可驗證性和中立性。會計資訊具有公共財的特性，商業在法律規定之下，應予公開揭露，藉數量化之財務資料，正確表達商業之財務狀況及經營成果，提供資訊使用者，如投資人及社會大眾作審慎判斷與決策，影響公共利益甚大。商業所產生之會計資訊所強調者為可靠性與決策有用性，而資訊是否攸關，須待決策情況出現，針對可靠資訊加以辨認，並達成使會計資訊協助作成決策之目的。

（四）國際會計準則之參考

國際會計準則相關名詞及報表編制及表達之架構，經本法多次修正，立法理由均再三強調參採。依本法第 13 條授權之法規命令「商業會計處理準則」（107 年修正）第 2 條規定，「商業會計事務之處理，應依本法，本準則及有關法令之辦理；其未規定者，依照一般公認會計原則辦理。」且依本法之主管機關經濟部之函釋：「商業會計法第 2 條第 2 項所稱之『一般公認會計準則』，其範圍包括財團法人中華民國會計研究發展基金會財務會計準則委員會所公布之各號財務會計準則公報及其解釋、國際會計原則、會計學理及權威機構發布之會計文獻等，其適用次序依序為財務會計準則公報、公報解釋、國際會計準則、會計學則及權威機構發布之會計文獻。」（87 年 7 月 27 日經 87 商字第 87217988 號函）

四、支付工具之特別規定

　　本法有關「支付工具」之強制規定，亦值注意。為節省現金收受時間、避免錯誤及防止遺失、被竊之危險，本法規定商業之支出超過一定金額以上者，應使用匯票、本票、支票、劃撥、電匯、轉帳或其他經主管機關核定之支付工具或方法，並載明受款人（商會§9）。經濟部並公告，商業之支出超過新臺幣1百萬元以上者，應使用票據等支付工具。違反者，代表商業之負責人、經理人、主辦及經辦會計人員處3萬元以上15萬元以下罰鍰（商會§78①）。此一規定亦有附帶管理之作用，即可管控一定金額以上之交易流程，防止洗錢等重大經濟犯罪。洗錢防制法亦有類似規定，強制金融機構及指定之非金融事業或人員對於達一定金額以上之通貨交易，應向法務部調查局申報（洗§9）。

五、商業會計人員處罰之規定

　　商業會計法之修正，強化違規處罰之責任，第九章罰則規定(§71~§81)，處罰對象包括商業負責人、主辦及經辦會計人員或依法受託或未符合資格擅代他人處理會計事務之人員等。處罰規定包括刑事責任與行政責任。

　　違反商業會計法之「犯罪型態」，說明如下：

（一）　依第71條規定，商業負責人、主辦及經辦會計人員或依法受託代他人處理會計事務之人員有下列情事之一者，處5年以下有期徒刑、拘役或科或併科60萬元以下罰金：

　　1. 以明知為不實之事項，而填製會計憑證或記入帳冊。

　　2. 故意使應保存之會計憑證、會計帳簿報表滅失毀損。

　　3. 偽造或變造會計憑證、會計帳簿報表內容或毀損其頁數。

　　4. 故意遺漏會計事項不為記錄，致使財務報表發生不實之結果。

　　5. 其他利用不正當方法，致使會計事項或財務報表發生不實之結果。

（二）　依第72條規定，使用電子方式處理會計資料之商業，第71條所列人員或以電子方式處理會計資料之有關人員，有下列情事之一者，處5年以下有期徒刑、拘役或科或併科60萬元以下罰金：

　　1. 故意登錄或輸入不實資料。

　　2. 故意毀損、滅失、塗改貯存體之會計資料，致使財務報表發生不實之結果。

3. 故意遺漏會計事項不為登錄，致使財務報表發生不實之結果。

4. 其他利用不正當方法，致使會計事項或財務報表發生不實之結果。

（三） 第 74 條規定，未依法取得代他人處理會計事務之資格而擅自代他人處理商業會計事務者，處 10 萬元以下罰金；經查獲後 3 年內再犯者，處 1 年以下有期徒刑、拘役或科或併科 15 萬元以下罰金。

（四） 第 75 條規定，未依法取得代他人處理會計事務之資格，擅自代他人處理商業會計事務，而有第 71 條、第 72 條各款情事之一者，應依各該條規定處罰，亦即有刑事責任之處罰。

（五） 第 73 條規定，主辦、經辦會計人員或以電子方式處理會計資料之有關人員，於事前曾表示拒絕或提出更正意見有確實證據者，得減輕或免除本法第 71 條與第 72 條之責任。

至於有關行政責任之處罰，參見表 1-1：

⚖ 表 1-1　會計人員行政罰一覽表

處罰對象	處罰內容	理由	相關條文
1. 代表商業負責人 2. 代表經理人 3. 代表主辦及經辦會計人員	6 萬元以上 30 萬元以下罰鍰	1. 設置帳簿 2. 毀損帳簿頁數或毀滅審計軌跡 3. 未依限保存帳表憑證 4. 未如期辦理決算 5. 編製內容顯不確實	§76 §23、§24、 §38、§65、第 6 章、 第 7 章
商業負責人	3 萬元以上 15 萬元以下罰鍰	1. 未設置會計人員 2. 未依法任免主辦會計人員 3. 公司組織之商業會計委由會計師或依法取得代他人處理會計事務資格之人處理，委託程序之準用	§77 §5 I II V

⚖ 表 1-1　會計人員行政罰一覽表（續）

處罰對象	處罰內容	理由	相關條文
1. 代表商業之負責人 2. 經理人 3. 主辦及經辦會計人員	3萬元以上15萬元以下罰鍰	1. 支付工具 2. 不取得原始憑證 3. 給予他人憑證不按時登帳 4. 未依規定裝訂或保存會計憑證 5. 不編製報表 6. 不將決算報表置於本機構或拒絕查閱	§78 §9Ⅰ、§14、§34、§36、§66Ⅰ、§69
1. 代表商業之負責人 2. 經理人 3. 主辦及經辦會計人員	1萬元以上5萬元以下罰鍰	1. 未依記帳本位及文字規定記帳 2. 不設置應備之會計帳簿等目錄 3. 未依規定簽名、蓋章 4. 未依限提請承認 5. 規避、妨礙或拒絕檢查	§79、§7、§8、§25、§35、§66Ⅲ、§68Ⅰ、§70

第三篇 案例解析

案例一

商業登記、公司登記與營業登記有何不同？

解析

　　商業登記指依商業登記法規定，向營業所所在地之主管機關申請登記所營業務，原則上商號及合夥事業應經商業登記。如屬公司組織，則依公司法申請公司登記，由經濟部商業司管理，登記所設立公司種類及公司營業資料，目的在取得法人資格，符合公示主義，保障交易安全；營業登記是依加值型及非加值型營業稅法規定，向主管稽徵機關申請營業登記，目的在於營業稅之課徵。其三者應登記項目，參見表1-2：

表1-2 商業登記、公司登記與營業登記一覽

種類	商業登記	公司登記	營業登記
法源	商業登記法	公司法	加值型及非加值型營業稅法
主管機關	營業所所在地主管機關	經濟部商業司	主管稽徵機關
管理目的	公示主義	公示主義	稅籍登記
登記項目	名稱、組織、所營事業、資本額、所在地、負責人姓名等資料、出資種類及數額、合夥組織之資料、其他經中央主管機關規定之事項（商登§9）	公司名稱、所營事業、公司所在地、執行業務或代表公司股東、董事、監察人姓名及持股、經理人姓名、資本總額或實收資本總額、公司章程（公§393）	營業人之總機構、其他固定營業場所（營業稅§28）

案例二

商業會計法所稱「財務報表必要之附註」，法律上效力如何？

解析

財務報表必要之「附註」（舊法稱註釋），視為財務報表之一部分，依商業會計法第 29 條規定，附註係指下列事項之揭露：

一、聲明財務報表依照本法、本法授權訂定之法規命令編製。

二、編製財務報表所採用之衡量基礎及其他對瞭解財務報表攸關之重大會計政策。

三、會計政策之變更，其理由及對財務報表之影響。

四、債權人對於特定資產之權利。

五、資產與負債區分流動與非流動之分類標準。

六、重大或有負債及未認列之合約承諾。

七、盈餘分配所受之限制。

八、權益之重大事項。

九、重大之期後事項。

十、其他為避免閱讀者誤解或有助於財務報表之公允表達所必要說明之事項。

　　商業得視實際需要，於財務報表附註編製重要會計項目明細表。

　　依公司法規定，董事會應將其所造具之各項表冊，提出於股東常會請求承認（公§230 I），實務上董事會於股東常會開會時，所提出表冊，包括商業會計法之財務報表及其附註事項。

案例三

商業會計法規定之「會計人員」，其意義、範圍及任免程序如何？

解析

（一）會計人員之意義：在商業會計法並未加以定義，依第 5 條規定，可區分為專職與兼職兩類：

1. 依第 1 項規定：「商業會計事務之處理，應設置會計人員辦理之。」其本意為商業應設有專職會計人員，但未就該專職會計人員之資格加以規定。

2. 依第 5 項規定：「商業會計事務之處理，得委由會計師或依法取得代他人處理會計事務資格之人辦理之；公司組織之商業，其委託處理商業會計事務之程序，準用第二項及第三項規定。」其本意指兼職會計人員，且規定兼職會計人員必須具有一定資格。

另依記帳士法第 2 條規定，經考試及格或換領證書後，充任記帳士。

（二）會計人員之範圍：依經濟部相關之解釋，說明如下：

會計人員之範圍可區分為主辦會計人員與經辦會計人員兩類，即規定，主辦會計人員指公司會計事務之主要負責人，是以主辦會計人員主要是負責商業之會計處理之相關業務。除主辦會計人員外，其他會計人員一律為經辦會計人員，例如分公司會計人員為經辦會計人員（經濟部 84 年 9 月 20 日經 (84)商 224114 號函）。

（三）會計人員之任免：依第 2 項與第 3 項規定「主辦會計人員之任免」，且對公司組織之主辦會計人員，其任免程序有嚴格之規定。惟未對經辦會計人員之任免加以規定。有關公司組織主辦會計人員之任免，說明如下：

1. 股份有限公司：應由董事會以董事過半數之出席，及出席董事過半數之同意。

2. 有限公司：應有全體股東過半數之同意。

若公司章程有較高規定者，從其規定。至於會計人員依法處理會計事務，其離職或變更職務時，應於 5 日內辦理交代。本法有關任免的規定，以主辦會計人員為限，目的是提高主辦會計人員之獨立性，但有關離職、變更，無論主辦或經辦會計人員一律適用在 5 日內辦理交代之規定。

 案例四

> 如何依商業會計法規定辦理資產重估？公司之自用土地如何辦理重估？違法之處罰如何？

解析

　　依商業會計法第 51 條、第 52 條規定，商業得依法令規定辦理資產重估價，即一般所稱之「資產重估」。辦理重估或調整之資產而發生之增值，應列為未實現重估增值。經重估之資產，應按其重估後之價額入帳，自重估年度翌年起，其折舊、折耗或攤銷之計提，均以重估價值為基礎。

　　違反資產重估之規定，編製內容顯不確實之決算報表者，依本法第 76 條第 5 款項規定代表，代表商業之負責人、經理人、主辦及經辦會計人員，處 6 萬元以上 30 萬元以下罰鍰。

案例五

　　某會計師受公司委託處理會計事務，但在公司財務經理要求之下，會計師明知為不實之事項，填製會計憑證，依商業會計法規定，會計師應負何種法律責任？有何減免責任之道？

解析

　　依商業會計法第 71 條第 1 款之規定：「以明知為不實之事項，而填製會計憑證或記入帳冊者」，商業負責人、主辦及經辦會計人員或依法受託代他人處理會計事務之人員，處 5 年以下有期徒刑、拘役或科或併科 60 萬元以下罰金。會計師在公司財務經理要求下，以明知為不實之事項，填製會計憑證，則會計師之責任，依本條規定而有刑事責任。

　　財務經理要求會計師之責任，若會計師在財務經理提出要求「以明知為不實之事項，填製會計憑證」時，曾於事前表示拒絕，或提出更正意見，且有確實證據者，得減輕或免除其刑。依第 73 條規定：「主辦及經辦會計人員或以電子方式處理會計資料之有關人員，犯前二條之罪（即§71 及§72），於事前曾表示拒絕或提出更正意見有確實證據者，得減輕或免除其刑。」

第四篇　實用 Q&A

BUSINESS LAW

Q1

商業登記採取登記設立主義及登記對抗主義，係何所指？

商業登記原則採「登記設立主義」，依第 4 條規定，非經商業所在地主管機關登記，不得成立。商業業務，依法律或法規命令，須經各該目的事業主管機關許可者，於領得許可文件後，方得申請商業登記（商登§6）。但有關登記事項則採「登記對抗主義」，依第 20 條規定，有應登記事項而未登記，或已登記事項有變更而未為變更之登記者，不得以其事項對抗善意第三人。

Q2

哪些小規模商業，免申請商業登記？

依第 5 條規定，有 5 種小規模商業，免申請商業登記：

一、攤販。

二、家庭農、林、漁、牧業者。

三、家庭手工業者。

四、民宿經營者。

五、每月銷售額未達營業稅起徵點者。

前項第二款及第三款所定小規模商業，以自任操作或雖僱用員工而仍以自己操作為主者為限。

Q3

商業之違規營業應受如何之處罰？

商業經營應登記而不登記事項之業務，依第 32 條規定，處罰商業負責人 2 千元以上 1 萬元以下罰鍰。

Q4

何謂商業負責人？

依第 10 條規定，在獨資組織者，為出資人或其法定代理人；在合夥組織者，為執行業務之合夥人。經理人在執行職務範圍內，亦為商業負責人。

Q5

使用商號名稱與他人商業名稱相同，應如何處理？

依第 28 條規定，使用商號名稱之限制，指商號在同一直轄市或縣（市），不得使用與已登記之商業相同之名稱。但有下列情形者，不在此限：

1. 原已合法登記之商業，因行政區域調整，致與其他商業之名稱相同。
2. 增設分支機構於他直轄市或縣（市），附記足以表示為分支機構之明確字樣。

Q6

何謂商業會計事務？

依商業會計法第 2 條第 2 項規定，商業會計事務，指商業從事會計事項之辨認、衡量、記載、分類、彙總，及據以編製財務報表。

Q7

財務報表包括哪四種？

商業會計法第 28 條規定，包括：一、資產負債表。二、綜合損益表。三、現金流量表。四、權益變動表。

Q8

商業之支出有何規定應使用票據等工具？

依商業會計法第 9 條規定，商業之支出超過一定金額以上者，應使用匯票、本票、支票、劃撥或其他經主管機關核定之支付工具或方法，並載明受款人。目前主管機關經濟部公告：公告商業之支出超過新臺幣 1 百萬元以上者，應使用匯票、本票、支票、劃撥或其他經主管機關核定之支付工具或方法，並載明受款人、並自民國 85 年元月 1 日起實施（經濟部 84.10.28 商 222667 號公告）。

Q9

商業會計法所規定的會計基礎有哪兩種？

依第 10 條規定，會計基礎採用「權責發生制」，在平時採用「現金收付制者」，俟決算時，應照權責發生制予以調整。

所謂「權責發生制」，係指收益於確定應收時，費用於確定應付時，即行入帳。決算時收益及費用，並按其應歸屬年度作調整分錄。

所稱「現金收付制」，係指收益於收入現金時，或費用於付出現金時，始行入帳。

Q10

何謂會計事項？對外會計事項與內部會計事項有何不同？

 依第 11 條規定，凡商業之資產、負債、權益、收益及費損發生增減變化之事項，稱為會計事項。會計事項涉及商業本身以外之人，而與之發生權責關係者，為「對外會計事項」；不涉及商業本身以外之人者，為「內部會計事項」。

Q11

憑證、帳簿報表之保存期限如何？

 依第 38 條規定，各項會計憑證，除應永久保存或有關未結會計事項者外，應於年度決算程序辦理終了後，至少保存 5 年。各項會計帳簿及財務報表，應於年度決算程序辦理終了後，至少保存 10 年。但有關未結會計事項者，不在此限。

MEMO:

BUSINESS LAW

| 第 二 編 |

公司法

第一篇　法律導覽

第一章　總　則

第一節　公司法之沿革

　　公司法為規範公司企業之組織、經營、解散及其他對外法律關係之法律，於民國 18 年公布，嗣經二十七次修正，最新一次修正為 110 年 12 月 29 日修正公布第 172-2、356-8 條條文，主要是放寬非公開發行股票公司與公開發行股票公司只要章程訂明都可以視訊方式召開股東會。隨著數位科技之進步，股東以視訊方式參與股東會並行使股東權日漸普及，應加以重視及保障，鑒於如有疫情等類似不可抗力情事發生，倘因公司章程未及修訂致股東會無法以視訊會議方式為之，將對公司運作及股東相關權益有所影響，爰本次修正增加配套規定，其重點如下：一、關於公司與閉鎖性公司之股東會，增訂中央主管機關得因天災事變等不可抗力情事，得公告於一定期間內，得不經章程訂明，以視訊會議或其公告之方式開會，增加採行視訊股東會之彈性。二、公開發行股票公司部分，開放可採行視訊股東會，並就其應符合之條件、作業程序及其他應遵行事項等，優先適用證券主管機關所定之子法。而107 年之修正則是近期最大幅度之修正，該次修正行政院版本條文草案原為 148 條，經立法院討論後否決 4 條，另增 4 條修正，總共修正條數仍為 148 條，本書仍以 107年修正為主要介紹重點。

　　公司法屬於商事法之範疇，其所規範者為公司法人，公司是運用資本，以營利為目的之組織體，一般企業組織體包括個人企業、合夥企業、公司企業及合作企業等，其中以「公司企業」最為重要，公司種類，以有限公司及股份有限公司最為常見。

公司法具有團體法特性、人格法特性及交易法特性等。所謂團體法特性，指公司乃多數人（股東）所組織之團體，規範公司組織之法律，屬於團體法。團體法與個人法不同，個人法原則上基於自由平等原則，而團體法則含有「多數決」、「程序正義」等原理，公司法對公司組織之運作具有團體法之特性。在 90 年修正後允許「有限公司」之一人公司及「股份有限公司」之政府的法人、一人股東公司(§2Ⅱ)。

其次，公司具有法人人格，有關公司名稱、能力、住所等，均賦予一定之法人地位，主要為期公司能永續經營，使其具有獨立性，不致於受股東或經理人個人之因素而受影響，具有人格法特性。公司法也具有交易法之特性，其以營利為目的，強調交易之安全與股東、投資人之保障。例如採取「公示主義」，對交易上有關重要事項，資訊應予揭露，如公司登記、一定事實之公告、財務報表之備置及提供查閱或抄錄，均屬保護交易安全之規定。

公司法原規定公司種類有五種，69 年修正刪除實務上罕見之「股份兩合公司」（原第 6 章），86 年增訂第 6 之 1 章「關係企業」，90 年大幅修正，104 年引進閉鎖性公司，對於整個法律有結構性重大變革，107 年修正 148 條，讓整個公司法有新的風貌。

107 年修正有六大重點，包括增加法人透明度、友善新創環境、企業經營管理彈性、保障股東權益、強化公司治理、與國際接軌：

一、 增加法人透明度：為因應國際洗錢防制評鑑，新增董監事及股東等資料申報義務。廢除無記名股票，避免無記名股票成為洗錢工具。

二、 友善新創環境：公司得發無面額股，使股票發行價格更有彈性。新增多種特別股類型讓公司有更靈活的股權設計，此外，公司可以每季或每半年分紅，有利投資人及早收回投資，提高投資意願。

三、 企業經營彈性：公司可只設一董或二董，不強制設三董，減輕公司人事成本。刪除發起人持股一年限制，有利新創吸引投資。擴大員工獎酬工具如庫藏股、員工酬勞及新股認購權的發放對象，可及於母子公司，有利集團企業留住人才

四、 保障股東權益：降低有限公司出資轉讓及股東同意權門檻；增列股東會不得以臨時動議提出的事由；保障股東提案權，公司不得任意剔除股東提案；股份有限公司繼續持有三個月以上過半數股東得自行召集股東臨時會，不須經主管機關許可；董事會不得任意剔除股東提名的董監事候選人，保障股東提名權等。

五、 強化公司治理：董事長不召開董事會，過半董事得自行召開；確保召集權人得取得股東名簿。

六、 與國際接軌：廢除外國公司認許制度。

　　根據 110 年 12 月 29 日修正公布前之公司法第 172-2 條規定，公司章程得訂明股東會開會時，以視訊會議或其他經中央主管機關公告方式為之。股東會開會時，如以視訊會議為之，其股東以視訊參與會議者，視為親自出席，但公開發行股票的公司不適用相關規定。修正後條文明訂：公司章程得訂明股東會開會時，以視訊會議或其他經中央主管機關公告之方式進行，但因天災、事變或其他不可抗力情事，中央主管機關得公告公司於一定期間內，得不經章程訂明，以視訊會議或其公告之方式開會。股東會開會時，如以視訊會議進行，其股東以視訊參與會議者，視為親自出席，前項規定於公開發行股票的公司應符合之條件、作業程序及其他應遵行事項，證券主管機關另有規定者，從其規定。關於閉鎖性股份有限公司部分也修正第 356-8 條明訂：公司章程得訂明股東會開會時，以視訊會議或其他經中央主管機關公告之方式為之。但因天災、事變或其他不可抗力情事，中央主管機關得公告公司於一定期間內，得不經章程訂明，以視訊會議或其公告之方式開會。股東會開會時，如以視訊會議為之，其股東以視訊參與會議者，視為親自出席。此外，公司章程得訂明經全體股東同意，股東就當次股東會議案以書面方式行使其表決權，而不實際集會，前述情形，視為已召開股東會；以書面方式行使表決權之股東，視為親自出席股東會。

第二節　公司之意義

　　所謂公司者，以營利為目的，依公司法組織、登記、成立之社團法人（§1）。此次 107 年公司法修正時，更於同條增訂第 2 項：「公司經營業務，應遵守法令及商業倫理規範，得採行增進公共利益之行為，以善盡其社會責任。」，鑒於推動公司社會責任已為國際潮流及趨勢，導入公司應善盡社會責任之理念，茲說明如下：

1. 公司為法人

　　民法上所謂「人」，包含自然人及法人。法人於法令限制內，有享受權利、負擔義務之能力，但專屬於自然人之權利義務，不在此限（民§26）。公司係依公司法組織、登記、成立，故為法人。

2. 公司為社團法人

　　法人可分為社團法人與財團法人兩種；前者係以人之結合為基礎，後者以財產之集合為基礎。公司係以股東為成立之基礎，故為社團法人。

3. 公司為營利性之社團法人

　　社團法人依其成立目的可分為營利社團與公益社團兩大類。公司係以營利為目的，故為營利性之社團法人。

4. 公司需依公司法組織登記成立

　　公司者，謂以營利為目的，依公司法組織、登記、成立之社團法人，故公司需依公司法組織登記而成立。

第三節　公司之種類

一、公司法上之分類

　　依本法第 2 條第 1 項規定，公司分為下列 4 種：

1. 無限公司：指二人以上股東所組織，對公司債務負連帶無限清償責任之公司。

2. 有限公司：由一人以上股東所組織，就其出資額為限，對公司負其責任之公司。

3. 兩合公司：指一人以上無限責任股東，與一人以上有限責任股東所組織，其無限責任股東對公司債務負連帶無限清償責任；有限責任股東就其出資額為限，對公司負其責任之公司。

4. 股份有限公司：指二人以上股東或政府、法人股東一人所組織，全部資本分為股份；股東就其所認股份，對公司負其責任之公司，其中又有新類型「閉鎖性股份有限公司」。

二、學理上之分類

1. 人合公司與資合公司

　　以公司信用基礎作為區分標準，人合公司著重於股東個人之信用，如無限公司；資合公司著重於公司資本之信用，如股份有限公司；兼有兩者之性質者則稱為中間公司，如有限公司、兩合公司。

2. 本公司與分公司

本法所稱本公司，為公司依法首先設立，以管轄全部組織之總機構；所稱分公司，為受本公司管轄之分支機構(§3Ⅱ)。

3. 公營公司與民營公司

公營公司係指公股超過百分之五十之公司；民營公司則指民股超過百分之五十之公司。

4. 本國公司與外國公司

本國公司係指依照中華民國公司法組織、登記、成立之社團法人；外國公司，謂以營利為目的，依照外國法律組織登記之公司(§4)，此次107年修法時刪除舊法並經中華民國政府認許及在中華民國境內營業之規定。

第四節　公司之名稱及住所

一、公司之名稱

公司名稱之選定原則係採取自由主義，換言之，在不違反下列規定之情形下，公司得任意選定其名稱：

1. 公司種類應標明清楚

公司名稱，應標明公司之種類(§2Ⅱ)。所謂公司之種類，即指四種公司的類型，若未標明公司種類，即非公司法上所稱之公司。

2. 排他效力

公司名稱，不得與他公司名稱相同。二公司名稱中標明不同業務種類或可資區別之文字者，視為不相同(§18Ⅰ)。此為禁止使用與他公司相同之名稱公司，有稱公司名稱之使用具有排他性效力。舊法公司名稱審查相同及類似，放寬審查之規定後，有關公司名稱類似與否，是否造成混淆誤認，應屬公平交易法認定之範圍，不宜再賦予公司名稱之專用權。

3. 禁止使用之名稱

公司不得使用易於使人誤認其與政府機關、公益團體有關或妨害公共秩序或善良風俗之名稱(§18Ⅳ)。

4. 公司名稱之核准

公司名稱及業務，於公司登記前應先申請核准，並保留一定期間；其審核準則，由中央主管機關定之(§18Ⅴ)。目前主管機關僅審查公司名稱相同，不審查類似，但仍維持公司名稱的預查制度。

5. 冒用之禁止

公司應標明其種類，反面解釋而言，指非公司即不得冒用「公司」字樣，因公司關係社會經濟甚大，本法特別加以干涉，以保障公司組織，不准隨意冒用濫用公司名稱。未經設立登記，不得以公司名義經營業務或為其他法律行為(§19)，違反者，行為人處1年以下有期徒刑、拘役或科或併科15萬元以下罰金，並自負民事責任；行為人有2人以上者，連帶負民事責任，並由主管機關禁止其使用公司名稱。

6. 解散或破產公司名稱使用權之限制

經解散、撤銷或廢止登記之公司，係屬不得再經營業務之公司，依法應行清算。惟實務上其有多數並未進行清算。公司之法人人格始於登記完成，終於清算完結。公司如未清算完結，因法人人格尚存在，其公司名稱仍受保護而不得為他人申請使用。此種情形，並不合理，100年增訂第26條之2：「經解散、撤銷或廢止登記之公司，自解散、撤銷或廢止登記之日起，逾10年未清算完結，或經宣告破產之公司，自破產登記之日起，逾10年未獲法院裁定破產終結者，其公司名稱得為他人申請核准使用，不受第18條第1項規定之限制。但有正當理由，於期限屆滿前6個月內，報中央主管機關核准者，仍受第18條第1項規定之限制。」

7. 此次107年修法時，將本條第一項修正為

公司名稱，應使用我國文字，且不得與他公司或有限合夥名稱相同。二公司或公司與有限合夥名稱中標明不同業務種類或可資區別之文字者，視為不相同，主要重申公司名稱應使用我國文字，及加入有限合夥。

二、公司之住所

本法第3條第1項規定，公司以其本公司所在地為住所。

第五節 公司之能力

一、公司之權利能力

公司為營利性質的社團法人，具有法人人格，因此具有享受權利、負擔義務之能力。但公司權利能力，應受性質上及法令上之限制，以下說明公司法對公司權力能力之限制，參見表 2-1：

⚖ **表 2-1 公司權利能力限制**

違反內容	法條	行為效力
為他公司無限責任股東或合夥事業合夥人	§13 I	無效
轉投資限制	§13 II	通說為有效
公司貸放款項之限制	§15 II	通說為無效
為保證人之限制	§16	對公司不生效力，由行為人自負其責

（一）轉投資的限制

1. 公司不得為他公司無限責任股東或合夥事業之合夥人（§13）。

2. **公開發行股票之公司**如為他公司有限責任股東時，其所有投資總額，除下列情形外，不得超過本公司實收股本百分之四十：

 (1) 以投資為專業。

 (2) 公司章程另有規定。

 (3) 經代表已發行股份總數三分之二以上股東出席，以出席股東表決權過半數同意之股東會決議者。

 (4) 公司因接受被投資公司以盈餘或公積增資配股所得之股份，不計入第 1 項所稱之投資總額。

 107 年修正前，無論無限公司、有限公司、兩合公司、公開發行或非公開發行股票之公司，如為他公司有限責任股東時，其所有投資總額，原則上不得超過本公司實收股本百分之四十，除非公司係以投資為專業或章程另有規定或經依一定程序解除百分之四十之限制時，始不受此限。此次予以鬆綁，僅限制公開發行股份有限公司。

（二）公司資金貸與他人的限制

1. 原則：公司之資金不得貸與股東或任何他人。

2. 例外：公司資金可借貸者，有二種情形：

   (1) 公司間或與行號間有業務往來者。

   (2) 公司間或與行號間有短期融通資金之必要者。融資金額不得超過貸與企業淨值的百分之四十(§15)，參見圖 2-1：

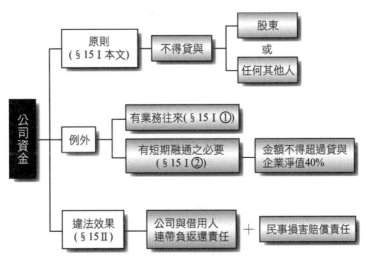

▷ 圖 2-1　公司貸款之限制

（三）公司為保證人之限制

1. 原則：公司不得為任何保證人(§16)。

2. 例外：公司得為保證人有二種情形：

   (1) 其他法律規定。

   (2) 公司章程規定得為保證者。

3. 違法效果：公司負責人違反本條之規定，以公司名義為他人保證時對於公司不發生效力（大法官會議解釋第 59 號），而公司負責人應自負保證責任，如公司受有損害時，亦應負賠償責任。

二、公司行為能力

　　公司係社團法人，為法律上組織體，本身並無法自為行為，須以自然人為其代表，而該自然人所代表之行為視為法人之行為，公司因此亦有行為能力。民法第 27

條規定，法人須設董事，董事就法人一切事務，對外代表法人，而公司之負責人對外代表公司(§8)，其對外之行為，法律上即視為公司之行為。

三、公司之侵權行為能力

　　公司負責人應忠實執行業務並盡善良管理人之注意義務，如有違反致公司受有損害者，負損害賠償責任。對於公司業務之執行，如有違反法令致他人受有損害時，對他人應與公司負連帶賠償之責(§23)。公司亦有侵權行為能力，公司負責人對公司有侵權行為應負損害賠償責任，對他人有侵權行為者，公司負責人與公司應負連帶賠償責任。

第六節　公司之負責人

一、當然負責人與職務負責人

　　民法第 27 條規定，法人須設董事，董事就法人一切事務，對外代表法人。公司法上之負責人可分為為「當然負責人」與「職務負責人」，前者指第 8 條第 1 項規定，本法所稱公司負責人：在無限公司、兩合公司為執行業務或代表公司之股東；在有限公司、股份有限公司為董事。後者指同條第 2 項規定，公司之經理人、清算人或臨時管理人，股份有限公司之發起人、監察人、檢查人、重整人或重整監督人，在執行職務範圍內，亦為公司負責人。107 年修正時在職務負責人部分增加了臨時管理人。當然負責人與職務負責人，參見表 2-2，其定義如表 2-3：

⚖ 表 2-2　公司負責人區別一覽

公司種類	一般負責人	職務負責人
有限公司	董事	經理人、清算人
股份有限公司	董事	經理人、清算人、臨時管理人、發起人、監察人、檢查人、重整人、重整監督人

表 2-3　公司負責人定義

職稱	定義
董事	董事會之構成員，為股份有限公司之業務執行機關
經理人	公司之輔助業務執行機關，依公司章程或契約規定授權範圍內，有為公司管理事務及簽名之權
清算人	公司解散後之執行清算事務及代表公司之法定必備機關
臨時管理人	董事會不為或不能行使職權，致公司有受損害之虞時，法院因利害關係人或檢察官之聲請，得選任一人以上之臨時管理人，代行董事長及董事會之職權
發起人	股份有限公司之設立人，凡在章程簽章之人，均屬之
監察人	股份有限公司之監督機關，負責監督公司業務之執行及審核公司會計
檢查人	屬臨時性之機關，專責檢查公司之業務及財產，或由法院選派，或由創立會或股東會選任。如公司重整或特別清算時，由法院選派檢查人；公司募集設立時，得由創立會選任檢查人
重整人	在重整程序執行公司業務，代表公司，擬定並執行重整計畫之法定必備機關
重整監督人	法院選任，於重整程序中，執行職務，並主持關係人會議之必備機關

二、政府或法人亦可擔任公司負責人

公司之負責人由自然人充任為原則，政府或法人為股東時，得當選為董事或監察人，但須指定自然人代表行使職務(§27Ⅰ)。本條第 2 項原規定政府或法人為股東時，亦得由其代表人當選為董事或監察人，代表人有數人時，得分別當選，惟基於公司治理之精神，於 100 年修正增訂：「政府或法人指派之代表人有數人時，不得同時當選或擔任董事及監察人。」(§27Ⅱ)係參照證券交易法第 26 條之 3 規定，避免法人之數代表人同時當選董事及監察人職務，易導致監察人無法發揮獨立功能，影響公司監控制度。上述二項之代表人，得依其職務關係，隨時改派補足原任期(§27Ⅲ)，若對其代表權加以限制，則不得對抗善意第三人(§27Ⅳ)。

三、公司負責人之忠實義務

公司負責人應「忠實」執行業務並盡善良管理人之「注意義務」，如有違反致公司受有損害者，負損害賠償責任。公司負責人對於公司業務之執行，如有違反法令致他人受有損害時，對他人應與公司負連帶賠償之責(§23)。90 年修正增列有關公

司負責人應踐行忠實義務與注意義務，係參考英美立法例，將原屬倫理層次之「忠實義務與注意義務」，提升至法律規範層次，公司負責人如有違反此義務，致公司受有損害，應負損害賠償責任，以明確規範公司負責人之義務範圍。

所謂忠實義務(Duty of Loyalty)，指公司負責人在處理公司事務時，必須全心為公司之利益行事，不得犧牲公司之利益，而圖個人或第三人之私利，應將公司利益置於自己之利益之上。所謂注意義務(Duty of Care)，指公司負責人在處理公司事務時，必須要負之注意義務，如作決策或管理時，在一般相同職位之人，處在相似情況下，亦會認為適當之注意為之，類似於民法上善良管理人之注意義務。例如董事在表決公司議案前，必須對所討論、所表決之事項，有清楚之認識與瞭解，並閱讀資料，有疑問之處，則要求公司相關人士說明。

100 年修正增訂「股東歸入權」，以避免公司負責人動輒中飽私囊之行為，第 3 項：「公司負責人對違反第 1 項規定，為自己或他人為該行為時，股東會得以決議，將該行為所得視為公司所得。但所得產生後逾 1 年者，不在此限。」

四、實質負責人

100 年修正之重大變革係將對於公司握有實權的「影子董事」正式納入規範，第 8 條增訂第 3 項規範有實質控制公司的人事、財務或業務經營者，與董事負同樣法律責任。此為引進美國「揭開面紗原則」，藉由實質認定影響公司經營者有一定之法律責任，以突破以往對於董事身分所採取之形式認定，使權責相符。該條文規定為：「公開發行股票之公司之非董事，而實質上執行董事業務或實質控制公司之人事、財務或業務經營而實質指揮董事執行業務者，與本法董事同負民事、刑事及行政罰之責任。但政府為發展經濟、促進社會安定或其他增進公共利益等情形，對政府指派之董事所為之指揮，不適用之。」，107 年修正時則將公開發行股票之公司字眼刪除，修正為：「公司之非董事，而實質上執行董事業務或實質控制公司之人事、財務或業務經營而實質指揮董事執行業務者，與本法董事同負民事、刑事及行政罰之責任。但政府為發展經濟、促進社會安定或其他增進公共利益等情形，對政府指派之董事所為之指揮，不適用之。」其修正理由為：為強化公司治理並保障股東權益，實質董事之規定，不再限於公開發行股票之公司。

第七節　公司之經理人

一、經理人之設置

　　本法對經理人無明文規定，依民法第 553 條第 1 項定：「稱經理人者，謂有為商號管理事務，及為其簽名之權利之人」。公司是否設置經理人，並無強制規定，各種公司均得設置，但非必要之機關，只於章程有規定時，得設置之(§29)。惟若公司設有經理人，且其人數為數人時，應以一人為總經理，一人或數人為經理，並得設置副總經理、協理等一人或數人，以輔佐總經理或經理。

二、經理人之資格

　　本法並未規定經理人之積極資格，僅規定經理人之消極資格，依第 30 條規定，有下列情事之一者，不得充經理人，其已充任者，當然解任：

1. 曾犯組織犯罪防制條例規定之罪，經有罪判決確定，尚未執行、尚未執行完畢，或執行完畢、緩刑期滿或赦免後未逾五年。

2. 曾犯詐欺、背信、侵占罪經宣告有期徒刑一年以上之刑確定，尚未執行、尚未執行完畢，或執行完畢、緩刑期滿或赦免後未逾二年。

3. 曾犯貪污治罪條例之罪，經判決有罪確定，尚未執行、尚未執行完畢，或執行完畢、緩刑期滿或赦免後未逾二年。

4. 受破產之宣告或經法院裁定開始清算程序，尚未復權。

5. 使用票據經拒絕往來尚未期滿。

6. 無行為能力或限制行為能力。

7. 受輔助宣告尚未撤銷。

三、經理人之報酬

　　公司得依章程規定置經理人，其委任、解任及報酬，原則上依下列規定，但公司章程有較高規定者，從其規定(§29Ⅰ)：

1. 無限公司、兩合公司須有全體無限責任股東過半數同意。

2. 有限公司須有全體股東表決權過半數同意。（107 年新增表決權等文字）

3. 股份有限公司應由董事會以董事過半數之出席，及出席董事過半數同意之決議行之。

為防止公司經理人在公司財務危機時，領取過高報酬，有自肥之嫌，第 2 項規定公司有參與政府專案紓困之情形者，專案核定之主管機關應要求公司提具自救計畫，並得限制其發給經理人報酬或為其他必要之處置或限制。

四、經理人之職權

經理人之職權，除章程規定外，並得依契約之訂定，經理人在公司章程或契約規定授權範圍內，有為公司管理事務及簽名之權。經理人不得變更董事或執行業務股東之決定，或股東會或董事會之決議，或逾越其規定之權限。此外，公司不得以其所加於經理人職權之限制，對抗善意第三人(§31、§33、§36)。

五、經理人之義務與責任

1. 兼職及競業禁止之規定

經理人不得兼任其他營利事業之經理人，並不得自營或為他人經營同類之業務。但經依第 29 條第 1 項規定之方式同意者，不在此限(§32)。

2. 經理人之責任

經理人因違反法令、章程或第 33 條有關經理人職權行使限制之規定，致公司受損害時，對於公司負賠償之責(§34)。另外依第 8 條第 2 項規定，公司之經理人在執行職務範圍內，亦為公司負責人，此時依第 23 條規定，經理人亦負有忠實義務及注意義務，如有違反致公司受有損害者，負損害賠償責任。經理人於執行職務範圍內，對於公司業務之執行，如有違反法令致他人受有損害時，對他人應與公司負連帶賠償之責。

第八節　公司之設立

一、公司設立之概念

公司設立，係指發起人自章程起，至設立登記，取得執照為止，所進行之程序而言。公司設立完畢後，取得法人人格，具有享受權利，負擔義務之能力。

公司設立之立法主義，分為 4 種：

1. 自由設立主義：凡公司之設立，國家毫不干涉。
2. 特許主義：須由元首命令或特定法律許可方可成立。

3. 核准主義：公司之設立除依據一般法令外，尚須經行政機關核准者。

4. 準則主義：公司設立由法律預先規定一定要件者。

　　我國公司法立法例採取「嚴格之準則主義」，嚴格規定公司設立之要件，並加重發起人之責任。

二、公司設立之要件與登記

　　無論何種公司設立，均需具備「發起人」、「資本」及「章程」等三要件。發起人為人的要件；資本為物的要件；章程為行為的要件，均應符合公司法之規定始得設立。而其登記程序，依本法規定，公司非在中央主管機關登記後，不得成立(§6)。此外，公司申請設立、變更登記之資本額，應經會計師查核簽證；公司應於申請設立登記時或設立登記後 30 日內，檢送經會計師查核簽證之文件(§7)。此係 100 年修正，主要為配合刪除授權由中央主管機關訂定公司設立最低資本額，並為便利民眾申請設立公司，提升企業開辦效率，將原公司設立登記時，應先經會計師查核簽證之規定，修正為應於申請設立登記時或設立登記後 30 日內，檢送經會計師查核簽證之文件即可。關於公司業務，依法律或基於法律授權所定之命令，須經政府許可者，於領得許可文件後，方得申請公司登記。業務之許可，經目的事業主管機關撤銷或廢止確定者，應由各該目的事業主管機關，通知中央主管機關，撤銷或廢止其公司登記或部分登記事項(§17)。此外，公司應收之股款，股東並未實際繳納，而以申請文件表明收足，或股東雖已繳納而於登記後將股款發還股東，或任由股東收回者，公司負責人各處五年以下有期徒刑、拘役或科或併科新臺幣 50 萬元以上 250 萬元以下罰金(§9I)，此次 107 年主要修正第 9 條第 4 項：公司之負責人、代理人、受僱人或其他從業人員以犯刑法偽造文書印文罪章之罪辦理設立或其他登記，經法院判決有罪確定後，由中央主管機關依職權或依利害關係人之申請撤銷或廢止其登記，即俗稱的 SOGO 條款。

第九節　公司之監督

　　公司之監督者，國家機關對於公司所實施，可分為業務監督及清算監督。清算監督機關為法院，業務監督機關為主管機關，依本法規定，由中央主管機關經濟部與直轄市兩種主管機關加以監督(§5I)。

一、公司設立前之監督

公司未經設立登記，不得以公司名義經營業務或為其他法律行為。違反者，行為人處 1 年以下有期徒刑、拘役或科或併科 15 萬元以下罰金，並自負民事責任；行為人有 2 人以上者，連帶負民事責任，並由主管機關禁止其使用公司名稱(§19)。

二、公司設立後之監督

公司設立後之監督，主要包括下列：

1. 公司每屆會計年度終了，應將營業報告書、財務報表及盈餘分派或虧損撥補之議案，提請股東同意或股東常會承認(§20 I)。

2. 公司資本額達一定數額以上或未達一定數額而達一定規模者，其財務報表，應先經會計師查核簽證；其一定數額、規模及簽證之規則，由中央主管機關定之。但公開發行股票之公司，證券主管機關另有規定者，不適用之。主管機關得隨時派員查核書表或令其限期申報，公司負責人違反規定時，各處 1 萬元以上 5 萬元以下罰鍰。規避、妨礙或拒絕查核或屆期不申報時，各處 2 萬元以上 10 萬元以下罰鍰(§20)。此次 107 年修法時，修正第二項，增列「未達一定數額而達一定規模」之情形，並授權中央主管機關訂定數額及規模，以避免舊法時僅規定一定數額之流弊。

3. 主管機關得會同目的事業主管機關，隨時派員檢查公司業務及財務狀況，公司負責人不得妨礙、拒絕或規避。公司負責人妨礙、拒絕或規避前述檢查者，各處 2 萬元以上 10 萬元以下罰鍰。連續妨礙、拒絕或規避者，並按次連續各處 4 萬元以上 20 萬元以下罰鍰。主管機關依前述規定派員檢查時，得視需要選任會計師或律師或其他專業人員協助辦理(§21)。

4. 主管機關查核第 20 條所定各項書表，或依本法第 21 條檢查公司業務及財務狀況時，得令公司提出證明文件、單據、表冊及有關資料，除法律另有規定外，應保守秘密，並於收受後 15 日內，查閱發還。公司負責人違反前述規定，拒絕提出時，各處 2 萬元以上 10 萬元以下罰鍰。連續拒絕者，並按次連續各處 4 萬元以上 20 萬元以下罰鍰(§22)。

5. 此次 107 年修法新增第 22 條之 1 公司董監事及大股東申報條款：公司應每年定期將董事、監察人、經理人及持有已發行股份總數或資本總額超過 10%之股東之姓名或名稱、國籍、出生年月日或設立登記之年月日、身分證明文件號碼、持股數或出資額及其他中央主管機關指定之事項，以電子方式申報至中央主管機關建

置或指定之資訊平臺；其有變動者，並應於變動後 15 日內為之。但符合一定條件之公司，不適用之。前述資料，中央主管機關應定期查核。前述資訊平臺之建置或指定、資料之申報期間、格式、經理人之範圍、一定條件公司之範圍、資料之蒐集、處理、利用及其費用、指定事項之內容，前述之查核程序、方式及其他應遵行事項之辦法，由中央主管機關會同法務部定之。未依前述規定申報或申報之資料不實，經中央主管機關限期通知改正，屆期未改正者，處代表公司之董事新臺幣 5 萬元以上 50 萬元以下罰鍰。經再限期通知改正仍未改正者，按次處新臺幣 50 萬元以上 500 萬元以下罰鍰，至改正為止。其情節重大者，得廢止公司登記。前述情形，應於資訊平臺依次註記裁處情形。

第十節 公司之解散

一、公司解散之意義

公司之解散乃公司法人格消滅之原因。為了結解散後公司之對外及內部關係，解散之公司除因合併、分割或破產而解散外，應行清算(§24)，解散之公司，於清算範圍內，視為尚未解散(§25)，其在清算時期中，得為了結現務及便利清算之目的，暫時經營業務(§26)，至清算終結止，公司法人格始歸於消滅。

二、公司解散之事由

公司法總則部分係僅就各種公司之共通解散事由明文規定，茲說明如下：

（一）命令解散

公司有下列情事之一者，主管機關得依職權或利害關係人之申請，命令解散之(§10)：

1. 公司設立登記後 6 個月尚未開始營業者。但已辦妥延展登記者，不在此限。

2. 開始營業後自行停止營業 6 個月以上者。但已辦妥停業登記者，不在此限。

3. 公司名稱經法院判決確定不得使用，公司於判決確定後 6 個月內尚未辦妥名稱變更登記，並經主管機關令其限期辦理仍未辦妥。本款係 100 年增訂，實務上部分公司未依判決主文主動辦理名稱之變更，造成他人權益受損，以 6 個月為期限，督促公司辦理名稱變更登記。如逾期仍未辦理名稱變更登記，並經主管機關令其限期辦妥變更登記仍未完成者，得依職權或利害關係人之申請，命令解散之。

4. 未於第 7 條第 1 項所定期限內，檢送經會計師查核簽證之文件者。但於主管機關命令解散前已檢送者，不在此限。本款係 100 年增訂，鑒於公司設立登記後，其資本額查核簽證之文件，固得於設立登記後 30 日內檢送之，惟公司設立登記之資本額，仍應符合資本確實原則，以保障股東權益。若有未檢送經會計師查核簽證之文件者，主管機關得依職權或利害關係人之申請，命令解散之。

（二）裁定解散

1. 要件：公司之經營，有顯著困難或重大損害時，法院得據股東之聲請，於徵詢主管機關及目的事業中央主管機關意見，並通知公司提出答辯後，裁定解散(§11)。

2. 聲請人：在股份有限公司，應有繼續 6 個月以上持有已發行股份總數 10%股份之股東提出之。

第二章　無限公司

第一節　無限公司之概念

　　無限公司者，乃指二人以上股東所組成，對公司債務負連帶無限清償責任之公司(§2)。茲說明其概念如下：

一、　無限公司組成之股東人數只有下限，而無上限。公司設立階段固然至少須有股東二人；公司存續中，如股東經變動而不足額時，即構成公司解散之事由(§71 I)。

二、　無限公司全體股東應對公司債務負「連帶」「無限」清償責任。所謂連帶責任，乃各股東就公司之債務，對公司債權人各負全部給付之責任，即民法中所定之連帶債務（民§272、§273）。所謂無限責任，須將債務悉數清償為止，始可脫卸責任，不得以其出資額為限，亦不得以其特定財產為限。換言之，當公司之資產不足清償債務時，公司之債權人得對股東之全部，或對股東中一人，請求償還。

第二節　無限公司之設立

一、無限公司設立之條件

　　無限公司之股東，應有二人以上，其中半數，應在國內有住所。股東應以全體之同意，訂立章程，簽名或蓋章，置於本公司，並每人各執一份(§40)。公司章程係股東間之約定，在不違反法令及公序良俗之原則下，章程為公司內部最高的自治規範，章程之訂立及變更，均應經過全體股東之同意行之(§47)。

二、章程之內容

　　公司章程之內容記載，可分為以下三類：

（一）絕對必要記載事項

　　此為法定應載明之事項，缺一記載，章程全部無效。本法第 41 條所定法定必要記載事項，包括下列：

1. 公司名稱。

2. 所營事業。

3. 股東姓名、住所或居所。

4. 資本總額及各股東之出資額。

5. 盈餘及虧損之分配比例或標準。

6. 本公司所在地。

7. 訂立章程之年月日。

（二）相對必要記載事項

　　指公司若有出現此種情形者，即應予以記載，經記載於章程後，即產生法律上效力，而不得違反之事項。若公司無此情形出現時，自無需記載之。本法第 41 條所訂之相對必要記載事項，包括下列事項：

1. 各股東若有以現金以外財產，例如現物出資、勞務出資，應於章程內訂明其出資種類、數量、價格或估價之標準。

2. 公司若設有分公司者，其分公司所在地亦應明訂於章程。

3. 原則上各股東均得對內執行業務，對外代表公司(§45、§56)。若公司章程中特定代表公司之股東，或特定一人或數人執行公司業務時，其執行業務及代表股東之姓名亦須記載於章程。

4. 公司若預定有自行解散之事由者，如一定之經營期限屆滿，或一定之目的達成或不能達成時，該自行解散之事由亦須記載於章程。

（三）任意記載事項

只要不違背法令及公序良俗之情事，公司股東認為有必要記載於章程者，亦得在全體股東同意下，記載於公司章程，屬於任意記載事項，以符合公司法人私法自治原則。

第三節　無限公司之內部關係

無限公司的法律關係，可分為內部關係與外部關係。所謂內部關係指公司與股東相互之間，以及股東彼此的關係。外部關係包括公司與第三人間的關係，及股東與第三人之間的關係。

內部關係原則上得訂定於章程，屬於任意規定，而非強制規定，其包括出資關係、業務之執行、章程之變更與報酬、禁止競業與出資之轉讓等，說明如下：

一、出資關係

無限公司股東除以金錢及金錢以外之財產，作為出資的種類外，亦得以勞務或其他權利為出資(§43)。107年修法前，原可用信用出資，基於信用界定不易，且現行勞務或其他權利出資，已足敷股東使用，又查迄今為止，所有登記之無限公司並無以信用出資者，爰刪除無限公司信用出資之規定。所謂勞務出資者，例如擔任公司之員工、顧問等屬之。至於股東以「其他權利」為出資者，例如為公司提供債權或專利，均包括在內。股東出資之種類雖有不同，惟股東出資轉讓時，非經其他股東全體之同意，不得以自己出資之全部或一部，轉讓於他人(§55)，其原因乃在無限公司特重股東相互間之信任關係。出資之履行，在現金出資者，須繳納現金；其他財產出資者，依法使公司取得其權利；信用出資或勞務出資者，須使公司獲得其利益。出資義務如不履行，公司除得依民法上債務不履行規定辦理外，並得依本法第67條第1款規定予以除名。

二、業務之執行

　　無限公司係典型的「人合公司」，亦即極端重視人的組合。於無限公司中各股東均有執行業務之權利，而負其義務。但章程中訂定由股東中之 1 人或數人執行業務者，從其訂定(§45Ⅰ)。換言之，執行業務係無限公司股東之既有權利，除非經其他股東同意免除其執行業務之義務，並記載於公司章程者外，始可免除其執行業務之義務。執行業務之股東須半數以上在國內有住所(§45Ⅱ)。執行業務股東執行業務之方法，應就業務之性質區分，日常性之事務，各執行業務股東均得單獨執行；但其餘執行業務之股東有 1 人提出異議時，應即停止執行，並取決於執行業務股東過半數之同意後再為之。非日常性之業務，則應先取決於執行業務股東過半數之同意，方得執行之(§46)。執行業務股東與公司之關係，應盡相當之注意義務，應依照法令、章程及股東之決定。違反規定，致公司受有損害者，對於公司應負賠償之責(§52)。

　　至於不執行業務之股東，其執行業務義務雖經免除，一旦公司資產不足清償債務時，不執行業務之股東仍不能免其連帶清償之責，第48條乃賦予不執行業務股東，得隨時向執行業務之股東質詢公司營業情形，查閱財產文件、帳簿、表冊的監督之權。

三、章程之變更與報酬

　　無限公司公司變更章程，應得全體股東之同意(§47)。而無限公司執行業務之股東，非有特約，不得向公司請求報酬。

四、禁止競業之關係

　　禁止競業，乃有特定地位之人，不得與其所服務之營業為具有競爭性質之行為，屬於一種不作為義務。民法經理人或代辦商之禁止競業（民§562）；公司法除經理人之禁止競業及董事之禁止競業外，尚有無限責任股東之禁止競業之問題。

　　無限公司之股東非經其他股東全體之同意，不得為他公司之無限責任股東或合夥事業之合夥人。執行業務之股東，不得為自己或他人為與公司同類營業之行為(§54)。違反時，其他股東得以過半數之決議，將其為自己或他人所為行為之所得，作為公司之所得。但自所得產生後逾 1 年者，不在此限(§54Ⅲ)。

綜上，無限公司關於一般之股東者，禁止競業包括：一、不得為他公司之無限責任股東；二、不得為合夥事業之合夥人。執行業務之股東，禁止競業包括：一、不得為自己為與公司同類營業之行為；二、不得為他人與公司為同類營業之行為。例如公司經營輪船業，執行業務之股東不得再為其親友經營輪船業。如有違反，公司可行使介入權，或稱歸入權，即公司有權將該股東所為行為之所得，改為公司所有，以享受其利益。

五、出資之轉讓

無限公司乃基於股東間相互信賴而成立之人合公司，由於股東出資之轉讓未必獲得其他股東之信賴，故本法規定，無限公司股東非經其他股東全體之同意，不得以自己出資之全部或一部，轉讓於他人(§55)。

第四節　無限公司之外部關係

無限公司外部關係涉及第三人，為保護交易安全，法律上強行規定，不許公司任意違反者，包括對外代表關係、股東責任及資本充實等。

一、對外代表關係

無限公司股東原則各股東對外均得代表公司，例外於公司以章程特定代表公司之股東時，則並非各股東均得代表公司(§56)。代表公司之股東，關於公司營業上一切事務，皆有辦理之權(§57)，公司對於股東代表權所加之限制，不得對抗善意第三人(§58)。股東之代表權原則上不加限制，例外對雙方代表之行為加以限制，但若為雙方代表之情形，而其目的僅為自己或他人，向公司清償債務時，對公司並無損失可言，自不在禁止之內(§59)。

二、股東之責任

無限公司股東之責任包括一般股東、新加入股東、退股股東、出資轉讓股東及類似股東之責任，說明如下：

1. 一般股東之責任：無限公司之股東，當公司資產不足清償債務時，由股東負連帶清償責任(§60)。

2. 入股股東之責任：新加入之股東，對於未加入前公司已發生之債務，亦應負連帶清償之責(§61)。

3. 退股股東之責任：退股之股東應向主管機關申請登記，對於登記退股前公司之債務，於登記後 2 年內，仍負連帶無限責任(§70 I)。

4. 轉讓股東之責任：準用退股股東之規定辦理，對於轉讓前公司之債務，於轉讓後 2 年內，仍負連帶無限責任(§70 II)。

5. 類似股東之責任：類似股東，又稱表見股東、擬似股東、自稱股東等，係指實質上雖非公司之真正股東，但形式上有可以令人信其為股東之行為者，法律上使其負與真實股東同一之責任，對於善意第三人，應負與股東同一之責任(§62)。例如股東之親友代為股東行為，或本非公司股東之經理人，而以股東自居，使人誤信其為股東，而與之為法律行為，取得債權，則此等人即應負類似股東責任，主要目的為保護交易安全。

三、資本之充實

　　無限公司為法人，法人擁有自己的財產，應與股東之財產分別視之，蓋公司之股東對公司之負債，雖負無限連帶清償之責，但公司究竟是主債務人，關於無限公司採用「資本充實原則」，其手段包括下列：

1. 盈餘分派之限制：無限公司非彌補虧損後，不得分派盈餘(§63)。

2. 債務抵銷之限制：公司之債務人，不得以其債務與其對於股東之債權抵銷(§64)。

第五節　無限公司之入股與退股

一、入股

　　入股為公司成立後，新加入股本，而原始取得股東權之行為，無限公司股東入股應依何種程序，法未明定，應由入股人與公司訂立入股契約，變更章程，並取得股東之資格與享受股東之權利，惟對於未加入前公司已發生之債務，亦應負責(§61)。

二、退股之事由

　　無限公司之退股，指在公司存續中，某股東因一定之退股事由，而絕對喪失其股東權，退股原因包括聲明退股及法定退股兩種，說明如下：

（一） 聲明退股

章程未定公司存續期限者，除關於退股另有訂定外，股東得於每會計年度終了退股。但應於 6 個月前，以書面向公司聲明。股東有非可歸責於自己之重大事由時，不問公司定有存續期限與否，均得隨時退股(§65)。

（二） 法定退股

股東有下列各款情事之一者退股(§66)：

1. 章程所定退股事由。

2. 死亡。

3. 破產。

4. 受禁治產之宣告。

5. 除名。

6. 股東之出資，經法院強制執行者，執行法院並應於 2 個月前通知公司及其他股東。

上述之除名，依本法第 67 條規定，股東有下列各款情事之一者，得經其他股東全體之同意議決除名，但非通知後不得對抗該股東：

1. 應出之資本不能照繳或屢催不繳者。

2. 違反競業禁止之規定者。

3. 有不正當行為妨害公司之利益者。

4. 對於公司不盡重要之義務者。

三、退股之效力

無限公司之退股效力，包括變更股東名稱、結算退股及為變更登記，說明如下：

（一） 姓名之停用：公司名稱中列有股東之姓或姓名者，該股東退股時，得請求停止使用(§68)，因若繼續使用時，則可能發生「類似股東」之問題。

（二） 出資之返還：退股之股東與公司之結算，應以退股時公司財產之狀況為準。退股股東之出資，不問其種類，均得以現金抵還。股東退股時，公司事務有未了結者，於了結後計算其損益，分派其盈虧(§69)。

（三） 對公司債權人之關係：退股股東應向主管機關申請登記，對於登記前公司之債務，於登記後 2 年內，仍負連帶無限責任(§70I)。

第六節　變更組織、合併、解散及清算

一、無限公司之變更組織

所謂變更組織係指公司經股東之決議，於不中斷其法人資格之情形下，改變其公司原有之組織型態為他種公司型態之行為。無限公司可在全體股東同意之下，以一部股東改為有限責任股東或另加入有限責任股東，變更組織為兩合公司。若改為有限責任時，股東對於變更組織前，公司所負之債務，於公司變更登記後 2 年內，仍負無限連帶責任(§76~§78)。107 年修正時增訂第 76 條之 1 第 1 項規定：公司得經股東三分之二以上之同意變更章程，將其組織變更為有限公司或股份有限公司；第 2 項規定：前項情形，不同意之股東得以書面向公司聲明退股。其立法理由為：「一、本條新增。二、為利無限公司轉型，允許無限公司可經股東三分之二以上之同意變更章程將其組織變更為有限公司或股份有限公司，爰增訂第一項。三、無限公司股東如不同意變更組織為有限公司或股份有限公司者，得以書面向公司聲明退股，爰增訂第二項。」

二、無限公司之合併

無限公司得以全體股東之同意，與他公司合併(§72)。無限公司決議合併時，應即編造資產負債表及財產目錄。公司為合併之決議後，應即向各債權人分別通知及公告，並指定 30 日以上期限，聲明債權人得於期限內提出異議(§73)。公司不向各債權人之通知及公告，或對於在指定期限內提出異議之債權人不為清償，或不提供相當擔保者，不得以其合併對抗債權人(§74)。因合併而消滅之公司，其權利義務，應由合併後存續或另立之公司承受(§75)。

三、無限公司之解散

無限公司有下列各款情事之一者解散(§71)：

1. 章程所定解散事由。
2. 公司所營事業已成就或不能成就。
3. 股東三分之二以上之同意。(原為全體同意，107 年修正為三分之二)
4. 股東經變動而不足本法所定之最低人數。
5. 與他公司合併。

6. 破產。

7. 解散之命令或裁判。

　　第 1 款章程所定解散事由、第 2 款公司所營事業已成就或不能成就得經全體或一部股東之同意繼續經營，其不同意者視為退股。第 4 款股東經變動而不足本法所定之最低人數得加入新股東繼續經營。如有這種情形而繼續經營，應變更章程。且無限公司解散後，應行清算，並為解散之登記。

四、無限公司之清算

（一）清算之概念

　　清算乃指清理及結算公司之法律關係，以消滅公司法人格之程序。解散之公司，除因合併、分割或破產而解散外，應行清算(§24)。無限公司清算之規定(§79~§97)，亦準用於股份有限公司之清算。

（二）清算人之產生

1. 法定清算人：公司之清算，以全體股東為清算人（§79 本文）。

2. 選任清算人：依公司法或章程另有規定或經股東決議，另選清算人者，不在此限（§79 但書）。

3. 選派清算人：凡不能依法定或選任方式產生清算人時，法院得因利害關係人之聲請，選派清算人(§81)。此所謂利害關係人，應包括與公司因解散而有相當關係之人，例如公司之債權人。

（三）清算人之解任

1. 經由法院解任：法院因利害關係人之聲請，認為有必要時，得將任何一種方式產生之清算人解任之（§82 本文）。

2. 經由股東解任：清算人經由股東決議選任者，自亦得由股東過半數之同意，將其解任（§82 但書）。

（四）清算人之義務

1. 就任聲請：清算人應於就任後 15 日內，將其姓名、住所或居所及就任日期，向法院聲請之(§83 I)。

2. 了結現務：清算之目的既為解散公司，故公司於清算開始尚未了結之事務，均應結束(§84Ⅱ)。

3. 收取債權，清償債務：清算人就任後，應以公告方法，催告債權人報明債權，對於明知之債權人，並應分別通知(§88)；已到期之債權應收回之；未到期之債權，得扣除期前利益，請求債務人償還之。

4. 分派盈餘或虧損：收取之債權若大於應清償之債務時，應於分派剩餘財產前，依章程所定比例分派盈餘給股東。反之，則由股東分擔公司之虧損(§84Ⅰ)。

5. 分派剩餘財產或聲請宣告破產：公司分派盈餘後，尚有剩餘時，應分派給各股東。若收取之債權不足清償公司債務時，即應向法院聲請宣告破產(§89Ⅰ)。

（五）清算人之權利與責任

　　清算人除上述義務外，於執行清算職務之範圍內，有代表公司為訴訟上或訴訟外一切行為之權(§84Ⅱ)。清算人應以善良管理人之注意處理職務，倘有怠忽而致公司發生損害時，應對公司負連帶賠償之責任；其有故意或重大過失時，並應對第三人負連帶賠償責任(§95)。股東之連帶無限責任，自解散登記後滿 5 年而消滅(§96)。

第三章　有限公司

第一節　有限公司之意義

　　本法第 2 條規定，有限公司指由 1 人以上股東所組織，就其出資額為限，對公司負其責任之公司，股東應以全體之同意訂立章程。有限公司股東之責任，為「量的有限責任」，只對公司負責，而不直接對公司之債權人負責。其具有非公眾性、非公開性、手續簡便性、資本確定性等特性。所謂資本確定性乃嚴格採用資本確定原則，其資本總額及各股東之出資額，均須記載於章程，並須由股東全部繳足，不得分期繳款。

第二節　有限公司之設立

有限公司章程規定事項，包括下列：

1. 公司名稱。

2. 所營事業。

3. 股東姓名、住所或居所。

4. 資本總額及各股東出資額。

5. 盈餘及虧損分派比例或標準。

6. 本公司所在地；設有分公司者，其所在地。

7. 董事人數。

8. 定有解散事由者，其事由。

9. 訂立章程之年、月、日。

有限公司應於章程訂立後 15 日內將各款事項，連同股東繳足股款之證件，及以現金以外之財產抵繳股款者，其姓名及其財產之種類、數量、價格或估價之標準，一併向主管機關申請為設立之登記。

第三節　有限公司之內部關係

一、股東之出資

有限公司之內部關係指有限公司股東與股東間，以及各股東對公司之權利義務而言。有限公司之股東，對公司之債務僅就各人之出資額負有限責任，與無限公司之股東對公司債務負無限連帶清償之責不同。有限公司資本總額，應由各股東一次全部募足，不得分期或向外招募(§100)。此外，有限公司股東僅得以財產（包括現金及現金以外之財產抵繳）出資，而不能如同無限公司以信用或勞務為出資之方式。107 年修正增訂第 99 條之 1：股東之出資除現金外，得以對公司所有之貨幣債權、公司事業所需之財產或技術抵充之。其立法理由為：按現行登記實務上，有限公司股東出資之種類，除現金外，亦得以對公司所有之貨幣債權、公司事業所需之財產或技術抵充之。為符實際，爰予明定。

有限公司得行增資，應經股東過半數之同意。但股東雖同意增資，仍無按原出資數比例出資之義務，乃因出資與否，應屬股東自由，不能加以強制。若有不同意增資之股東，對章程因增資修正部分，視為同意。有但書情形時，得經股東表決權過半數之同意，由新股東參加。此外，有限公司亦得經股東表決權過半數之同意減資或變更其組織為股份有限公司（§106Ⅳ後）。而上述股東表決權過半數之同意均為107年修法時所修改，修改前需要全體股東同意，對於有限公司組織調整欠缺彈性，修法後可讓有限公司更具有競爭力。

有限公司重視股東之個性，屬人合公司本質，其出資轉讓受有限制。股東非得其他股東表決權過半數之同意，不得以其出資之全部或一部，轉讓於他人。不同意之股東有優先受讓權；如不承受，視為同意轉讓，並同意修改章程有關股東及其出資額事項。關於有限公司之董事轉讓持股部分，欲轉讓股份之董事非得其他股東表決權三分之二以上同意（107年修正前需其他全體股東同意），不得以其出資之全部或一部，轉讓於他人(§111ⅠⅡ)。

二、股單表彰出資制度之廢除

107年修法前公司法規定有限公司設立登記後，應發給股單（修正前§104Ⅰ），107年修法後，刪除股單制度，其修正理由為：股單並非有價證券，「股單之轉讓」亦不等同於「股東出資之轉讓」。本條規定未具實益，爰予刪除。

三、業務之執行

有限公司之機關採「董事單軌制」，以董事為代表及執行機關，而業務之監察則由不執行業務之股東任之，公司不設股東會，公司意思之決定，在於全體股東意見之表達，而無需經由股東會方式產生決議。至於公司業務之執行，則由董事擔任。公司應至少置董事一人執行業務並代表公司，最多置董事三人，董事之選任，應經三分之二以上股東同意，就有行為能力之股東中選任之(§108Ⅰ)。

四、業務之監督

有限公司亦未設監察人，凡有不執行業務之股東，均得行使監察權，得隨時向執行業務之股東質詢公司營業情形，查閱財產文件、帳簿、表冊(§109Ⅰ)。107年增訂第109條第2項：不執行業務之股東辦理前項事務，得代表公司委託律師、會

計師審核之。以及第 3 項：規避、妨礙或拒絕不執行業務股東行使監察權者，代表公司之董事各處新臺幣 2 萬元以上 10 萬元以下罰鍰。

五、董事競業之禁止

董事為自己或他人為與公司同類業務之行為，應對全體股東說明其行為之重要內容，並經股東表決權三分之二以上之同意(§108Ⅲ)。

六、有限公司之表決權

有限公司每一股東不問出資多寡，均有一表決權。但得以章程訂定按出資多寡比例分配表決權(§102Ⅰ)。政府或法人為股東時，其代表人不限於一人。但其表決權之行使，仍以其所持有之股份綜合計算。代表人有二人以上時，其代表人行使表決權應共同為之（§102Ⅱ準用§181）。

第四節　有限公司之對外關係

一、有限公司對外之代表

有限公司應至少置董事一人執行業務並代表公司，最多置董事三人，應經股東表決權三分之二以上之同意，就有行為能力之股東中選任之。董事有數人時，得以章程置董事長一人，對外代表公司；董事長應經董事過半數之同意互選之(§108Ⅰ)。董事請假或因故不能行使職權時，指定股東一人代理之；未指定代理人者，由股東間互推一人代理之(§108Ⅱ)。有限公司代表公司之董事，關於公司營業上一切事務，皆有辦理之權，公司對於董事代表權所加之限制，不得對抗善意第三人。董事之代表權原則上不加限制，但例外對雙方代表之行為加以限制，但若為雙方代表之情形，而其目的僅為自己或他人，向公司清償債務時，對公司並無損失可言，自不在禁止之內（§108Ⅳ準用§57、§58、§59）。

此次 107 年修正對於本條有部分修正，其修正理由為：按第 102 條第 1 項規定，有限公司股東行使同意權係以表決權為準，並非以人數計算，爰修正第 1 項增加表決權等字。依修正前本條第 1 項規定，董事有數人時，得以章程特定一人為董事長，考量實務上，或有公司誤認須於章程載明董事長姓名，致董事長變更時即須進行修正章程之程序，而徒增困擾，爰修正為「得以章程置董事長一人」。換言之，章程僅需載明置董事長一人，毋庸載明董事長姓名；並明定董事長之產生方式，以資明確。

二、有限公司股東之責任

　　有限公司各股東對於公司之責任，原則上以其出資額為限(§99Ⅰ)，可知有限公司之股東，對外不負責任，107年修正增加第99條第2項：股東濫用公司之法人地位，致公司負擔特定債務且清償顯有困難，其情節重大而有必要者，該股東應負清償之責。其增訂理由為：本法於102年1月30日引進「揭穿公司面紗原則」(Piercing the Corporate Veil)，明定於第154條第2項，惟僅適用於股份有限公司。按「揭穿公司面紗原則」之目的，在防免股東利用公司之獨立人格及股東有限責任而規避其應負之責任。考量與股份有限公司股東同屬負有限責任之有限公司股東，亦有利用公司之獨立人格及股東有限責任而規避其應負責任之可能，爰一併納入規範，以資周延。此外，股東對於公司資本總額，應由各股東全部繳足，不得分期繳款或向外招募(§100)。

第五節　有限公司之會計

　　每屆會計年度終了，有限公司董事應造具各項表冊，於6個月內分送各股東，請其承認，前述表冊送達後逾1個月未提出異議者，視為承認(§110)。107年增訂第110條後段：其承認應經股東表決權過半數之同意。此外，有限公司於彌補虧損完納一切稅捐後，分派盈餘時，應先提出百分之十為法定盈餘公積。但法定盈餘公積已達資本總額時，不在此限。除法定盈餘公積外，公司得以章程訂定，或經股東表決權三分之二以上同意，另提特別盈餘公積。公司負責人違反規定，不提出法定盈餘公積時，處2萬以上10萬元以下罰鍰(§112)。(107年修正前為6萬元以下罰金)

第六節　變更章程、變更組織、合併、解散及清算

　　有限公司可變更為股份有限公司，因有限公司須增資，應經股東過半數之同意，但股東無按原出資比例出資之義務。107年公司法修正後，有限公司得經表決權過半數之股東同意變更其組織為股份有限公司(§106Ⅳ)。公司為變更組織之決議後，應即向各債權人分別通知及公告。變更組織後之公司，應承擔變更組織前公司之債務(§107)。有限公司變更組織為股份有限公司，其法人人格之存續，不受影響（大法官解釋167號）。107年修法後，有限公司變更章程、合併及解散，應經股東表決權三分之二以上之同意，除前述規定外，有限公司變更章程、合併、解散及清算，準用無限公司有關之規定(§113)。公司變更組織，參見圖2-2：

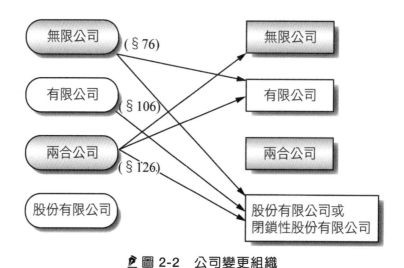

圖 2-2　公司變更組織

第四章　兩合公司

第一節　兩合公司之意義

　　兩合公司顧名思義為兩種公司型態所組合成。依第 2 條第 1 項第 3 款規定，兩合公司係以一人以上無限責任股東，與一人以上有限責任股東而成之公司。其中，無限責任股東對公司債務負無限責任，有限責任股東則僅就其出資額為限，對公司之債務負有限責任。

第二節　兩合公司之設立

　　兩合公司經全體股東之同意，訂立章程，並應記明各股東之責任為無限或有限（§116）。章程訂立後 15 日內，由全體無限責任股東，向主管機關申請設立公司之登記，其設立登記準用無限公司規定。兩合公司雖亦為社團法人，但係以股東個人信用關係為基礎，故偏向人合公司色彩，除兼有有限責任股東之制度外，其他情形準用無限公司之規定。

第三節　兩合公司之內部關係

兩合公司無限責任股東對內之關係，準用無限公司之相關規定。有下列幾項重點：

1. 兩合公司之有限責任股東，不得以勞務出資(§117)。而無限責任股東則不受此限制。

2. 兩合公司業務之執行，專屬於無限責任股東，有限責任股東則不得執行公司業務(§122)。但有限責任股東得經全體無限責任股東過半數之同意選任為公司之經理人(§29)。有限公司股東一元化，兩合公司股東二元化，其執行業務之機關僅能由無限責任股東為之，不能選任董事。

3. 兩合公司不執行業務之股東享有監察權（§115準用§48）。有限責任股東原則上僅得於每營業年度終了時，查閱公司帳目、業務及財產情形。例外於必要時得向法院聲請許可，檢查公司財務、業務之情形（§118 I後段）。

4. 兩合公司之有限責任股東，不受競業禁止之限制(§120)。而無限責任股東準用第54條，嚴禁其為與公司為同類業務之行為。

5. 兩合公司有限責任股東非得無限責任股東過半數之同意，不得以其出資全部或一部轉讓於他人(§119)。而無限責任股東準用第55條，非經其他股東全體之同意，不得以自己出資之全部或一部，轉讓於他人。

第四節　兩合公司之對外關係

有限責任股東不得對外代表公司，可知兩合公司對外之代表權，僅限於無限責任股東。無限責任股東對公司債務負無限責任股東則僅就其出資額為限，對公司之債務負有限責任。若有限責任股東有可以令人信其為無限責任股東之行為者，即應負「表見無限責任股東」之責任，亦即對於善意第三人須負無限責任股東之責任(§121)。

第五節　兩合公司之退股

一、無限責任股東之退股

兩合公司之無限責任股東退股，準用無限公司股東退股之規定(§115)，惟無限股東之除名須得兩合公司之有限責任股東與無限責任股東全體之同意。

二、有限責任股東之退股

兩合公司有限責任股東，不因受禁治產之宣告而退股。有限責任股東死亡時，其出資歸其繼承人。有限責任股東遇有非可歸責於自己之重大事由時，得經無限責任股東過半數之同意退股，或聲請法院准其退股。有限責任股東有下列各款情事之一者，得經全體無限責任股東之同意，將其除名：1.不履行出資義務者。2.有不正當行為，妨害公司利益者。除名，非通知該股東後，不得對抗之(§123~§125)。

第六節　變更章程、變更組織、合併、解散及清算

兩合公司變更章程及合併需得全體股東同意（§115 準用§47、§72），其因無限責任股東或有限責任股東全體之退股而解散，但其餘股東得以一致之同意，加入無限責任股東或有限責任股東，繼續經營。有限責任股東全體退股時，無限責任股東在二人以上者，得以一致之同意變更其組織為無限公司。無限責任股東與有限責任股東，以全體之同意，變更其組織為無限公司時，依前述規定行之(§126)，107年修法時增加第 126 條第 3 項：公司得經股東三分之二以上之同意變更章程，將其組織變更為有限公司或股份有限公司，與第 4 項：前項情形，不同意之股東得以書面向公司聲明退股。兩合公司之清算由全體無限責任股東任之。但無限責任股東得以過半數之同意另行選任清算人；其解任時亦同(§127)。

第五章　股份有限公司

第一節　股份有限公司之意義

第一項　意義

「股份有限公司」於資本市場中係最重要的公司組織，「有限公司」則是家數最多的，而在公司法的編排體例，其屬於第五章，且有若干規定，準用第二章無限公司之規定（如§208 代表公司董事；§281 減資；§334 清算等）。股份有限公司在經濟上可達「資本證券化」及「企業所有者與企業經營者分離」之目的。所謂資本證券化，指股份有限公司能集小資本而形成大資本，股東之投資權利為一種有價證

券（股票），可促成企業之交易集中。所謂企業所有者與企業經營者分離，指股份有限公司資本固為全體股東之所有，但其經營權卻與全體股東脫離，股東僅於股東會行使表決權，平時不參與公司之經營，委由董事負責經營。本法第五章股份有限公司條文架構，參見圖 2-3：

第五章　股份有限公司

- 第一節　設立§128～§155
- 第二節　股份§156～§169
- 第三節　股東會§170～§191
- 第四節　董事及董事會§192～§215
- 第五節　監察人§216～§227
- 第六節　會計§228～§245
- 第七節　公司債§246～§265
- 第八節　發行新股§266～§276
- 第九節　變更章程§277～§281
- 第十節　公司重整§282～§314
- 第十一節　解散、合併及分割§315～§319-1
- 第十二節　清算§322～§356
- 第十三節　閉鎖性股份有限公司§356-1～§356-14

▲ 圖 2-3　股份有限公司條文架構

股份有限公司指二人以上股東或政府、法人股東一人所組織，全部資本分為股份；股東就其所認之股份，對公司負其責任之公司(§2)。茲說明如下：

一、 股份有限公司乃公司法所稱之公司

股份有限公司乃公司法所規定4種公司之一，為以營利為目的之社團法人。

二、 股份有限公司係指二人以上股東或政府、法人股東一人所組織

除政府、法人股東一人所組織外，股份有限公司最少需有二人以上之股東，若其有記名股東不滿二人者，公司應予解散(§315 I ④)。

三、 股份有限公司應將其全部資本分為股份

股份有限公司之資本，應分為股份(§156 I)。

公司採行票面金額股者，每股金額應歸一律；採行無票面金額股者，其所得之股款應全數撥充資本(§156 II)。

公司股份之一部分得為特別股；其種類，由章程定之(§156 III)。

四、 股份有限公司股東就其所認之股份對公司負責

股東對於公司之責任原則上以繳清其股份之金額為限。例外情況是股東濫用公司之法人地位」亦應負責(§154)。102年增訂第2項：「股東濫用公司之法人地位，致公司負擔特定債務且清償顯有困難，其情節重大而有必要者，該股東應負清償之責。」立法理由謂：引入「揭穿公司面紗」的法律原則，強化公司治理，避免公司股東有惡意利用公司的法人地位而規避法律責任，故對惡意利用公司法人名義從事營業活動並造成公司擔負巨額負債的公司股東，只要能證明該股東有蓄意脫法的惡意行為與意圖，該股東即應負責，不能抗辯是公司的債務，與股東無關。

五、 引進閉鎖性股份有限公司

由於公司法對經營者而言，或多或少存在管制性的強行規定，限制創業家和投資者的商業誘因，104年修正引進英、美等國之閉鎖性公司制度。股份有限公司可自行依契約、章程規劃獨特性的商業組織平台。最大特點是股份之轉讓受到限制，股東人數不超過50人，並應在章程明定閉鎖性之屬性，對外公開，以利一般民眾辨別。

第二項 資本三大原則

股份有限公司為典型資合公司，其資本三大原則為「資本確定原則」、「資本維持原則」及「資本不變原則」，說明如下：

（一）資本確定原則

　　所謂資本確定原則，指的是股份有限公司於設立時，資本總額應於公司章程中確定，且應由股東全部認足。由於此一制度較缺乏彈性，故採取資本授權制（§156 II），股份總額雖須載明於章程，但可分次發行，於章程所訂資本總額下，尚未發行之股份得由董事會視實際需要隨時發行。

（二）資本維持原則

　　所謂資本維持原則，又稱資本充實原則，係指公司於存續時間應至少維持相當於資本總額之財產，以具體財產充實抽象資本。例如股票之發行價格，不得低於票面金額；公司非彌補虧損及依本法規定提出法定盈餘公積後，不得分派股息及紅利（§232 I）等。第 140 條規定：採行票面金額股之公司，其股票之發行價格，不得低於票面金額。但公開發行股票之公司，證券管理機關另有規定者，不在此限。該條但書係為解決上市公司折價發行股票問題，90 年增訂，屬資本維持原則之例外。目的利於企業發行新股，籌措資金，公開發行股票之公司得以折價發行股票之方式籌資。

（三）資本不變原則

　　所謂資本不變原則，係指資本總額一經章程確定，即應保持不變，不得任意變動，如有必要應依法定之程序，始得增資或減資。第 278 條第 1 項 107 年修法前規定：「公司非將已規定之股份總數，全數發行後，不得增加資本」。107 年修正時間將本條刪除，其修正理由謂：「在授權資本制之下，公司得於章程所定股份總數之範圍內，按照實際需要，經董事會決議，分次發行股份，無庸經變更章程之程序。倘公司欲發行新股之股數加計已發行股份數，逾章程所定股份總數時，應允許公司可逕變更章程將章程所定股份總數提高，不待公司將已規定之股份總數，全數發行後，始得變更章程提高章程所定股份總數，現行第一項規定限制公司應將章程所定股份總數全數發行後，始得增加資本，並無必要，爰予刪除，以利公司於適當時機增加資本，便利企業運作。增加資本後之股份總數，本得分次發行，不待規定，爰刪除現行第二項規定」。此一原則有利公司債權人保護，但使企業經營欠缺彈性，107 年修法後，此一原則獲得修正，賦予企業運作更多彈性。

第三項　公開發行與停止公開發行

（一）公開發行

　　股份有限公司向不特定人（即社會大眾）公開募集資金而發行股票，稱為公開發行，當進入公開發行領域時，須受公司法之規範外，其交易亦須受到證券交易法之規範。

（二）停止公開發行

　　法原來規範於股份有限公司得依董事會之決議，向證券主管機關申請辦理公開發行程序，惟為了保障投資人的權益，100 年修正第 156 條增訂停止公開發行的程序，要求公開發行股票公司應於董事會提案後，經股東會特別決議，向證券主管機關申請停止公開發行（§156-2 I 後段）。

第二節　設立

第一項　概說

　　股份有限公司之設立，須具備三要件，即發起人、章程及股份（資本），至於設立之方式分為發起設立與募集設立兩種。採發起設立，第一次時發行之股份由發起人全數認足，故不須對外募股。採募集設立，多屬公司所需資金龐大，故發起人只須認足第一次應發行股份的一部分，其餘部分則對社會大眾招募。

第二項　設立之共通程序

　　無論發起設立或募集設立，均有設立上之共通程序，即「發起人」及「章程」，說明如下：

（一）發起人

　　指發起公司設立而簽名於章程之人。股份有限公司原則上應有 2 人以上為發起人（§128 I），例外，可由政府或法人股東 1 人所組織之股份有限公司，不受此限制（§128-1 I）。發起人需具有行為能力，無行為能力人、限制行為能力人或受輔助宣告尚未撤銷之人，不得為發起人（107 年修正時增列受輔助宣告尚未撤銷之人，不得為發起人）。政府或法人雖均得為發起人，但法人為發起人者，94 年修正放寬資格，包括三種：

1. 公司或有限合夥（107 年修正時增列有限合夥）。

2. 以其自行研發之專門技術或智慧財產權作價投資之法人。

3. 經目的事業主管機關認屬與其創設目的相關而予核准之法人。

　　107 年修正時修正第 128 條之 1：政府或法人股東一人所組織之股份有限公司，不受前條第一項股份有限公司應有二人以上為發起人之限制。該公司之股東會職權由董事會行使，不適用本法有關股東會之規定。前述公司，得依章程規定不設董事會，置董事一人或二人；置董事一人者，以其為董事長，董事會之職權由該董事行使，不適用本法有關董事會之規定；置董事二人者，準用本法有關董事會之規定。前述公司，得依章程規定不置監察人；未置監察人者，不適用本法有關監察人之規定。前述公司之董事、監察人，由政府或法人股東指派。

（二）訂立章程

1. 絕對必要記載事項

　　發起人應以全體之同意訂立章程，載明下列各款事項，並簽名或蓋章，若欠缺任何一款之記載，導致章程無效(§129)：

(1) 公司名稱。

(2) 所營事業。

(3) 採行票面金額股者，股份總數及每股金額；採行無票面金額股者，股份總數。

(4) 本公司所在地。

(5) 董事及監察人之人數及任期。

(6) 訂立章程之年、月、日。

　　107 年修法時，增加無票面金額股制度，其增列理由為：本法於 104 年 7 月 1 日修正時引進國外無票面金額股制度，允許閉鎖性股份有限公司得發行無票面金額股。為配合所有股份有限公司均得發行無票面金額股，爰修正第三款，區分採票面金額股或無票面金額股之公司，其章程應記載之事項，以利適用。

2. 相對必要記載事項

　　所謂相對必要記載事項，並非絕對必要之法定事項，但公司有此等事項者，應予記載，非經載明於章程者，不生效力(§130)：

(1) 分公司之設立。

(2) 解散之事由。

(3) 特別股之種類及其權利義務。

(4) 發起人所得受之特別利益及受益者之姓名。

107 年修正時刪除原來第 2 款：分次發行股份者，定於公司設立時之發行數額，其修正理由為實務上公司章程載明第一項第二款有關分次發行者，定於設立時之發行數額者（可換算成資本額），嗣後公司如進行增資，則設立時之發行數額，並無實益，爰予刪除；其餘款次依序順移。

發起人之特別利益，乃公司對於發起人發起設立之一種特別酬勞，與發起人之報酬不同，發起人必有報酬，且不必特別記載於章程，但特別利益則可有可無，如有特別利益，則非記載在章程上則不生效力。記載具體的內容，如股利之分派、公司設備之利用、公司產品之購買、新股之認購等提供特別之交易條件；惟不得免除發起人繳納股款之義務，否則違反資本充實原則。章程關於特別利益之記載，股東會得修改或撤銷之，但不得侵及發起人既得之利益。

3. 任意記載事項

凡法律未規定之事項，在不違背強制規定、禁止規定及公序良俗之原則下，均得任意載明於章程，即為任意記載事項，例如股東會開會之地點。

第三項　發起設立之程序

發起設立，又稱同時設立、單純設立，即由發起人自行認足第一次應發行之股份，即行設立，不必另行招募股份。採發起設立成立之股份有限公司，依第 131 條規定，發起人認足第一次應發行之股份時，應即按股繳足股款並選任董事及監察人。故發起設立係由發起人自行認足第一次應發行之股份，公司即可設立，程序簡單，但實務上並不多見。其流程參見圖 2-4：

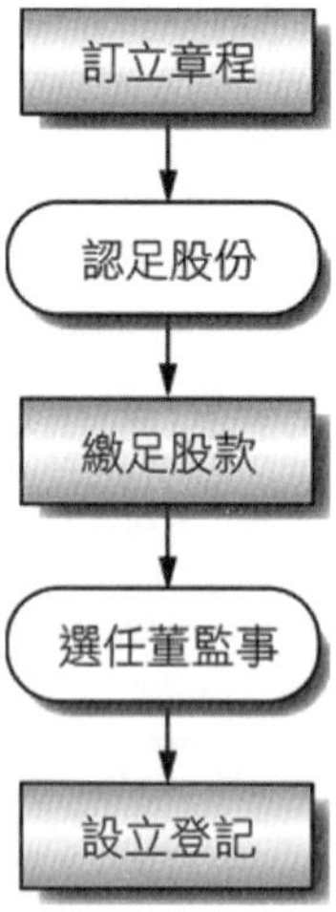

1. 訂立章程

股份有限公司之發起人應以全體之同意訂立章程，載明章程絕對必要記載事項，並簽名或蓋章(§129)。

2. 認足股份

發起人認足第一次應發行之股份(§131 I)。

```
訂立章程
  ↓
認足股份
  ↓
繳足股款
  ↓
選任董監事
  ↓
設立登記
```

圖 2-4　發起設立流程

3. 繳足股款

發起人認足第一次應發行之股份時，應即按股繳足股款(§131Ⅰ)。107年修法時修正第131條第3項：發起人之出資，除現金外，得以公司事業所需之財產、技術抵充之。

4. 選任董監事

繳足股款同時並選任董事及監察人(§131Ⅰ)。

5. 設立登記

股份有限公司之設立，應由代表公司之負責人向中央主管機關申請為設立之登記，等中央主管機關登記後，公司始正式成立。

第四項　募集設立之程序

募集設立，又稱募股設立、漸次設立、複雜設立，乃由發起人對於未認足之股份，另行募足，並經召集創立會，以設立公司。此種程序複雜，但實務上多所適用。因發起人得自行認受少數股份（即不得少於第一次發行股份四分之一），不足部分另行公開招募，規模較大之公司採取此種設立方式。其流程參見圖2-5：

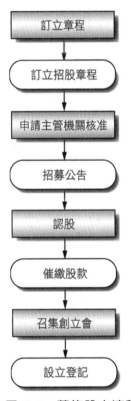

圖 2-5　募集設立流程

1. 訂立章程

無論募集設立或發起設立，均需由發起人全體同意訂立章程，簽名或蓋章。

2. 訂立招股章程

招股章程係招募股份之一種章程，與公司章程不同。招股章程應載明下列事項(§137)：

(1) 第129條及第130條所列各款事項。

(2) 各發起人所認之股數。

(3) 股票超過票面金額發行者，其金額。

(4) 招募股份總數募足之期限，及逾期未募足時，得由認股人撤回所認股份之聲明。

(5) 發行特別股者，其總額及第157條Ⅰ各款之規定。

107 年修正時刪除第 137 條第 6 款：發行無記名股者，其總額之規定，其修正理由乃於實務上，甚少公司發行無記名股票，且因欠缺透明度，易生弊端。又比較法上，無記名股票制度亦已逐漸遭到汰除。另為落實建構以風險分析為基礎之跨國洗錢防制制度，並有助於我國通過 107 年亞太洗錢防制組織（Asia/Pacific Group on Money Laundering，以下簡稱 APG）第三輪相互評鑑，因此廢除無記名股票制度，以減少無記名股票被作為洗錢工具之風險。

3. 申請主管機關核准

應向證券管理機關申請審核，包括以下事項(§133I)：
(1) 營業計畫書。
(2) 發起人姓名、經歷、認股數目及出資種類。
(3) 招股章程。
(4) 代收股款之銀行或郵局名稱及地址。
(5) 有承銷或代銷機構者，其名稱及約定事項。
(6) 證券管理機關規定之其他事項。

4. 招募公告

經主管機關審核通過後，發起人應於該機關通知到達之日起 30 日內公告之，俾公開招募股份。但與承銷商或代銷商所約定之事項，得免予公告(§133Ⅲ)。

5. 認股

先有募股而後有認股，發起人應備置「認股書」，由認股人填寫所認股數、金額及其住所或居所，簽名或蓋章。認股書性質上是一種承諾文件，並非有價證券。以超過票面金額發行股票者，認股人應於認股書註明認繳之金額(§138ⅠⅡ)。認股後，認股人應照所填認股書繳納股款，屬於認股人繳款之義務(§139)。

6. 催繳股款

依第 140 條規定：採行票面金額股之公司股票之發行價格，不得低於票面金額。但公開發行股票之公司，證券管理機關另有規定者，不在此限。該條但書係於 90 年增訂，為資本維持原則之例外。增訂理由在於為開創企業良好經營環境，俾利企業發行新股，籌措資金，增訂但書，讓公開發行股票之公司於證券管理機關另有規定時，得以折價發行股票之方式籌資。採行無票面金額股之公司，其股票之發行價格不受限制。

當第一次發行股份總數募足時，發起人應即向各認股人催繳股款，以超過票面金額發行股票時，其溢額應與股款同時繳納(§141)。認股人延欠應繳之股款時，發起人應定 1 個月以上之期限催告該認股人照繳，並聲明逾期不繳失其權利。發起人已為催告，認股人不照繳者，即失其權利，所認之股份應由發起人另行募集。惟因另行募集而有損害，仍得向認股人請求賠償(§142)。

7. 召集創立會

創立會乃公司設立中由認股人所組織之議決機關，參加人包括發起人及認股人（已繳款之認股人）：

(1) 召集

股款繳足後，發起人應於 2 個月內召開創立會。創立會之程序及決議，準用股東會之召集程序。但關於董事及監察人之選任，準用第 198 條之規定(§ 143、§144)。

(2) 決議

公司設立之會議為「創立會」，設立後之公司，由於原發起人及認股人已正式成為股東，故所召集之會議即為「股東會」，二者只是在不同階段所召集之會議，實質上之性質相同。創立會之召集程序及決議方法準用股東會之相關規定。

(3) 權限

創立會之權限包括聽取發起人之報告(§145)、選任董監事及檢查人(§146)、修改章程或為公司不設立之決議(§151)。創立會是募股設立程序最重要之一環。本法強制規定，第一次發行股份募足後，逾 3 個月而股款尚未繳足，或已繳納而發起人不於 2 個月內召集創立會者，認股人得撤回其所認之股份(§ 152)；但如已召開創立會，而於創立會結束後，認股人不得將股份撤回(§153)。

發起人對於報告有虛偽情事時，各科 6 萬元以下罰金。此外，發起人所得受之報酬或特別利益及公司所負擔之設立費用有冒濫者，或公司用以抵作股款之財產有估價過高者，創立會均得裁減之，或責令其補足(§147)。

8. 設立登記

股份有限公司之設立，應由代表公司之負責人向中央主管機關申請為設立之登記，等中央主管機關登記後，公司始正式成立。

第五項　設立之效力

（一）設立登記前之效力

1. 發起人之連帶認繳股款義務

未認足之第一次發行股份，及已認股而未繳股款者，應由發起人連帶認繳；其已認股而經撤回者亦同(§148)。

2. 發起人之損害賠償責任

因發起人所得受之報酬、特別利益及公司所負擔之設立費用有冒濫，或發起人以財產出資而估價過高之情事，及因認股人未認足第一次發行股份或已認而撤回者，致公司受有損害時，得向發起人請求賠償(§149)。

3. 發起人於公司不能成立時之責任

公司不能成立時，發起人關於公司設立所為之行為，及設立所需之費用，均應負連帶責任，其因冒濫經裁減者亦同(§150)。

（二）設立登記後之效力

1. 公司成立之效力

公司設立登記後即成立而具有法人人格，得享受權利、負擔義務。

2. 發行股票之權利

原則上公司設立登記後即得發行股票，但公開發行股票之公司，證券管理機關另有規定者，不在此限。違反規定而發行股票者，其股票無效。但持有人得向發行股票人請求損害賠償(§161)。

3. 轉讓股份之權利

公司股份之轉讓，不得以章程禁止或限制之。但非於公司設立登記後，不得轉讓。發起人之股份非於公司設立登記1年後，不得轉讓。但公司因合併或分割後，新設公司發起人之股份得轉讓(§163)。

第六項　發起人之責任

（一）公司成立時之責任

1. 認繳股款之責任

　　未認足之第一次發行股份，及已認而未繳股款者，應由發起人連帶認繳；其已認而經撤回者亦同(§148)。

2. 損害賠償之責任

　　發起人應負一定之損害賠償責任(§149)，且發起人對於公司設立事項，如有怠忽其任務致公司受損害時，應對公司負連帶賠償責任(§155Ⅰ)。

3. 清償債務之責任

　　發起人對於公司在設立登記前所負債務，在登記後亦負連帶責任(§155Ⅱ)。

（二）公司不成立時之責任

　　公司不能成立時，發起人關於公司設立所為之行為，及設立所需之費用，均應負連帶責任，其因冒濫經裁減者亦同(§150)。

第三節　股份

第一項　意義

　　股份是公司資本的成分，每股成分均相等。在法律上有兩種意義，一為資本之構成部分，一指股東權。投資人因股份之取得而獲得股東身分，對公司享有權利。

第二項　股份之金額

　　107年修正後之公司法第156條規定：股份有限公司之資本，應分為股份，擇一採行票面金額股或無票面金額股。公司採行票面金額股者，每股金額應歸一律；採行無票面金額股者，其所得之股款應全數撥充資本。公司股份之一部分得為特別股；其種類，由章程定之。公司章程所定股份總數，得分次發行；同次發行之股份，其發行條件相同者，價格應歸一律。但公開發行股票之公司，其股票發行價格之決定方法，得由證券主管機關另定之。股東之出資，除現金外，得以對公司所有之貨幣債權、公司事業所需之財產或技術抵充之；其抵充之數額需經董事會決議。(§156)。

第三項 特別股之發行

股份有限公司之股份以「股票」方式表彰，分為普通股與特別股。普通股與特別股之區別係依股東之權利來區分，公司所發行之無特別權利之通常股份即是普通股；而特別股享有特殊權利之股份，通常有「盈餘分派之特別股」、「剩餘財產之特別股」、「累積股和非累積之優先股」、「收回股或不收回股」、「無表決權行使之特別股」、「複數表決特別股」、「對於特定事項具否決權特別股」等。

所謂「累積優先股」，係指在某一期間內，若公司獲利不足以分配規定之特別股股利時，日後優先股對往年未給付之股利，有權要求如原來約定之數補發。所謂「非累積優先股」，指公司若因經營不當或其他原因，致當年獲利不足以支付約定之股利時，其未支付部分，股東不得請求公司於日後獲利較佳之年度予以補發是。對投資人而言，累積的優先股較為有利。

而所謂「收回股或不收回股」，係依公司是否要收回所發行之特別股而區分。依第 158 條規定，公司發行之特別股，得收回之。但不得損害特別股股東按照章程應有之權利。100 年修正前，公司收回特別股，只得以盈餘或發行新股所得股款收回，致公司的財務運用欠缺彈性。修法後回歸公司治理精神，若公司有需要收回特別股時，不限以盈餘或現金收回，也可以其他資金來源辦理。特別股得於公司設立之初發行，亦得於設立後第二次以下發行新股或增加資本時發行。

107 年修正時於第 157 條增加複數表決權特別股或對於特定事項具否決權特別股，以及特別股股東被選舉為董事、監察人之禁止或限制，或當選一定名額董事之權利，特別股轉讓之限制等規定，惟前述規定與得轉換成複數普通股之特別股規定均不適用於公開發行股票之股份有限公司。

第四項 股東出資之方式

1. 以現金、貨幣債權、公司所需之技術出資

股東之出資，除現金外，得以對公司所有之貨幣債權、公司事業所需之財產或技術抵充之；其抵充之數額需經董事會通過（§156Ⅴ）。100 年公司法修正前規定商譽亦可為出資，但其並非可隨時充作現物之財產出資，不宜作為出資標的，100 年修正刪除。

2. 股權交換之方式出資

公司設立後得發行新股作為受讓他公司股份之對價，需經董事會三分之二以上董事出席，以出席董事過半數決議行之，不受第本法 267 條第 1 項至第 3 項之限制（§156-3）。

第五項　股份之轉讓及銷除

1. 股份之轉讓

股份有限公司是資合公司，並不重視股東間彼此信用關係，且股票係一種有價證券，應使其便於流通，第 163 條本文規定，公司股份之轉讓，不得以章程禁止或限制之，可見本法原則上採取「股份轉讓自由原則」。例外不得自由轉讓股份之情形如下：

(1) 非於公司設立登記後，不得轉讓（§163 但）。

(2) 董、監事於任期中，不得轉讓其持股數二分之一以上，超過時，董、監事當然解任（§227 準用§197）。

2. 股份之銷除

(1) 公司非依股東會決議減少資本，不得銷除其股份；減少資本，應依股東所持股份比例減少之。但本法或其他法律另有規定者，不在此限。

(2) 公司減少資本，得以現金以外財產退還股款；其退還之財產及抵充之數額，應經股東會決議，並經該收受財產股東之同意。

(3) 前項財產之價值及抵充之數額，董事會應於股東會前，送交會計師查核簽證。

(4) 公司負責人違反前 3 項規定者，各處 2 萬元以上 10 萬元以下罰鍰(§168)。

100 年修正參酌股東出資得以現金以外對公司的貨幣債權、技術抵繳，減資也得以現金以外財產退還股款。但為保障股東權益，落實公司治理精神，須先經股東會決議及收受該財產股東同意，且該項財產價值也須送交會計師查核簽證。

第六項　股份回籠禁止原則

股份有限公司應遵守資本維持原則，原則上禁止收買股份，但有例外之情形可以將股份回籠，說明如下：

1. 原則：公司不得將自家股份收回、收買或收為質物。

　　第 167 條規定：「公司除依第 158 條、第 167 條之 1、第 186 條、第 235 條之 1 及第 317 條規定外，不得自將股份收回、收買或收為質物。」但公司法實務上尚有其他規定得收回股份。嚴格限制的理由為：

(1) 公司不得為自己股東。

(2) 避免違反資本維持原則。

(3) 貫徹股東平等原則。

(4) 避免董事藉機炒作股票。

2. 例外：公司得收回股份。

(1) 清算或破產股東股份之收回（§167 I 但）。

(2) 特別股之收回(§158)。

(3) 反對公司營業政策或財產重大變更之股東請求收買其股份(§167 I、§186)。

(4) 反對公司合併、分割、解散之股東請求而收買其股份(§167 I、§317)。

(5) 因受贈或受遺贈或股東拋棄股份而無償取得自己之股份。

(6) 因合併或受讓他人全部營業或財產等，為權利之概括繼受而取得自己股份。

(7) 公司依法減資，為銷除股份而取得自己之股份。

(8) 以公司之名義為他人計算而取得自己之股份。

(9) 具備庫藏股之事由，得依法買回本公司之股份。

(10) 公司得以未分配之累積盈餘收買一定比例之股份為庫藏股，轉讓給員工(§ 167-1 I)。

(11) 員工酬勞以股票為之時收買自家股份以利發放。

　　107 年修正時，鑑於第 235 條之 1 第 3 項所定「員工酬勞以股票或現金為之」，所謂股票，不以新股為限，公司亦得收買其已發行股份發給員工，且本次修正第的 235 條之 1 增訂第 4 項有關公司收買自己已發行股份之規定，爰修正第 167 條第一項，增列第 235 條之 1 為公司不得將股份收買之除外規定，讓公司為上開目的有收買自己已發行股份之依據。

第七項　員工庫藏股與認股權證

　　90 年修正引進庫藏股(treasure stock)制度，參考美國立法例，增訂「員工庫藏股」與「員工認股權證」兩種規定，目的使公司可以留住員工，說明如下：

1. 員工庫藏股

公司得經董事會以董事三分之二以上之出席，及出席董事過半數同意之決議，於不超過該公司已發行股份總數百分之五之範圍內，收買其股份；收買股份之總金額，不得逾保留盈餘加已實現之資本公積之金額。公司收買之股份，應於 3 年內轉讓於員工，屆期未轉讓者，視為公司未發行股份，並為變更登記。公司收買員工庫藏股之股份，不得享有股東權利(§167-1)。

2. 員工認股權憑證

公司為吸引及保留優秀人才，將股票配發給員工，經董事會以董事三分之二以上之出席，及出席董事過半數同意之決議，與員工簽訂認股權契約，約定於一定期間內，員工得依約定價格認購特定數量之公司股份，訂約後由公司發給員工認股權憑證(§167-2Ⅰ)。依此規定，公司之員工依雙方所約定之價格、數量及一定期間內，得向公司買入其股票，而公司亦有義務於員工行使其「認股權」時，依約賣出公司之股票。至於公司股票之來源，則得以庫藏股之方式，由公司收買其股份後，再售與員工。

惟為避免員工流動，亦引進「限制員工轉讓」之制度，100 年增訂第 167 條之 3，規定公司在收買自己之股份以轉讓於員工時，可以限制員工在一定期間內不得轉讓，但該期間最長不得超過 2 年。

107 年修正時增列第 167 條之 2 第 3 項：章程得訂明第一項員工認股權憑證發給對象包括符合一定條件之控制或從屬公司員工，賦予公司發給員工認股權憑證之彈性。

第四節　股份有限公司之股票

第一項　意義與性質

股票乃表彰股東權之「要式證券」；股票為證明股東身分之「證權證券」；股票為彰具有財產價值私權之「有價證券」。

第二項　股票之分類

（一）普通股與特別股

普通股與特別股之區別係依股東之權利區分，公司所發行之無特別權利之通常股份即是普通股；而特別股享有特殊權利之股份，可分「盈餘分派之特別股」、「剩餘財產之特別股」等，兩者之區別，在於記載之方法不同。

（二）單一股票與複數股票

依顯示股份份數的多寡，可分為單一股票與複數股票。

（三）票面金額股與無票面金額股

依股票是否記載股份一定金額，可分為票面金額股與無票面金額股，107 年新增第 156 條之 1：第 1 項規定：公司得經有代表已發行股份總數三分之二以上股東出席之股東會，以出席股東表決權過半數之同意，將已發行之票面金額股全數轉換為無票面金額股；其於轉換前依第 241 條第 1 項第 1 款提列之資本公積，應全數轉為資本。第 2 項規定：前項出席股東股份總數及表決權數，章程有較高之規定者，從其規定。第 3 項規定：公司印製股票者，依前述規定將已發行之票面金額股全數轉換為無票面金額股時，已發行之票面金額股之每股金額，自轉換基準日起，視為無記載。第 4 項規定：前項情形，公司應通知各股東於轉換基準日起六個月內換取股票。第 5 項規定：前四項規定，於公開發行股票之公司，不適用之。第 6 項規定：公司採行無票面金額股者，不得轉換為票面金額股，換言之採取的是單向轉換之立法模式。

（四）記名股與無記名股

依股票之是否記載股東姓名於股票，分為記名股與不記名股，區別之實益，於股份之轉讓及股東權之行使。記名股之原持有人應將姓名記載於股票，股份轉讓時，亦應將受讓人記載於股票，並將受讓人資料記載於公司股東名簿，否則，不得以其轉讓對抗公司(§165 I)。所謂無記名股票，非但股東姓名未記載於股票，且為轉讓便利，僅須交付該股票於受讓人，即可發生轉讓之效力。公司得以章程規定發行無記名股票，惟為求公司之穩定及股份移轉情況之掌握，107 年修法前規定無記名股票之股數不得超過已發行股份總數的二分之一，107 年修法後已將無記名股票制度刪除(§166 I)。

第三項　股票之發行

（一）發行時期

　　股票之發行，乃公司依法定方式製成股票，而以之發交於股東之行為，發行行為無須經相對人之承諾，但為一種要式行為。公司於設立登記或發行新股變更登記後，得發行股票（§161Ⅰ）。107年修正後之第161條之1第1項規定：公開發行股票之公司，應於設立登記或發行新股變更登記後三個月內發行股票，相較於修正前規定：公司資本額達中央主管機關所定一定數額以上者，應於設立登記或發行新股變更登記後三個月內發行股票；其未達中央主管機關所定一定數額者，除章程另有規定者外，得不發行股票，修正後考量非公開發行股票之公司是否發行股票，宜由公司自行決定，爰修正第一項，改以公司有無公開發行，作為是否發行股票之判斷基準。

（二）發行之款式

　　股票應編號，載明法定事項後發行之。股票應用股東姓名，其為同一人所有者，應記載同一姓名；股票為政府或法人所有者，應記載政府或法人之名稱，不得另立戶名或僅載代表人姓名。股票之簽證規則，由中央主管機關定之。但公開發行股票之公司，證券管理機關另有規定者，不適用之（§162Ⅱ）。

（三）無實體交易制度與無實體發行

　　為發揮有價證券集中保管制度，節省發行成本及交付作業，90年修正引進「無實體交易制度」，即允許公開發行公司將該次發行之股票合併印製成單張股票，並洽證券集中保管事業機構保管，107年修正為：發行股票之公司，其發行之股份得免印製股票。依前項規定未印製股票之公司，應洽證券集中保管事業機構登錄其發行之股份，並依該機構之規定辦理。經證券集中保管事業機構登錄之股份，其轉讓及設質，應向公司辦理或以帳簿劃撥方式為之，不適用第164條及民法第908條之規定。前項情形，於公司已印製之股票未繳回者，不適用之（§161-2）。目前由臺灣集中保管結算所股份有限公司（簡稱集保結算所；TDCC）處理。

第四項　股票之轉讓

　　股票之轉讓，即為股份之轉讓，亦即股東權之轉讓，股份以得自由轉讓為原則，限制轉讓為例外。說明如下：

（一）轉讓之限制

公司股份之轉讓，不得以章程禁止或限制之。但非於公司設立登記後，不得轉讓(§163Ⅰ)。107年修正前原規定發起人之股份非於公司設立登記1年後，不得轉讓。但公司因合併或分割後，新設公司發起人之股份得轉讓(§163Ⅱ)。按股份有限公司之特色為股份自由轉讓，限制發起人股份之轉讓，並不合理；又此限制將降低發起人新創事業之意願；另查本限制為外國立法例所無，爰刪除現行第二項，以貫徹股份自由轉讓原則。

（二）轉讓之方式

股票，由股票持有人以背書轉讓之，並應將受讓人之姓名或名稱記載於股票(§164)。107年修正時配合無記名股票制度之廢除刪除原條文中前段記名之文字及後段有關無記名股票之規定。

（三）股票過戶之效力與閉鎖期間

股份之轉讓，非將受讓人之姓名或名稱及住所或居所，記載於公司股東名簿，不得以其轉讓對抗公司。此種手續，稱「過戶」，乃記名股票轉讓之對抗要件，而非生效要件，亦即只要有合法之背書，並將股票交付，即生效力，惟非辦妥過戶手續，則不得對抗公司。原則上過戶得隨時為之。

股票不得轉讓之期間，即「閉鎖期間」，股東名簿記載之變更，於股東常會開會前30日內，股東臨時會開會前15日內，或公司決定分派股息及紅利或其他利益之基準日前5日內，不得為之。公開發行股票之公司辦理股東名簿記載之變更，於股東常會開會前60日內，股東臨時會開會前30日內，不得為之，閉鎖期間自開會日或基準日起算(§165)。

第五節　股份有限公司之股東

第一項　地位取得與變動

股東權，乃股東基於其地位與公司間所有之法律關係，既非純粹的財產權，亦非純粹的人格權，乃為一種特殊的權利。股東權的主體，即為股東，股份有限公司屬於資合公司，股東之個性非關重要，但股東地位之取得與變動，則影響公司股權結構，原則上限制公司不得自為股東(§167Ⅰ)及股份可為共有(§160)。有關股東地位取得方式如下：

一、 設立登記時之認股或發行新股時，可取得股東地位，屬原始取得。

二、 因繼承、遺贈或公司合併或受讓股份，取得股東地位，屬繼受取得。

三、 公司人格消滅或依第 168 條銷除股份，喪失股東地位。

第二項　股東權之分類

（一）單獨股東權與少數股東權

股東權以其行使是否須達一定之股份數額為標準而區分：

1. 單獨股東權

股東可以單獨行使權利與持股數無關，例如行使第 189 條股東會決議之撤銷權。

2. 少數股東權

少數股東權目的為救濟多數議決原則之濫用，股東持有之股份須達公司發行股份總數一定比例才能行使權利，主張股東會召集請求權，以保護少數股東。少數股東權之規定，參見表 2-4：

表 2-4　少數股東權

少數股東權利	持股狀態	比例	條文
請求解散公司	繼續 6 個月以上	10%	§11 II
股東會召集請求權及自行召集	繼續 1 年以上	3%	§173
訴請裁判解任董、監事	持有	3%	§200、§227 準用§200
請求監察人為公司對董事訴訟	繼續 6 個月以上	1%	§214 I
對董監提起代表訴訟	繼續 6 個月以上	1%	§214 II、§227 準用§214 II
請求董事會為公司對監察人訴訟	繼續 6 個月以上	1%	§227 準用§214 II
聲請法院選派檢查人	繼續 6 個月以上	1%	§245
聲請公司重整	繼續 6 個月以上	10%	§282 I
聲請法院解散清算人	繼續 1 年以上	3%	§323 II
特別清算中聲請法院檢查	繼續 6 個月以上	3%	§352

（二）共益權與自益權

股東權以行使之目的，係專為該股東自己之利益，或兼為公司之利益為標準而區分：

1. 共益權

以參與公司之營運管理為目的而享有之權利，行使股東權之目的，為該股東自己之利益，亦兼為公司之利益，例如聲請法院裁定解散請求權(§11)、表決權(§179)、請求召集股東會之權利(§173)、請求判決股東會決議無效之權利(§189)、訴請裁判解任董監事之權利(§200、§227)、請求解任清算人之權利(§323Ⅲ)、請求檢查公司業務及財產狀況之權利(§245)等。

2. 自益權

行使之目的係專為股東自己的利益，例如特別股之盈餘分派請求權(§157)、發行股票請求權(§161Ⅱ、§166)、請求股票過戶權利(§165)、股票改式請求權(§166Ⅱ)、建設股權請求權(§234)、股息紅利分派請求權(§235)、新股認購權(§267)、剩餘財產分派請求權(§330)等。

第六節　股份有限公司之機關

公司法人為一種組織，其行為有賴各種機關為之，資合公司尤其強調公司之團體性。股份有限公司主要有三主要機關，即股東會、董事及董事會、監察人，形成三權分立。股東會由全體股東組成，為公司最高意思機關；董事為代表執行公司之人，由董事組織董事會，行使公司重要決策；監察人則為公司監督機關。參見圖 2-6：

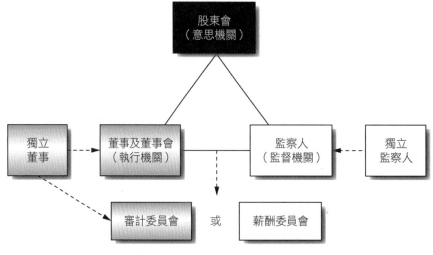

📖 圖 2-6　股份有限公司之機關

第一項　股東會

（一）股東會之意義

股東會乃由全體股東所組織，為股份有限公司之最高意思機關。若公司係由政府或法人股東一人所組成，因股東只有一人，無法成立股東會，特別規定，公司之股東會職權由「董事會」行使，不適用本法有關股東會之規定，該政府或法人股東一人所組織之股份有限公司之董事、監察人，由政府或法人股東指派(§128-1)。股東會之職權有縮小之趨勢，依本法規定，須經股東會之決議者，有法定專屬事項及章程所定專屬事項。

（二）股東會之種類

股東會分下列二種(§170)：

1. 股東常會

每年至少召集一次，除有正當事由經報請主管機關核准者，應於每會計年度終了後 6 個月內召開。

2. 股東臨時會

於必要時召集之。

（三）股東會之召集

1. 召集人

(1) 原則：由董事會召集之(§171)。

(2) 例外，可由少數股東請求召集：由繼續 1 年以上，持有已發行股份總數百分之三以上股份之股東，得以書面記明提議事項及理由，請求董事會召集股東臨時會。請求提出後 15 日內，董事會不為召集之通知時，股東得報經主管機關許可，自行召集。董事因股份轉讓或其他理由，致董事會不為召集或不能召集股東會時，得由持有已發行股份總數百分之三以上股份之股東，報經主管機關許可，自行召集(§173)。監察人除董事會不為召集或不能召集股東會外，得為公司利益，於必要時，召集股東會(§220)。

(3) 此次 107 年修正增加第 173 條之 1 規定：繼續 3 個月以上持有已發行股份總數過半數股份之股東，得自行召集股東臨時會。前項股東持股期間及持股數之計算，以第 165 條第 2 項或第 3 項停止股票過戶時之持股為準。本條立法理由為：當股東持有公司已發行股份總數過半數股份時，其對公司之經營及

股東會已有關鍵性之影響，倘其持股又達一定期間，賦予其有自行召集股東臨時會之權利，應屬合理，爰明定繼續三個月以上持有已發行股份總數過半數股份之股東，可自行召集股東臨時會，毋庸先請求董事會召集或經主管機關許可，此條即所謂「大同條款」。

2. 召集程序

(1) 股東常會之召集：應於 20 日前通知各股東(§172Ⅰ)。

(2) 股東臨時會之召集：應於 10 日前通知各股東(§172Ⅱ)。

(3) 公開發行股票之公司股東常會之召集：應於 30 日前通知各股東；公開發行股票之公司股東臨時會之召集，應於 15 日前通知各股東(§172Ⅲ)。

(4) 公告及通知方式：通知及公告應載明召集事由，94 年增訂「通知經相對人同意者，得以電子方式為之」之規定(§172Ⅳ)。

(5) 重要議案之召集：選任或解任董事、監察人、變更章程、減資、申請停止公開發行、董事競業許可、盈餘轉增資、公積轉增資、公司解散、合併、分割或第 185 條第 1 項各款之事項，應在召集事由中列舉，不得以臨時動議提出(§172Ⅴ)。107 年新增減資、申請停止公開發行、董事競業許可、盈餘轉增資、公積轉增資等事項不得以臨時動議提出，依其修正理由乃鑒於公司減資涉及股東權益甚鉅，增列「減資」屬應於股東會召集通知列舉，以保障股東權益，此外，公司申請停止公開發行，亦影響股東權益至鉅，一併增列。另董事競業許可、盈餘轉增資、公積轉增資亦屬公司經營重大事項，應防止取巧以臨時動議提出，以維護股東權益，一併納入規範。

(6) 股東會決議在 5 日內延期或續行集會，不適用上述之規定(§182)。

公司股東會召集程序，參見表 2-5：

⚖ 表 2-5　公司股東會召集程序

公司種類	股東會種類	法條	對象	日期
一般公司	股東常會	§172Ⅰ	記名股東	20 日前之通知
	股東臨時會	§172Ⅱ	記名股東	10 日前通知
公開發行公司	股東常會	§172Ⅲ前段	記名股東	30 日前通知
	股東臨時會	§172Ⅲ後段	記名股東	15 日前通知
違法效果：處 1 萬元以上 5 萬元以下罰鍰，但公開發行股票之公司，由證券主管機關處代表公司之董事新臺幣 24 萬元以上 240 萬元以下罰鍰（§172Ⅵ）。				

（四）股東直接提案權

1. 股東提案權之目的：公司之經營權與決策權多賦予董事會，形成公司重要決策均仰賴董事會於開會通知中列為討論事項，否則，股東難有置喙之餘地。為使股東得積極參與公司之經營，94年增列第172條之1規定，賦予持有已發行股份總數百分之一以上股份之股東得有提案權，107年除原本書面提案外，新增電子方式提案。

2. 提案之限制：股東提案權僅適用於股東常會，不適用於股東臨時會，以避免股東會因而過於冗長費時。且為防止提案過於浮濫，限定股東所提議案以3百字為限。對於提案範圍亦有限制，除該議案非股東會得決議者；提案股東於停止股票過戶日時持股未達百分之一者；該議案於公告受理期間外提出者，字數超過3百字等情形，董事會應列為議案。107年增加股東提案係為敦促公司增進公共利益或善盡社會責任之建議，董事會仍得列入議案。

3. 處理結果通知：公司應於股東會召集通知日前，將處理結果通知提案股東，並將合於本條規定之議案列於開會通知。對於未列入議案之股東提案，董事會應於股東會說明未列入之理由。

（五）股東會之出席

1. 親自出席

股東會係由股東組成，故股東均可出席股東會，107年修正時配合無記名股票制度之廢除刪除原§176條文中「惟無記名股票之股東，非於股東會開會五日前，將其股票交存公司，不得出席」之文字。

2. 委託出席

(1) 委託代理人出席：股東得於每次股東會，出具「委託書」，載明授權範圍，委託代理人，出席股東會。除信託事業或經證券主管機關核准之股務代理機構外，一人同時受二人以上股東委託時，其代理之表決權不得超過已發行股份總數表決權之百分之三，超過時其超過之表決權，不予計算。

(2) 委託書：一股東以出具一委託書，並以委託一人為限，應於股東會開會5日前送達公司，委託書有重複時，以最先送達者為準。但聲明撤銷前委託者，不在此限。

(3) 撤銷委託：委託書送達公司後，股東欲親自出席股東會者，至遲應於股東會開會「前2日」，為撤銷委託之通知，此為100年修正，以利實務運作。並增

加規範委託書送達公司後，股東欲以書面或電子方式行使表決權者，亦應於股東會開會 2 日前，為撤銷委託之通知(§177)。

3. 視訊出席

107 年修正時增訂第 172 條之 2 規定，第 1 項：公司章程得訂明股東會開會時，以視訊會議或其他經中央主管機關公告之方式為之。第 2 項：股東會開會時，如以視訊會議為之，其股東以視訊出席。第 3 項：前 2 項規定，於公開發行股票之公司，不適用之。考量公開發行股票之公司股東人數眾多，且視訊會議尚有股東身分認證、視訊斷訊之處理、同步計票技術之可行性等相關疑慮，執行面尚有困難，爰於第 3 項排除公開發行股票公司之適用。

110 年 12 月 14 日，立法院三讀通過第 172 條之 2 修正案，並於 110 年 12 月 29 日公佈施行：第 1 項：公司章程得訂明股東會開會時，以視訊會議或其他經中央主管機關公告之方式為之。但因天災、事變或其他不可抗力情事，中央主管機關得公告公司於一定期間內，得不經章程訂明，以視訊會議或其公告之方式開會。第 2 項：股東會開會時，如以視訊會議為之，其股東以視訊參與會議者，視為親自出席。第 3 項：前 2 項規定，於公開發行股票之公司應符合之條件、作業程序及其他應遵行事項，證券主管機關另有規定者，從其規定。其修正理由如下：

(1) 鑒於如因天災、事變或其他不可抗力情事，致使公司未及修訂章程，股東會即不得以視訊會議或其他經中央主管機關公告之方式開會，對公司運作及股東相關權益有所影響，爰於第一項增訂但書規定，於有上開不可抗力等情事時，中央主管機關得公告公司於一定期間內，得不經章程訂明，以視訊會議或其他經中央主管機關公告之方式開會，俾利公司彈性運作及保障股東參與股東會之權利。

(2) 為應實務需求，放寬原公開發行股票公司召開股東會不適用視訊會議或其他經中央主管機關公告方式之規定，另考量公開發行股票公司股東人數眾多，採視訊方式召開股東會影響層面甚廣，須有相關配套措施，以保障股東權益，爰修正第 3 項規定，公開發行股票公司應符合之條件、相關作業程序及其他應遵行事項，證券主管機關依證券交易法第 22 條之 1 第 2 項授權訂定之準則另有規定者，從其規定。

(3) 第 2 項未修正。股東以視訊方式參與股東會者，視為親自出席。準此，倘股東原已委託代理人行使表決權，或已以書面或電子方式行使表決權，後欲改以視訊出席股東會之情形，與親自出席同，仍應符合第 177 條第 4 項或第 177 條之 2 第 2 項規定，併予敘明。

4. 推動「電子投票制」

依第 177 條之 1 規定:「公司召開股東會時,採行書面或電子方式行使表決權者,其行使方法應載明於股東會召集通知。但公開發行股票之公司,符合證券主管機關依公司規模、股東人數與結構及其他必要情況所定之條件者,應將電子方式列為表決權行使方式之一。前項以書面或電子方式行使表決權之股東,視為親自出席股東會。但就該次股東會之臨時動議及原議案之修正,視為棄權。」此為積極推電子投票之政策發展,說明如下:

(1) 落實股東參與主義:為鼓勵股東參與股東會之議決,94 年增訂本條,股東會召開方式,除股東親自出席及委託出席等方式外,得於公司召開股東會時採行書面或電子方式行使表決權。

(2) 電子和委託書同時者:股東已依書面或電子方式行使表決權後,欲親自出席股東會者,應撤銷行使表決權之意思表示;逾期撤銷者,以書面或電子方式行使之表決權為準。若又以委託書委託代理人出席股東會時者,以委託代理人出席行使之表決權為準(§177-2)。

(3) 推動電子投票:股東電子投票係為配合通訊科技發展,增加股東出席股東會的方式,提高股東會出席率,100 年修正第 177 條之 1 第 1 項增列但書,要求證券主管機關應視公司規模、股東人數與結構及其他必要情況,命其將電子方式列為表決權行使管道之一。以解決上市櫃公司同日召開股東會造成大部分小股東喪失自身權益,有助於提升公司治理與資訊透明度。

5. 股東會之表決權計算

表決權乃基於股東之資格,就股東會之提案,表示可否之權利,其係基於股東資格而產生,不能脫離股東資格而獨立,雖得委託他人行使,但不能與股東之資格分離而為讓與,性質上屬於一種可能權。

(1) 原則:1 股 1 表決權:公司各股東原則上每股有 1 表決權(§179 I)。出席之股東(或其代理人)均得行使表決權。

(2) 例外:

① 公司發行無表決權之特別股,則股東無表決權。

② 公司依法持有自己股份,公司為股東但無表決權(§179 II)。

③ 從屬公司對控制公司股東會無表決權:從屬公司就其對控制公司之持股,在控制公司之股東會中行使表決權時,實質上與控制公司自身就自己之股份行使表決權無異,94 年增訂第 179 條第 2 項第 2 款,認從屬公司持有控

制公司之股份無表決權。以防止公司間交叉持股產生流弊，有違公司治理原則。

④ 轉投資公司無表決權：為避免關係企業之經營階層利用交叉持股，損及公司利益，增訂同條項第 3 款，規定控制公司與從屬公司再轉投資其他公司時，該轉投資公司所持有之控制公司、從屬公司股份，亦不賦予表決權。

⑤ 表決權行使之迴避：股東對會議事項，有自身利害關係，致有害於公司利益之虞時，不得加入表決，並不得代理他股東行使表決權(§178)。

(3) 政府或法人為股東之表決權限制：政府或法人為股東時，其代表人不限於一人。但其表決權之行使，仍以其所持有之股份綜合計算。代表人有 2 人以上時，其代表人行使表決權應共同為之(§181)。

(4) 股東分別行使表決權：100 年增列第 181 條第 3 項：「公開發行公司之股東係為他人持有股份時，股東得主張分別行使表決權。」修正理由主要為使保管機構、信託機構、存託機構或綜合帳戶等專戶之表決權行使，得依其實質投資人之個別指示，分別為贊成或反對之意思表示，明定公開發行公司之股東係為他人持有股份時，股東得主張分別行使表決權。增訂第 4 項，授權證券主管機關訂定相關辦法。

(5) 董監事質押股票表決權之限制

100 年修正第 197 之 1 條第 2 項增訂：「公開發行股票之公司董事以股份設定質權超過選任當時所持有之公司股份數額二分之一時，其超過之股份不得行使表決權，不算入已出席股東之表決權數。」規定公開發行股票公司之董事，一旦設定股票質權比例高於選任當時持有股份數一半時，超過部分不得行使表決權。立法理由係認為董監事股票質押比例越高，越增加公司的財務風險，股東若有將股票質押一定比例，限制其表決權。

(6) 表決權拘束契約

107 年修法時新增第 175 條之 1 規定：股東得以書面契約約定共同行使股東表決權之方式，亦得成立股東表決權信託，由受託人依書面信託契約之約定行使其股東表決權。股東非將前項書面信託契約、股東姓名或名稱、事務所、住所或居所與移轉股東表決權信託之股份總數、種類及數量於股東常會開會 30 日前，或股東臨時會開會 15 日前送交公司辦理登記，不得以其成立股東表決權信託對抗公司。前述規定，於公開發行股票之公司，不適用之。其修正理由乃為：為使非公開發行股票公司之股東，得以協議或信託之方式，匯聚具有相同理念之少數股東，以共同行使表決權方式，達到所需要之表決權

數，爰參酌修正條文第 365-9 條第 1 項有關閉鎖性股份有限公司之規定，於第 1 項明定公司股東得訂立表決權拘束契約及表決權信託契約。

6. 股東會之決議方法

　　股東會決議可分為普通決議、假決議、特別決議。股東會之決議有拘束公司及其機關之效力。說明如下：

(1) 普通決議

　　股東會之決議，指應有代表已發行股份總數過半數股東之出席，以出席股東表決權過半數之同意行之(§174)。

(2) 假決議

　　所謂假決議，係定暫時狀態之決議，在公司出席股東不足普通決議之定額，而有代表已發行股份總數三分之一以上股東出席時，得以出席股東表決權過半數之同意，為假決議，並將假決議通知各股東，於 1 個月內再行召集股東會。股東會對於假決議，如仍有已發行股份總數三分之一以上股東出席，並經出席股東表決權過半數之同意，視同普通決議(§175)。此種決議對於應經普通決議之事項，當然得以假決議之方法為之；但對於須經特別決議之事項，是否亦得適用假決議，依第 175 條之文義解釋，採否定說。

(3) 特別決議(§185)

① 目的：公司為重大行為時，影響公司權利甚鉅，股東決議之代表門檻應提高，即應有代表已發行股份總數三分之二以上股東出席之股東會，以出席股東表決權過半數之同意行之，即稱為特別決議。條文中有「除本法另有規定外」，即指特別決議，例如為特殊行為之決議。

② 公開發行股票公司之特別決議：若為公開發行股票之公司，由於股東人數眾多，特別決議出席門檻若太高，則不易召開股東會，如出席股東之股份總數不足特別決議定額者，得以有代表已發行股份總數過半數股東之出席，出席股東表決權三分之二以上之同意行之。若出席股東股份總數及表決權數，章程有較高之規定者，從其規定。

③ 特別決議事項：如包括第 13 條轉投資、第 185 條營業或財產重大變更、第 209 條董事競業禁止之許可、第 277 條變更章程、第 316 條解散、合併或分割等，均屬於影響公司權益之重大特定行為，其決議方式應以特別決議為之。

(4) 股份數表決權之計算：股東會之決議，對無表決權股東之股份數，不算入已發行股份之總數。股東會之決議，對依規定應迴避表決者(§178)，不得行使表決權之股份數，不算入已出席股東之表決權數(§180)。

7. 股東會決議之撤銷

(1) 撤銷之訴：股東會之召集程序或其決議方法，違反法令或章程時，股東得自決議之日起 30 內，訴請法院撤銷其決議(§189)。

(2) 駁回請求：法院對於撤銷決議之訴，認為其違反之事實非屬重大且於決議無影響者，得駁回其請求(§189-1)。

(3) 登記之撤銷：決議事項已為登記者，經法院為撤銷決議之判決確定後，主管機關經法院之通知或利害關係人之申請時，應撤銷其登記(§190)。

(4) 決議無效：股東會決議之內容，違反法令或章程者無效(§191)。參見表 2-6：

表 2-6　股東會決議之撤銷

種類	決議不成立	決議無效	決議撤銷
原因	自始欠缺成立要件	決議內容違反公司章程	1. 召集程序違反法令或章程 2. 召集方法違反法令或章程
救濟	確認決議不存在之訴	確認決議無效之訴	撤銷之訴

8. 股東會議紀錄分發之方式

為節省公開發行股票公司分發議事錄的成本，以及響應環保無紙化政策，刪除以公告方式分發議事錄，僅限於持有記名股票未滿一千股之股東之規定(§183)。

第二項　董事及董事會

（一）董事

1. 董事之資格

董事乃董事會之組成分子，為股份有限公司必設之執行機關。公司董事會，設置董事不得少於 3 人，由股東會就有行為能力之人選任之(§192I)，107 年修正時新增第 192 條第 2 項；公司得依章程規定不設董事會、置董事 1 人或 2 人。董事之職權有出席董事會、經理人之委任與解任、股票之發行、公司債之發行、發起情形之調查報告及公司對監察人起訴之代表。

民法第 15 條之 2 受輔助宣告之人及第 85 條關於法定代理人允許限制行為能力人獨立營業時，其營業雖有行為能力，均無法選任其為董事。公司與董事間之關係，除本法另有規定外，依民法關於委任之規定。

2. 董事之選任

(1) 累積投票制度(§198)

所謂累積投票(cumulative voting)，指股東會選任董事時，每一股份有與應選出董事人數相同之選舉權，得集中選舉 1 人，或分配選舉數人，由所得選票代表選舉權較多者，當選為董事。其與直接投票制(straight voting)不同。目前採用「強制累積投票制」，第 198 條第 1 項規定:「股東會選任董事時，每一股份有與應選出董事人數相同之選舉權，得集中選舉一人，或分配選舉數人，由所得選票代表選舉權較多者，當選為董事。」此一制度在立法上有多次變動，修正前認為其屬公司內部自治事宜為理由，將公司選任董事之選舉方法授權予公司章程規定，但部分公司經營者以及股權相對多數者，利用修改公司章程之方式，將選任公司董事之選舉法，變更為「全額連記法」，不僅違反「股東平等原則」，且影響股東投資意願，更使公司失去制衡的力量易形成一言堂，或變成萬年董事會、萬年董事長，公司治理完全發揮不了作用，故目前採取強制累積投票制度，並未設例外規定。

(2) 候選人提名制度

94 年增訂「候選人提名制度」，適用於公開發行股票之公司，107 年修正時則刪除「公開發行股票之」文字。其立法理由係為健全公司發展與保障股東權益，推動公司治理。規定公開發行股票公司之董監事選舉，採候選人提名制度者，應載明於章程，股東應就董監事候選人名單中選任之。其程序係先進行「提名」，再進行「公告」程序，始可成為正式的董事候選人名單。說明如下(§192-1):

① 提名程序:即透過持有已發行股份總數百分之一以上股份之股東，得以書面向公司提出「董監事候選人名單」。提名股東應敘明被提名人董監事候選人之姓名、學歷、經歷。

② 審查程序:董事會或其他召集權人召集股東會者，除有下列情形，應將提名人列入董事候選人名單:
　a. 提名股東於公告受理期間外提出。
　b. 提名股東於公司停止股票過戶之閉鎖期間內，持股未達百分之一。
　c. 提名人數超過董事應選名額。
　d. 提名股東未敘明被提名人姓名、學歷及經歷。

③ 公告程序:公告程序包括選舉前之公告(§192-1Ⅱ)及候選人名單之公告等。公司應於股東常會開會 25 日前或股東臨時會開會 15 日前，將董事候

選人名單及其學歷、經歷公告。但公開發行股票之公司應於股東常會開會 40 日前或股東臨時會開會 25 日前為之。

④ 罰則：公司負責人或其他召集權人違反前述規定者，各處新臺幣 1 萬元以上 5 萬元以下罰鍰。但公開發行股票之公司，由證券主管機關各處公司負責人或其他召集權人新臺幣 24 萬元以上 240 萬元以下罰鍰。

107 年修正時為簡化提名股東之提名作業程序，修正「檢附」為「敘明」，且僅需敘明被提名人姓名、學歷、經歷即可。至於「當選後願任董事之承諾書、無第 30 條規定情事之聲明書」 者，鑒於是否當選，尚屬未定，實無必要要求提前檢附，況被提名人一旦當選，公司至登記主管機關辦理變更登記時，即知是否願任，爰刪除該等文件；另「被提名人為法人股東或其代表人者，並應檢附該法人股東登記基本資料及持有之股份數額證明文件」者，基於法人股東登記基本資料及持有之股份數額證明文件，公司已有相關資料，亦無必要要求檢附。又配合此次修正簡化提名股東之作業程序，是否列入董事候選人名單，應依修正後第五項規定判斷，爰不再要求董事會或其他召集權人，對被提名人予以審查，刪除「對董事被提名人應予審查」之文字;另修正本條第五項第四款「未檢附第四項規定之相關證明文件」為「提名股東未敘明被提名人姓名、學歷及經歷」。

3. 董事之投保

107 年修正時增訂第 193-1 條：公司得於董事任期內就其執行業務範圍依法應負之賠償責任投保責任保險。公司為董事投保責任保險或續保後，應將其責任保險之投保金額、承保範圍及保險費率等重要內容，提最近一次董事會報告。此乃為降低並分散董事因錯誤或疏失行為而造成公司及股東重大損害之風險，參考外國立法例，明定公司得為董事投保責任保險。

4. 董事之解任

董事解任分為當然解任、決議解任及裁判解任、提前解任等四種，說明如下：

(1) 當然解任(§197)

董事經選任後，應向主管機關申報，其選任當時所持有之公司股份數額；公開發行股票之公司董事在任期中轉讓超過選任當時所持有之公司股份數額二分之一時，其董事當然解任。董事在任期中其股份有增減時，應向主管機關申報並公告之。公開發行股票之公司董事當選後，於就任前轉讓超過選任當時所持有之公司股份數額二分之一時，或於股東會召開前之停止股票過戶期間內，轉讓持股超過二分之一時，其當選失其效力。

(2) 決議解任(§199)

董事得由股東會之決議，隨時解任；如於任期中無正當理由將其解任時，董事得向公司請求賠償因此所受之損害。股東會為解任之決議，應有代表已發行股份總數三分之二以上股東之出席，以出席股東表決權過半數之同意行之。公開發行股票之公司，出席股東之股份總數不足定額者，得以有代表已發行股份總數過半數股東之出席，出席股東表決權三分之二以上之同意行之。出席股東股份總數及表決權數，章程有較高之規定者，從其規定。

(3) 裁判解任(§200)

董事執行業務，有重大損害公司之行為或違反法令或章程之重大事項，股東會未為決議將其解任時，得由持有已發行股份總數百分之三以上股份之股東，於股東會後 30 日內，訴請法院裁判之。

(4) 提前解任(§199-1)

股東會於董事任期未屆滿前，經決議改選全體董事者，如未決議董事於任期屆滿始為解任，視為提前解任。前項改選，應有代表已發行股份總數過半數股東之出席。第 2 項係於 100 年增訂，理由在釐清全面改選之程序與第 199 條股東會解任個別董事須特別決議之規定不同，明定董事任期未屆滿前，決議提前改選之股東會，有過半出席過半同意之普通決議即可。

5. 董事之任期

董事任期不得逾 3 年。但得連選連任。董事任期屆滿而不及改選時，延長其執行職務至改選董事就任時為止。但主管機關得依職權限期令公司改選；屆期仍不改選者，自限期屆滿時，當然解任(§195)。

6. 董事之報酬

董事之報酬，未經章程訂明者，應由股東會議定，不得事後追認。第 29 條第 2 項之規定，對董事準用之(§196)。

有關董監事肥貓問題，修正公司法以明文規定，董事之報酬不得在事後追認。依第 196 條規定原意為避免董事利用其為公司經營者之地位與權利，恣意索取高額報酬，故不以董事會決議為足，而須將董事報酬委由章程與股東會決議定之。然而實務上公司股權結構屬於相對集中，董監事多由大股東兼任，產生公司監督制衡機制失靈，一旦公司董事與監察人勾結，自行恣意給與高額報酬，無法透過市場機制形成公平合理的薪酬金額，從而可能連帶造成公司營運不佳之虧損。在公司參與政府專案核定之紓困方案時，其董事之報酬應由主管機關訂立法定上限之相關辦法，

以免造成公司在有營運不佳情形，其董事仍得恣意索取高額報酬，而且特別規定董事之報酬不得事後追認，且此一規定準用第 29 條第 2 項之規定。

6. 董事禁止競業之義務

董事與經理人同，對公司應負一定禁止競業之義務，否則公司得行使介入權（歸入權），說明如下（§209）：

(1) 說明義務：董事為自己或他人為屬於公司營業範圍內之行為，應對股東會說明其行為之重要內容並取得其許可。股東會為許可之決議，應經特別決議行之，即有代表已發行股份總數三分之二以上股東之出席，以出席股東表決權過半數之同意行之。

(2) 公開發行股票公司之特別決議：公開發行股票之公司，出席股東之股份總數不足定額者，得以有代表已發行股份總數過半數股東之出席，出席股東表決權三分之二以上之同意行之。

(3) 公司之介入權：為保障公司之利益，董事未得股東會之許可，為自己或他人為競爭業務行為時，股東會得以決議，將該行為之所得視為公司之所得。但自所得產生後逾 1 年者，不在此限。

7. 對於董事提起訴訟

(1) 訴訟代表人：公司與董事間訴訟，原則上由監察人代表公司，股東會亦得另選代表公司為訴訟之人（§213）。

最高法院民事大法庭 109 年度台抗大字第 1196 號，裁定認為：股份有限公司與董事間訴訟，於訴訟進行中，代表公司之監察人聲明承受訴訟者，法院毋庸審酌其與該董事間之利害關係。

股份有限公司之監察人，係基於企業民主之理念，在企業所有與經營分離模式下，為發揮企業經營與監督之制衡作用，而特別設置專司公司業務執行監督、會計查核及代表公司權限之常設、必要機關。其制度目的及組織運作，旨在藉由該必要機關之監控，以有效掌握公司之營業狀況，防止企業經營者之違法失職，俾維護股東之權益。股份有限公司董事及監察人既經多數股東盱衡各情，依其自由意願選出，法院自應尊重公司治理及企業民主、私法自治之結果，不宜任意介入。

監察人代表公司與董事間訴訟時，若對該董事有循私之情，股東會可依法另選代表公司為訴訟之人，或解任該監察人，或由少數股東訴請法院裁判解任，事前或事中非無補救措施。另監察人與公司間屬於有償委任關係，倘監察人

未盡善良管理人之注意義務忠實履行職務，致損害公司權益，應負相關之民事、刑事責任。益徵公司法相關規定，業已斟酌公司與董事間訴訟代表權之安排分配、弊端防制及救濟方式等問題，自不存在應排除與他造董事有利害關係之監察人代表公司訴訟而未予排除之隱藏性法律漏洞，考量訴訟程序之安定、司法運作之效能，尚無預慮其可能循私之問題，而目的性限縮公司法第 213 條規定適用之餘地。故監察人代表公司而聲明承受訴訟時，不宜額外增列法文所無之限制。

至監察人有無依法不得代表公司之情形，或其應否負前揭所指民、刑事責任，則屬別一法律問題，應視個案具體情節謀求解決。

(2) 少數股東權：少數股東得為公司提起訴訟，是為「代位訴訟」或「代表訴訟」。繼續 6 個月以上，持有已發行股份總數 1%以上之股東，得以書面請求監察人為公司對董事提起訴訟（此條 107 年亦有修正，修正前為繼續 1 年以上，持有已發行股份總數 3%以上之股東，修正原因為參酌各國公司法之規定，我國持股期間與持股比例之規定較各國嚴格，不利少數股東提起代位訴訟。然為防止股東濫行起訴，仍應保留持股比例與持股期間之限制，爰將持股期間調整為 6 個月以上，持股比例降低為已發行股份總數 1%以上）。監察人自請求日起，30 日內不提起訴訟時，少數股東得為公司提起訴訟；股東提起訴訟時，法院因被告之申請，得命起訴之股東，提供相當之擔保；如因敗訴，致公司受有損害，起訴之股東，對於公司負賠償之責。此外，107 年修正增訂第 3 項：股東提起前項訴訟，其裁判費超過新臺幣 60 萬元部分暫免徵收。第 4 項：第 2 項訴訟，法院得依聲請為原告選任律師為訴訟代理人(§214)。

(3) 損害賠償責任：少數股東對於董事提起訴訟所依據之事實，顯屬虛構，經終局判決確定時，提起此項訴訟之股東，對於被訴之董事，因此訴訟所受之損害，負賠償責任。若訴訟所依據之事實，顯屬實在，經終局判決確定時，被訴之董事，對於起訴之股東，因此訴訟所受之損害，負賠償責任(§215)。

（二）董事會

1. 董事會及常務董事會(§192、§208)

(1) 董事會：公司董事會設置董事不得少於 3 人，由股東會就有行為能力之人選任之。107 年修正時新增 192 條第 2 項：公司得依章程規定不設董事會，置董事 1 人或 2 人。置董事 1 人者，以其為董事長，董事會之職權並由該董事行使，不適用本法有關董事會之規定；置董事 2 人者，準用本法有關董事會之規定。為回歸企業自治，開放非公開發行股票之公司得不設董事會，而僅

置董事 1 人或 2 人，惟應於章程中明定。其適用情形同修正條文第 128-1 條說明二；至於公開發行股票之公司，則應依證券交易法第 26-3 條第 1 項「已依本法發行股票之公司董事會，設置董事不得少於 5 人。」之規定辦理。

(2) 董事長：乃股份有限公司必設之代表機關。董事會未設常務董事者，應由三分之二以上董事之出席，及出席董事過半數之同意，互選一人為董事長，並得依章程規定，以同一方式互選 1 人為副董事長。董事長對內為股東會、董事會及常務董事會主席，對外代表公司。

(3) 常務董事：為常務董事會之組成分子，屬股份有限公司得設立之經常執行業務機關。公司得設、得不設常務董事，但董事會設有常務董事者，其常務董事由董事互選之，名額至少 3 人，最多不得超過董事人數三分之一。

(4) 代理：董事長請假或因故不能行使職權時，由副董事長代理之；無副董事長或副董事長亦請假或因故不能行使職權時，由董事長指定常務董事一人代理之；其未設常務董事者，指定董事 1 人代理之；董事長未指定代理人者，由常務董事或董事互推 1 人代理之。

(5) 董事會休會：常務董事於董事會休會時，依法令、章程、股東會決議及董事會決議，以集會方式經常執行董事會職權，由董事長隨時召集，以半數以上常務董事之出席，及出席過半數之決議行之。第57條公司代表之權限及第58條代表權之限制等規定，對於代表公司之董事準用之。

2. 召集程序

(1) 召集人：董事會由董事長召集之。但每屆第一次董事會，由所得選票代表選舉權最多之董事召集之(§203 之 1、§203 II)。

(2) 召集時間：每屆第一次董事會應於改選後 15 日內召開之。但董事係於上屆董事任滿前改選，並決議自任期屆滿時解任者，應於上屆董事任滿後 15 日內召開之。

(3) 任期屆滿之改選：董事係於上屆董事任期屆滿前改選，並經決議自任期屆滿時解任者，其董事長、副董事長、常務董事之改選得於任期屆滿前為之，不受前述之限制。

(4) 未達出席人數：第一次董事會之召集，出席之董事未達選舉常務董事或董事長之最低出席人數時，原召集人應於 15 日內繼續召集，並得適用第 206 條之決議方法選舉之。

(5) 自行召集：得選票代表選舉權最多之董事，未在法定期限內召集董事會時，107 年修法後得由過半數當選之董事，自行召集之。（修正前則為五分之一以上當選之董事報經主管機關許可，自行召集之）

(6) 通知程序：107 年修正後，董事會之召集，應於三日前通知各董事及監察人。但章程有較高之規定者，從其規定。有緊急情事時，董事會之召集，得隨時為之。前述召集之通知，經相對人同意者，得以電子方式為之。董事會之召集，應載明事由(§204)。

3. 出席

　　董事會開會時，董事應親自出席。但公司章程訂定得由其他董事代理者，不在此限。董事會開會時，如以視訊會議為之，其董事以視訊參與會議者，視為親自出席(§205)：「董事委託其他董事代理出席董事會時，應於每次出具委託書，並列舉召集事由之授權範圍。代理人以受一人之委託為限。107 年刪除修正前公司法第 205 條第 5 項規定，「董事居住國外者，得以書面委託居住國內之其他股東，經常代理出席董事會，但應向主管機關申請登記」，修正立法理由為：容許居住國外之董事得以書面委託居住國內之其他股東，經常代理出席董事會。此種制度下，居住國外之董事，可經常性不親自出席董事會，有違董事應盡之義務，並不妥適。此外，107 年修法時增訂第 205 條第 5 項：公司章程得訂明經全體董事同意，董事就當次董事會議案以書面方式行使其表決權，而不實際集會。董事會之開會，參見圖 2-7：

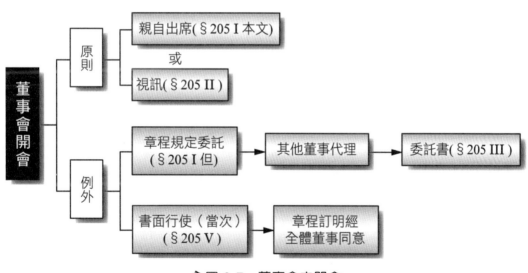

圖 2-7　董事會之開會

4. 職權與義務

(1) 董事會之職權

　　股份有限公司採授權資本制，董事會為必設機關，權限亦擴大，本法規定公司法定權限甚廣泛，但公司業務繁多，事項複雜，董事會之職權，實難一一列舉，公司法對股份有限公司之基本原則「董事會執行業務，應依照法令章程及股東會之決議」，可謂非股東會及監察人專屬之事項，董事會均得為之，包括下列：

① 執行職務：公司業務之執行，原則上應由董事會決議行之。例外情況依本法或章程規定應由股東會決議(§202)，可知除依本法或章程屬於股東會決議範圍外之事項，董事會均應決議，其範圍廣泛。100 年增訂第 206 條第 2 項：董事對於會議之事項，有自身利害關係時，應於會中說明其重要內容。旨為健全公司治理，促使董事之行為更透明化，以保護投資人權益。

② 代表公司：董事長對內為股東會、董事會及常務董事會主席，對外代表公司(§208Ⅲ)。

③ 召集股東會：股東會原則上由董事會召集(§171)。

④ 公司債募集之決議報告及申請(§246、§248)。

⑤ 新股發行之決議(§273Ⅰ)。

⑥ 公司債款之催繳(§254Ⅰ)。

⑦ 公司解散之通知及公告(§316Ⅳ)。

⑧ 公司分割計畫、合併契約之提出(§317Ⅰ)。

(2) 董事會之義務

① 製作並保存董事會之議事錄：董事會之議事，應作成議事錄(§207)。

② 備置章程及簿冊：董事會應將章程及歷屆股東會議事錄、財務報表備置於本公司，並將股東名簿及公司債存根簿備置於本公司或股務代理機構。章程及簿冊，股東及公司之債權人得檢具利害關係證明文件，指定範圍，隨時請求查閱或抄錄、或複製；其備置於股務代理機構者，公司應令股務代理機構提供(§210)。有關「抄錄」一詞，依經濟部函釋「股東依公司法第 210 條規定向公司請求抄錄股東名簿，其所指之『抄錄』包括影印在內。」為期明確，107 年修法時增列「複製」之規定。又倘公司之股東名簿及公司債存根簿，備置於股務代理機構者，107 年修法時亦明文規定公司應令股務代理機構提供，供股東及公司之債權人查閱、抄錄或複製，以杜爭議。此外，107 年修正時亦增訂第 210 條之 1 規定：董事會或其他召集權人召

集股東會者，得請求公司或股務代理機構提供股東名簿，此乃因。實務上，公司發生經營權之爭時，常生監察人或少數股東權之股東，雖依法取得召集權，卻因代表公司之董事或股務代理機構拒絕提供股東 名簿而無法召開股東會，致本法賦予其股東會召集權之用意落空，爰增訂第 210 條之 1 第 1 項，明定董事會或其他召集權人召集股東會者，得請求公司或股務代理機構提供股東名簿。

③ 虧損報告及破產聲請：公司虧損達實收資本額二分之一時，董事會應於最近一次股東會報告，此條於 107 年修正，修正前董事會應即召集股東會報告，修正後則以公開發行股票之公司為例，其財務報表通常係於每年 3 月始編造完成，若發現公司虧損達實收資本額二分之一時，則其召開股東會之時間將與每年 6 月底前召開股東常會之時間相當接近。準此，為減輕公司行政上之負擔，爰將第一項「董事會應即召集股東會報告」修正為「董事會應於最近一次股東會報告」。公司資產顯有不足抵償其所負債務時，除得依第 282 條辦理重整外，董事會應即聲請宣告破產。代表公司之董事，如有違反報告及聲請之規定者，處 2 萬元以上 10 萬元以下罰鍰(§211)。

第三項 監察人

（一）監察人之資格

監察人為股份有限公司必設之監察機關。公司監察人，由股東會選任之，監察人中至少須有一人在國內有住所。公開發行股票之公司依前項選任之監察人須有二人以上，其全體監察人合計持股比例，證券管理機關另有規定者，從其規定。公司與監察人間之關係，從民法關於委任之規定。監察人準用本法第 30 條對經理人之消極資格之規定及第 192 條第 1 項、第 3 項關於行為能力之規定。依證券交易法規定公開發行股票之股份有限公司也可以選擇設置審計委員會替代監察人。

（二）監察人之選任

監察人之選任準用選任董事之規定，依本法第 227 條規定，第 196 條至第 200 條、第 208 條之 1、第 214 條及第 215 條之規定，於監察人準用之。

（三）監察人之任期

1. 任期及解任：監察人任期不得逾 3 年。但得連選連任。監察人任期屆滿而不及改選時，延長其執行職務至改選監察人就任時為止。但主管機關得依職權，限期令公司改選；屆期仍不改選者，自限期屆滿時，當然解任(§217)。

2. 全體解任：監察人全體均解任時，董事會應於 30 日內召開股東臨時會選任之。但公開發行股票之公司，董事會應於 60 日內召開股東臨時會選任之(§217-1)。

（四）監察人之職權

1. 監督業務：監察人應監督公司業務之執行，並得隨時調查公司業務及財務狀況，查核簿冊文件，並得請求董事會或經理人提出報告。監察人辦理檢查事務，得代表公司委託律師、會計師審核之(§218)。監察人各得單獨行使監察權(§221)。

2. 董事向監察人報告義務：董事發現公司有受重大損害之虞時，應立即向監察人報告(§218-1)。

3. 停止請求權：監察人得列席董事會陳述意見。董事會或董事執行業務有違反法令、章程或股東會決議之行為者，監察人應即通知董事會或董事停止其行為(§218-2)。

4. 召集股東會：在董事會不為召集或不能召集股東會時，監察人得為公司利益，於必要時，召集股東會(§220)。監察人召開股東會之情形，參見圖 2-8：

5. 罰則：有違反檢查業務，妨礙、拒絕或規避監察人檢查行為者，各處 2 萬元以上 10 萬元以下罰鍰(§218Ⅲ)。至於監察人違反查核表冊，而為虛偽之報告者，各科 6 萬元以下罰金(§219Ⅱ)。

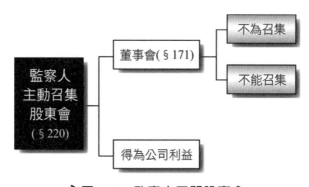

圖 2-8　監察人召開股東會

（五）監察人之責任

1. 禁止兼職之義務：監察人不得兼任公司董事、經理人或其他職員(§222)。

2. 損害賠償責任：
   (1) 監察人執行職務違反法令、章程或怠忽職務，致公司受有損害者，對公司負賠償責任(§224)。

(2) 監察人對公司或第三人負損害賠償責任，而董事亦負其責任時，該監察人及董事為連帶債務人（§226）。

（六）對於監察人提起訴訟

股東會決議，對於監察人提起訴訟時，公司應自決議之日起 30 日內提起之。前述起訴之代表，股東會得於董事外另行選任（§225）。

第四項　審計委員會

依 95 年修正證券交易法第 14 條之 4 規定，「已依本法發行股票之公司，應擇一設置審計委員會或監察人。但主管機關得視公司規模、業務性質及其他必要情況，命令設置審計委員會替代監察人。其辦法，由主管機關定之（第 1 項）。審計委員會應由全體獨立董事組成，其人數不得少於 3 人，其中 1 為召集人，且至少 1 人應具備會計或財務專長（第 2 項）。公司設置審計委員會者，本法、公司法及其他法律對於監察人之規定，於審計委員會準用之（第 3 項）。審計委員會及其獨立董事成員對前 2 項所定職權之行使及相關事項之辦法，由主管機關定之（第 5 項）。審計委員會之決議，應有審計委員會全體成員二分之一以上之同意（第 6 項）。其立法理由如下：

（一）國際推廣之公司治理制度，重視董事會之專業能力，設置審計委員會等功能性委員會，藉由專業之分工及獨立超然之立場，協助董事會決策。例如新加坡規定上市公司應設置審計委員會，其主席及過半數成員應為獨立董事；日本規定設置審計委員會、提名委員會及薪酬委員會之公司，則不設監察人，各委員會之獨立董事應超過半數；韓國規定公司設置由三分之二以上獨立董事組成之審計委員會者，則不設置監察人；美國沙氏法案（Sarbanes-Oxley Act）規定新上市之公司應設置審計委員會，且須全數由獨立董事組成。由國際發展趨勢觀之，推動審計委員會亦有其必要性。

（二）公司法制採董事會及監察人雙軌制，為擷取國外公司治理制度之優點，規定公司得擇一選擇採現行董事、監察人雙軌制，或改採單軌制，設置審計委員會者替代監察人。

（三）主管機關得視公司規模、業務性質及其他必要情況，命令設置審計委員會替代監察人，俾未來視國內企業實務推動狀況及國際化潮流，逐步漸進推動公司設置，並授權主管機關訂定其適用管理辦法。至公司如未依規定設置審計委員會或設置不符規定者，則依證交法第 178 條第 1 項第 2 款規定處罰 24 萬以上 240 萬以下罰鍰。

第七節 會計

　　以股份有限公司方式經營商業，關於會計事項，應適用商業會計法之規定（商會§1 I），但因公司法股份有限公司和一般商業之情形不同，設「會計」專節，解釋上應優先於商業會計法而適用，本節無規定者，始適用商業會計法或一般公認會計準則。本法特設會計專節之目的有三：一、保護股東權益；二、保護公司債權人利益；三、維護社會公益。

第一項 會計表冊

（一）會計表冊之編造

　　依第 228 條規定，每會計年度終了，董事會應編造下列表冊，於股東常會開會 30 日前交監察人查核，且應依中央主管機關規定之規章編造表冊，監察人並得請求董事會提前交付查核：

1. 營業報告書。

2. 財務報表。

3. 盈餘分派或虧損撥補之議案。

　　107 年新增第 228 條之 1：公司章程得訂明盈餘分派或虧損撥補於每季或每半會計年度終了後為之。公司前三季或前半會計年度盈餘分派或虧損撥補之議案，應連同營業報告書及財務報表交監察人查核後，提董事會決議之。公司依前項規定分派盈餘時，應先預估並保留應納稅捐、依法彌補虧損及提列法定盈餘公積。但法定盈餘公積，已達實收資本額時，不在此限。其立法理由乃為：為強化股東投資效益，公司得於每季或每半會計年度終了後為盈餘分派或虧損撥補，惟應於章程訂明。

（二）表冊之備置與查閱

　　董事會所造具之各項表冊與監察人之報告書，應於股東常會開會 10 日前，備置於本公司，股東得隨時查閱，並得偕同其所委託之律師或會計師查閱(§229)。

（三）表冊之承認與分發

1. 表冊之承認：董事會應將其所造具之各項表冊，提出於股東常會請求承認，經股東常會承認後，董事會應將財務報表及盈餘分派或虧損撥補之決議，分發各股東。且公司債權人得要求給予、抄錄或複製表冊(§230)。

2. 公開發行股票公司：有關財務報表及盈餘分派或虧損撥補決議之分發，公開發行
股票之公司，得以公告方式為之。旨在為節省公開發行股票公司辦理財務報表等
分發作業之成本，並考量公開資訊觀測站之建置已臻完善，公開發行股票公司分
發財務報表及盈餘分派或虧損撥補決議給股東時，不論股東持股多寡，均得以公
告方式為之。

（四）董監事責任之解除

　　各項表冊經股東會決議承認後，視為公司已解除董事及監察人之責任。但董事
或監察人有不法行為者，不在此限(§231)。

第二項　公積

　　公積乃為鞏固公司之財產基礎，加強公司之信用，於資本額外公司所保留之金
額，故有稱公積為「附加資本」，於資產負債表上須列入負債項下，僅為計算上之一
種數額，並非提出現金加以保管。股份有限公司之財產乃為保障公司債權人之擔保，
特設「公積制度」，以保障債權人之權益。公積之種類可分為法定盈餘公積、特別盈
餘公積及資本公積，說明如下(§237)：

1. 法定盈餘公積：公司於完納一切稅捐後，分派盈餘時，應先提出百分之十為法定
盈餘公積。但法定盈餘公積，已達實收資本額時，不在此限。

2. 特別盈餘公積：在法定盈餘公積以外，公司得以章程訂定或股東會議決，另提特
別盈餘公積。

3. 資本公積：資本公積乃以盈餘以外之收入所提出。兩者之區別，參見表2-7：

表 2-7　盈餘公積與資本公積之區別

區別	盈餘公積	資本公積
本質	應分配於股東之金額，但因資本維持之政策目的而積存	非屬盈餘，不用分配
積存度	盈餘 10%	全額
限制	資本總額	無限制
撥補虧損	第一順位	第二順位

公積使用原則有二，一為公積填補虧損(§239)；二為公積撥充資本(§241)，說明如下：

(1) 公積填補虧損：法定盈餘公積及資本公積原則上在填補公司虧損，本法特別明定，除填補公司虧損外，不得使用公積之。而且填補順序，以盈餘公積為先，公司非於盈餘公積填補資本虧損，仍有不足時，不得以資本公積補充之。

(2) 公積撥充資本：公司無虧損者，得將法定盈餘公積及資本公積之全部或一部，按股東原有股份之比例發給新股或現金：一、超過票面金額發行股票所得之溢額。二、受領贈與之所得。且以法定盈餘公積發給新股或現金者，以該項公積超過實收資本額百分之二十五之部分為限(§241)。即公司無虧損時，得將公積以發行新股或「現金」方式發給股東。100 年修正增加得選擇以現金發放給股東，讓公司對於過去年度累積大量之公積，得以更彈性的運用，有利公司維持穩定股利發放政策。

第三項　依獲利分派員之酬勞與盈餘

公司非彌補虧損及提出法定盈餘公積後，不得分派股息及紅利，第 232 條第 1 項定有明文。100 年修正增訂第 2 項「公司無盈餘時，不得分派股息及紅利。」刪除原本之但書，其立法理由乃為：依原條文第 2 項規定，公司無盈餘時，不得分派股息及紅利；惟如符合本項但書規定，無盈餘之公司，於法定盈餘公積超過實收資本額百分之五十時，仍得分派股息及紅利。鑑於公司無盈餘，甚至嚴重虧損時，卻仍得分派股息及紅利，而未先將法定盈餘公積用於彌補虧損，顯不利公司之正常經營，原條文第 2 項但書刪除。

本法第 235 條、第 235 條之 1 及第 240 條規定，依獲利分派員工之酬勞與盈餘，說明如下：

（一）分派程序：公司得由有代表已發行股份總數三分之二以上股東出席之股東會，以出席股東表決權過半數之決議，將應分派股息及紅利之全部或一部，以發行新股方式為之；不滿一股之金額，以現金分派之。

（二）依獲利分派員工酬勞：104 年公司法修正，為考量企業員工薪資未能符合公司獲利情況而調整，在立法院委員提案之下，通過所謂「加薪三條」，包括第 235 條、第 235 條之 1 及第 240 條。其中第 235 條規定「股息及紅利之分派，除章程另有規定外，以各股東持有股份之比例為準。」刪除原第 2~4 項規定。因商業會計法與國際接軌完成「員工費用法制化」後，不必再於章程規定員

工分紅。至於最重要的「員工加薪條文」指第 235 條之 1，共有 5 項規定，以下分別說明各項規定及立法理由：

第 1 項：　於章程訂明以當年度獲利狀況之定額或比率，分派員工酬勞。但尚有累積虧損時，應予彌補。修正理由：合理分配公司利益，以激勵員工，參考第 157 條發行特別股分派股息、紅利之定額或定率。

第 2 項：　公營事業不適用。

第 3 項：　員工酬勞以發行新股或現金為之，經董事會之特別決議，報告股東會。

第 4 項：　章程得訂明發行新股對象包括從屬公司員工。修正理由：發放對象擴大。

第 5 項：　員工酬勞發放規定，準用有限公司。修正理由：有限公司無董事會、股東會，準用本條規定，即以執行業務股東或董事三分之二同意，向股東報告。

（三）發行新股分派股利之效力：依第 240 條發行新股於決議之股東會終結時，即生效力，董事會應即分別通知各股東，或記載於股東名簿之質權人；其發行無記名股票者，並應公告之。

（四）公開發行股票之公司之特別規定：公開發行股票之公司，出席股東之股份總數不足定額者，得以有代表已發行股份總數過半數股東之出席，出席股東表決權三分之二以上之同意行之。且其發行新股之效力，依證券管理機關之規定辦理。其股息及紅利之分派，章程訂明定額或比率並授權董事會決議辦理者，得以董事會三分之二以上董事之出席，及出席董事過半數之決議，將應分派股息及紅利之全部或一部，以發放現金之方式為之，並報告股東會（原本亦可發放新股，107 年修正時刪除之，其修正理由乃為鑒於其中發行新股影響股東權益較大，程序上僅須報告股東會，似有不妥，爰刪除「發行新股或」之文）。104 年修正增訂第 240 條第 5 項，股息及紅利之分派可發放現金。

第八節 公司債

第一項 意義

公司債乃股份有限公司以發行債券之方式，向社會大眾募集資金，而負擔之債務。相較於發行新股籌募資金之方式，發行公司債可避免公司變更章程之程序，防止資本稀釋之弊端。有關公司債與股票之異同，請參見表 2-8：

⚖ **表 2-8 公司債與股票之異同**

區別	公司債	股票
相同	二者之經濟之功能相同，均係提供公司營運之資金，且均以證券之方式流通而成為投資之工具	
順序	公司債券享有優先於股票之權利，債券所有人得先就公司盈餘或賸餘財產請求清償	股票所有人必須於公司全部債務清償後，始得就盈餘或賸餘財產請求清償
參與經營	不能參與公司經營，且對業務執行無監督權	股東出席股東會行使表決權，對業務執行有監督權
決議方式	董事會特別決議	股東會或董事會特別決議
所有人	公司之債權人	公司之股東
出資種類	照應募書負繳款義務，亦可以現金當場認購	除金錢外，股款得以財產抵繳
證券特性	殖利證券→不問公司有無盈餘均得請求約定利率之利息；但無盈餘分配請求權	投機證券→有盈餘，方可受股息紅利之分派，且額度因盈餘多寡而異
清債責任	屬他人資本，於債權償還期屆至，即應清償	只能於解散後，受賸餘財產之分配

第二項 種類

（一）記名公司債與無記名公司債

公司債由記名債券持有者為「記名公司債」；無記名公司債之債權持有人未記名。

（二）有擔保公司債與無擔保公司債

以公司發行之公司債有無擔保品區分，有擔保品者為有擔保公司債；無擔保品者則為無擔保公司債。

（三）可轉換公司債與不可轉換公司債

公司債得轉換為股份者為轉換公司債；反之，則為不可轉換公司債。

第三項　公司債之發行

（一）公司債之募集

公司經董事會決議後，得募集公司債。但須將募集公司債之原因及有關事項報告股東會。募集公司債應由三分之二以上董事之出席，及出席董事過半數之同意行之(§246)。

（二）次順位債券之發行

公司於發行公司債時，得約定其受償順序次於公司其他債權(§246-1)。

（三）公司債發行之限制

1. 有擔保公司債：107 年修正前規定：公司債之總額，不得逾公司現有全部資產減去全部負債及無形資產後之餘額，修正後規定：公開發行股票公司之公司債總額，不得逾公司現有全部資產減去全部負債後之餘額。其修正理由乃考量現行公開發行股票之公司募集發行公司債之總額限制雖已於證券交易法第 28 條之 4 明定，惟依證券交易法第 43 條之 6 第 3 項規定，私募轉換公司債及附認股權公司債，其私募數額仍須受本法第 247 條規定限制，爰修正第 1 項，以公開發行股票公司為適用對象。換言之，公開發行股票公司私募上開種類公司債仍有舉債額度限制，以免影響公司財務健全。至非公開發行股票之公司，為便利其籌資，私募公司債之總額，則無限制。

2. 無擔保公司債之總額：不得超過可發行有擔保公司債之數額二分之一(§247)。

（四）公司債發行之禁止

1. 無擔保公司債：公司有下列情形之一者，不得發行無擔保公司債(§249)：
   (1) 對於前已發行之公司債或其他債務，曾有違約或遲延支付本息之事實已了結，自了結之日起 3 年內。公司若曾因違約或延遲支付本息，原本無法再發

行無擔保公司債,至 101 年修正放寬已發行公司債,曾因違約或延遲支付本息之公司,於事實了結日起,3 年後即可再發行無擔保公司債。

(2) 最近 3 年或開業不及 3 年之開業年度課稅後之平均淨利,未達原定發行之公司債,應負擔年息總額之百分之一百五十者。

2. 有擔保公司債:公司有下列情形之一者,不得發行公司債(§250):

(1) 對於前已發行之公司債或其他債務有違約或遲延支付本息之事實,尚在繼續中者。

(2) 最近 3 年或開業不及 3 年之開業年度課稅後之平均淨利,未達原定發行之公司債應負擔年息總額之百分之一百者。但經銀行保證發行之公司債不受限制。

(五)私募公司債之方式

90 年修正第 248 條第 2 項引進「私募公司債制度」,主要為協助企業籌資,只要有人願意購買公司債,就應准其發行公司債籌資,法律無需加以限制發行公司債之必要。增訂「公司債之私募,不受第 249 條第 2 款及第 250 條第 2 款之限制」,亦即對發行無擔保及有擔保之公司債不再加以嚴格條件之限制,只要公司與公司債的購買者合意,即可在公司董事會決議後,對特定人私募資金,事後再向主管機關報備即可。

公司債之私募於發行後 15 日內檢附發行相關資料,向證券管理機關報備;私募之發行公司不以上市、上櫃、公開發行股票之公司為限。私募人數,不得超過 35 人。但金融機構應募者,不在此限(§248)。

101 年修正第 248 條第 1 項第 12 款規定,「公司債權人之受託人名稱及其約定事項。公司債之私募不在此限。」亦即可不適用本款之規定。關於公司債受託人制度,過去發行公司債,對象是不特定大眾,債權人散布各地,為保障債權人權益,才要求必須將債權信託,引進私募基金後,由於私募對象已具備一定專業知識,企業私募公司債,可不必交由金融或信託事業強制信託。

因第 356 條之 11 規定,於閉鎖性股份有限公司已放寬私募之標的,除私募普通公司債外,亦得私募轉換公司債及附認股權公司債。因此,107 年修法時私募公司債亦擴大適用範圍,讓非公開發行股票之公司除私募普通公司債外,亦得私募轉換公司債及附認股權公司債,修正第 248 條第 2 項為:「普通公司債、轉換公司債或附認股權公司債之私募不受第 249 條第 2 款及第 250 條第 2 款之限制,並於發行後 15 日內檢附發行相關資料,向證券主管機關報備;私募之發行公司不以上市、上櫃、公開發行股票之公司為限」,以利企業運用私募制度。

（六）無實體發行與無實體交易之公司債

　　90 年修正落實無實體交易制度，對於公司債亦有適用，第 257 條之 1、257 條之 2 規定，公司發行公司債時，其債券就該次發行總額得合併印製，或公司債得免印製債券，應洽集保結算所登錄。

第四項　債權人會議

（一）意義

　　公司債債權人會議是集合公司債債權人意思之「臨時性機關」，會議之成員係由同次公司債債權人所組成，目的係為討論及議決公司債債權人之共同利害關係事項。

（二）召集人

1. 公司召集。

2. 由受託人召集。

3. 由同次公司債總數百分之五以上之公司債債權人召集(§263 I)。

（三）債權人會議之決議方法

　　公司債債權人會議之決議，應有代表公司債債權總額四分之三以上債權人之出席，以出席債權人表決權三分之二以上之同意行之，並按每一公司債券最低票面金額有一表決權。無記名公司債債權人，出席債權人會議者，準用股份有限公司無記名股票之股東出席股東會之規定(§263)。

第九節　發行新股

第一項　意義與方式

　　公司成立後為增加資本，常見的就是透過發行新股籌募資金，發行新股之方式分為：

（一）非增資發行新股與增資發行新股

　　非增資發行新股，係指於授權資本制下，無須變更章程，即可將資本額內，尚未發行之股份予以發行；增資發行新股，指公司已將章程所訂股份總數發行完畢，欲增加資本即須先依第 278 條規定變更章程。

（二）不公開發行新股與公開發行新股

　　公司發行新股，係由特定人認購則為不公開發行；若向不特定人募集則為公開發行。

第二項　發行新股之程序

（一）董事會決議

　　公司發行新股時，應由董事會以董事三分之二以上之出席，及出席董事過半數同意之決議行之(§266Ⅱ)。

（二）認股書

　　公司公開發行新股時，董事會應備置認股書，載明下列事項，由認股人填寫所認股數、種類、金額及其住所或居所，簽名或蓋章(§273)：

1. 第 129 條第 1 項第 1 款至第 6 款及第 130 條之事項。

2. 原定股份總數，或增加資本後股份總數中已發行之數額及其金額。

3. 第 268 條第 1 項第 3 款至第 11 款之事項。

4. 股款繳納日期。

（三）保留員工及股東認股權

　　公司發行新股時，除經目的事業中央主管機關專案核定者外，應保留發行新股總數百分之十至十五之股份由公司員工承購。公營事業經該公營事業之主管機關專案核定者，得保留發行新股由員工承購；其保留股份，不得超過發行新股總數百分之十。公司發行新股時，除依規定保留者外，應公告及通知原有股東，按照原有股份比例儘先分認，並聲明逾期不認購者，喪失其權利；原有股東持有股份按比例不足分認一新股者，得合併共同認購或歸併一人認購；原有股東未認購者，得公開發行或洽由特定人認購(§267Ⅲ)。

（四）催繳股款

　　發行新股超過股款繳納期限，而仍有未經認購或已認購而撤回或未繳股款者，其已認購繳款之股東，得定 1 個月以上之期限，催告公司使認購足額並繳足股款；逾期不能完成時，得撤回認股，由公司返回其股款，並加給法定利息(§276Ⅰ)。公司公開發行新股時，應以現金為股款。但由原有股東認購或由特定人協議認購，而不公開發行者，得以公司事業所需之財產為出資。

（五）發行新股票

實施上述程序後，即可發行新股票。股份有限公司發行新股之流程，參見圖 2-9：

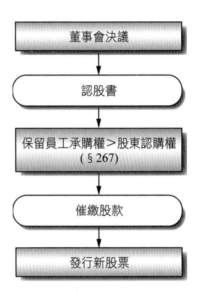

圖 2-9　發行新股之流程

第三項　新股認購權

（一）員工之優先承購權

公司發行新股時，應保留一定發行新股總數由員工承購，即員工優先承購權。公司負責人如有違反此一規定，各處 2 萬元以上 10 萬元以下罰鍰(§267Ⅷ)。

（二）原有股東之優先認購權

公司發行新股時，除保留給員工部分外，應公告及通知原有股東，按照原有股份比例儘先分認，即原有股東之優先認購權。

（三）餘額部分之認購

原有股東未認購者，得公開發行或洽由特定人認購(267Ⅲ)。

（四）新股認購權之限制

1. 新股認購權利，除保留由員工承購者外，得與原有股份分離而獨立轉讓(§267Ⅳ)。保留員工承購股份之規定，於以公積或資產增值抵充，核發新股予原有股東者，不適用之(§267Ⅴ)。

2. 員工新股承購之股份，公司得限制在一定期間內不得轉讓，但其期間最長不得超過 2 年(§267Ⅵ)。但因合併他公司、分割、公司重整或依第 167 條之 2、第 262 條、第 268 條之 1 第 1 項而增發新股者，不適用之(§267Ⅶ)。

（五）放寬發行新股員工承購權之員工範圍

107 年修正時於第 267 條第 7 項增訂：章程得訂明依第一項規定承購股份之員工，包括符合一定條件之控制或從屬公司員工。公司依第 267 條第 1 項規定發行新股時，應保留一定比率之股份由員工承購，107 年修正時放寬員工之範圍，包括符合一定條 件之控制或從屬公司員工，惟應於章程明訂。

（六） 限制型股票

100 年修正第 267 條第 8 項明定公開發行股票之公司，為激勵員工，得經股東會特別決議通過，發行限制員工權利新股，排除同條第 1 項至第 6 項有關員工承購權規定之限制，以便企業在規劃員工獎勵措施時，能有更大的彈性空間。

總之，「員工承購權」比「股東認購權」為優先，係基於員工身分而取得，不得離開員工身份而獨立轉讓。而股東認購權屬原有股東之「新股認購權」，為優先於他人（但員工承購權除外）而認購股份之權利，亦基於股東資格而產生，屬於一種財產權，其行使應適用股東平等原則（比例分認），且得獨立轉讓。

第四項　公開發行新股之限制

（一） 禁發優先權利之特別股

公司有下列情形之一者，不得公開發行具有優先權利之特別股：1.最近 3 年或開業不及 3 年之開業年度課稅後之平均淨利，不足支付已發行及擬發行之特別股股息者。2.對於已發行之特別股約定股息，未能按期支付者(§269)。

（二） 禁止公開發行新股

公司有下列情形之一者，不得公開發行新股：1.最近連續 2 年有虧損者。但依其事業性質，須有較長準備期間或具有健全之營業計畫，確能改善營利能力者，不在此限。2.資產不足抵償債務者(§270)。

第十節　變更章程

第一項　意義

變更章程乃對於公司之基本組織大法，加以修改。基於私法自治原則，得由公司自行訂定及變更章程，但攸關股東權益，故應由股東會決議為之。

第二項　變更章程之程序

（一） 變更章程之方式

公司非經股東會決議，不得變更章程。股東會之決議，應有代表已發行股份總數三分之二以上之股東出席，以出席股東表決權過半數之同意行之。公開發行股票

之公司，出席股東之股份總數不足定額者，得以有代表已發行股份總數過半數股東之出席，出席股東表決權三分之二以上之同意行之（§277）。

（二）增資之限制

　　增加資本，簡稱增資，乃增加章程中所定之資本總額，增資必須變更章程，亦即增資為變更章程原因之一。公司非將已規定之股份總數，全數發行後，不得增加資本。增加資本後之股份總數，得分次發行（§278）。107年修正刪除原本為278條增資變更章程之規定。

（三）減資之程序

　　減少資本，簡稱減資，乃股份有限公司對其資本額予以減少，基於公司資本不變原則，股份有限公司之資本額不得任意減少，但公司確有減資必要者，法律例外准許之，但須嚴格依照法定程序為之，以保護債權人。

1. 因減少資本換發新股票時，公司應於減資登記後，定6個月以上之期限，通知各股東換取，並聲明逾期不換取者，喪失其股東之權利。股東於期限內不換取者，即喪失其股東之權利，公司得將其股份拍賣，以賣得之金額，給付該股東。公司負責人違反通知或公告期限之規定時，各處3千元以上1萬5千元以下罰鍰（§279）。

2. 減資之實行，具體辦法有二：一為股份之銷除，即公司收取特定之股份，而使之消滅（§168）；二為股份之合併，即二以上之股份，合併為一股，因減少資本而合併股份時，其不適於合併之股份之處理，準用拍賣之規定（§280）。本法均承認此兩種減資之辦法。

3. 減資之程序準用第73條編造表冊及第74條未為通知與公告之法律效力（§281）。

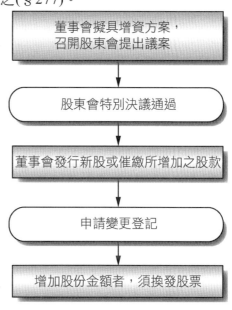

▲ 圖 2-10　增資之程序圖

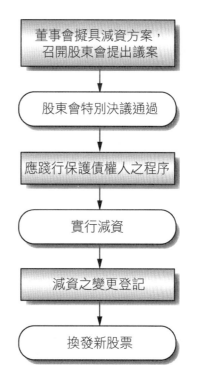

▲ 圖 2-11　減資之程序圖

第十一節　公司重整

第一項　意義

公司法之重整制度，乃參照日本「會社更生法」及美國聯邦「破產法」上公司重整立法例，立法目的原係對於一時遭遇財務困難，惟仍具有產業前景及競爭力之企業，藉由重整之進行，以兼顧企業之正常營運及債務之清償，而使公司與利害關係人互蒙其利。但由於重整之程序冗長，過去實務界重整成功之案例並不多見。

第二項　要件與程序

公司重整之目的，在使瀕臨困境之公司免於倒閉，使其有重建振興之機會，故「有重建更生之可能者」納入重整要件($§282$)，說明如下：

1. 重整聲請之公司：限於公開發行股票或公司債之公司。

2. 重整聲請之前提要件：公司因財務困難而暫停營業或有停業之虞，而有重建更生之可能者。

3. 有聲請權人：

   (1) 公司本身。

   (2) 繼續 6 個月以上持有已發行股份總數百分之十以上股份之股東。

   (3) 債權金額相當於公司已發行股份總數金額百分之十以上之公司債權人。

   (4) 工會。

   (5) 公司三分之二以上之受僱員工。

   107 年修正時增加工會及公司三分之二以上之受僱員工得聲請重整之規定。

第三項　重整裁定前法院之措施

（一）裁定前之調查

1. 重整成功之關鍵

重整准駁裁定前，法院得為一定之保全處分，重整開始之際，公司之財務及營運能否維持在聲請重整時之狀況，乃重整成功與否之重要關鍵。惟因法院審理重整聲請，須先為相當之詢問及調查，始能為准駁之裁定，倘法院於詢問調查等審理期間，聽任利害關係人各自爭相對公司行使債權，或公司續為不當處分財產或經營業務，致公司總財產日益減少，則聲請時尚有重整可能之公司，迄重整裁定時，可能已然欲振乏力。

2. 徵詢意見

法院受理重整聲請之徵詢對象，包括下列(§284)：

(1) 重整聲請公司之主管機關。

(2) 重整聲請公司之目的事業中央主管機關。

(3) 中央金融主管機關。

(4) 證券管理機關。

(5) 重整聲請公司所在地之稅捐稽徵機關。

(6) 其他有關機關、團體。

3. 選任檢查人

檢查人之選任：審理重整聲請之法院，得就非利害關係人而對公司業務具有專門學識、經營經驗者，選任為檢查人，就下列事項於選任後 30 日內調查完畢報告法院(§285)：

(1) 公司業務、財務狀況與資產估價。

(2) 依公司業務、財務、資產及生產設備之分析，是否尚有重建更生之可能。

(3) 公司以往業務經營之得失及公司負責人執行業務有無怠忽或不當情形。

(4) 聲請書狀所記載事項有無虛偽不實情形。

(5) 聲請人為公司者，其所提重整方案之可行性。

(6) 其他有關重整之方案。

（二）裁定前法院之處分

為強化公司財產之保全，法院為公司重整之裁定前，得因利害關係人之聲請或依職權，以裁定為下列處分，惟其期間不得超過 90 日；如有延長之必要者，其延長期間亦不得超過 90 日(§287)：

1. 公司財產之保全處分。

2. 公司業務之限制。

3. 公司履行債務及對公司行使債權之限制。

4. 公司破產、和解或強制執行等程序之停止。

5. 公司記名式股票轉讓之禁止。

6. 公司負責人對公司損害賠償責任之查定及其財產之保全處分。

第四項 重整裁定後法院之處分

（一）駁回之裁定

重整之聲請，有下列情形之一者，法院應裁定駁回(§283-1)：

1. 聲請程序不合者。但可以補正者，應限期命其補正。

2. 公司未依本法公開發行股票或公司債者。

3. 公司經宣告破產已確定者。

4. 公司依破產法所為之和解決議已確定者。

5. 公司已解散者。

6. 公司被勒令停業限期清理者。

（二）准許之裁定，法院應履踐之行為

1. 選任重整監督人

法院為重整裁定時，應就對公司業務，具有專門學術及經營經驗者或金融機構，選任為重整監督人，並決定下列事項(§289)：

(1) 債權及股東權之申報期間及場所，其期間應在裁定之日起 10 日以上，30 日以下。

(2) 所申報之債權及股東權之審查期日及場所，其期日應在前款申報期間屆滿後，10 日以內。

(3) 第一次關係人會議期日及場所，其期日應在申報期間滿後 30 日以內。

(4) 重整監督人有數人時，關於重整事務之監督執行，以其過半數之同意行之。

2. 公告送達重整裁定

法院為重整裁定後，為使與公司重整有利害關係之人有知悉公司重整之機會，應即將有關重整之重要事項公告之(§291)。

3. 主管機關為重整開始之登記

法院為重整裁定後，應檢同裁定書，通知主管機關，為重整開始之登記，並由公司將裁定書影本黏貼於該公司所在地公告處(§292)。

第五項　重整裁定之效力

（一）業務及財產之移交及職權之停止

重整裁定送達公司後，公司業務之經營及財產之管理處分權移屬於重整人，由重整監督人監督交接，並聲報法院，公司股東會、董事及監察人之職權，應予停止。交接時，公司董事及經理人，應將有關公司業務及財務之一切帳冊、文件與公司之一切財產，移交重整人。公司之董事、監察人、經理人或其他職員，對於重整監督人或重整人所為關於業務或財務狀況之詢問，有答覆之義務。違反者，並有刑事責任，對公司董事、監察人、經理人或其他職員，有下列行為之一者，各處 1 年以下有期徒刑、拘役或科或併科 6 萬元以下罰金：

1. 拒絕移交。

2. 隱匿或毀損有關公司業務或財務狀況之帳冊文件。

3. 隱匿或毀損公司財產或為其他不利於債權人之處分。

4. 無故對詢問不為答覆。

5. 捏造債務或承認不真實之債務(§293)。

（二）各項程序之停止

裁定重整後，公司之破產、和解、強制執行及因財產關係所生之訴訟等程序，當然停止(§294)。

（三）法院保全處分

法院依第 287 條第 1 項 1、2、5 及 6 各款所為之處分，不因裁定重整失其效力，其未為各該款處分者，於裁定重整後，仍得依利害關係人或重整監督人之聲請，或依職權裁定之(§295)。

（四）債權行使之限制

對公司之債權，在重整裁定前成立者，不論其有無優先權或擔保債權均為重整債權，重整債權應依重整程序行使權利，不得個別向重整公司請求(§296)。

（五）股東權行使之限制

重整債權人，應提出足資證明其權利存在之文件，向重整監督人申報。經申報者，其時效中斷；未經申報者，不得依重整程序受清償。前述應為申報之人，因不

可歸責於自己之事由,致未依限申報者,得於事由終止後 15 日內補報之。但重整計畫已經關係人會議可決時,不得補報(§297)。

第六項　重整計畫擬定與執行

公司重整如有下列事項,應訂明於重整計畫(§304):

一、全部或一部重整債權人或股東權利之變更。

二、全部或一部營業之變更。

三、財產之處分。

四、債務清償方法及其資金來源。

五、公司資產之估價標準及方法。

六、章程之變更。

七、員工之調整或裁減。

八、新股或公司債之發行。

九、其他必要事項。

重整計畫之執行,除債務清償期限外,自法院裁定認可確定之日起算不得超過 1 年;其有正當理由,不能於 1 年內完成時,得經重整監督人許可,聲請法院裁定延展期限;期限屆滿仍未完成者,法院得依職權或依關係人之聲請裁定終止重整(§304)。重整計畫經關係人會議可決者,重整人應聲請法院裁定認可後執行之,並報主管機關備查。法院認可之重整計畫,對於公司及關係人均有拘束力,其所載之給付義務,適於為強制執行之標的者,並得逕予強制執行(§305)。

第七項　關係人會議

重整開始後,由「關係人會議」取代原來之股東大會,而為公司之臨時性意思機關。重整債權人及股東,為公司重整之關係人,出席關係人會議,因故不能出席時,得委託他人代理出席。關係人會議由重整監督人為主席,並召集除第一次以外之關係人會議。重整監督人,依規定召集會議時,於 5 日前訂明會議事由,以通知及公告為之。一次集會未能結束,經重整監督人當場宣告連續或展期舉行者,得免為通知及公告。關係人會議開會時,重整人及公司負責人應列席備詢。公司負責人無正當理由對詢問不為答覆或虛偽答覆者,各處 1 年以下有期徒刑、拘役或科或併科 6 萬元以下罰金(§300)。

關係人會議之任務如下(§301)：

一、聽取關於公司業務與財務狀況之報告及對於公司重整之意見。

二、審議及表決重整計畫。

三、決議其他有關重整之事項。

　　至於關係人會議之表決權關係人會議，應分別按第 298 條第 1 項規定之權利人，分組行使其表決權，其決議以經各組表決權總額二分之一以上之同意行之。公司無資本淨值時，股東組不得行使表決權(§302)。

第八項　重整程序之終止與完成

（一）重整程序之終止及效力

1. 重整計畫，因情事變遷或有正當理由致不能或無須執行時，法院得因重整監督人、重整人或關係人之聲請，以裁定命關係人會議重行審查，其顯無重整之可能或必要者，得裁定終止重整(§306Ⅲ)。

2. 法院裁定終止重整，除依職權宣告公司破產者，依破產法之規定外，有下列效力(§308)：
   (1) 依第 287 條、第 294 條、第 295 條或第 296 條所為之處分或所生之效力，均失效力。
   (2) 因怠於申報權利，而不能行使權利者，恢復其權利。
   (3) 因裁定重整而停止之股東會、董事及監察人之職權，應即恢復。

3. 關係人會議，未能於重整裁定送達公司後 1 年內可決重整計畫者，法院得依聲請或依職權裁定終止重整；其經法院依第 3 項裁定命重行審查，而未能於裁定送達後 1 年內可決重整計畫者，亦同(§308Ⅴ)。

（二）重整程序之完成及其效力

1. 所謂重整之完成，指重整人依重整計畫之內容在所定期限內完成全部重整之工作。公司重整人，應於重整計畫所定期限內完成重整工作；重整完成時，應聲請法院為重整完成之裁定，並於裁定確定後，召集重整後之股東會選任董事、監察人。董事、監察人於就任後，應會同重整人向主管機關申請登記或變更登記(§310)。

2. 公司重整完成後，有下列效力(§311)：
   (1) 已申報之債權未受清償部分，除依重整計畫處理，移轉重整後之公司承受者外，其請求權消滅；未申報之債權亦同。

(2) 股東股權經重整而變更或減除之部分，其權利消滅。

(3) 重整裁定前，公司之破產、和解、強制執行及因財產關係所生之訴訟等程序，即行失其效力。

公司債權人對公司債務之保證人及其他共同債務人之權利，不因公司重整而受影響。

第十二節　解散、合併、分割及清算

第一項　公司解散

（一）解散之原因

股份有限公司，有下列情事之一者，應予解散(§315)：

1. 章程所定解散事由。

2. 公司所營事業已成就或不能成就。

3. 股東會為解散之決議。

4. 有記名股票之股東不滿 2 人。但政府或法人股東 1 人者，不在此限。

5. 與他公司合併。

6. 分割。

7. 破產。

8. 解散之命令或裁判。

解散事由得經股東會議變更章程後，繼續經營；若有記名股票之股東不滿 2 人得增加有記名股東繼續經營。

（二）解散之決議與公告

1. 股東會對於公司解散之決議，應有代表已發行股份總數三分之二以上股東之出席，以出席股東表決權過半數之同意行之。

2. 公開發行股票之公司，出席股東之股份總數不足定額者，得以有代表已發行股份總數過半數股東之出席，出席股東表決權三分之二以上之同意行之。

3. 公司解散時，除破產外，董事會應即將解散之要旨，通知各股東(§316)。

第二項　公司合併

（一）合併之方式

公司合併可分為吸收合併與新設合併，說明如下：

1. 吸收合併

又稱存續合併，係兩家以上之公司相互合併，以其中一家為存續公司，其餘公司消滅，存續公司概括承受消滅公司之權利、義務。

2. 新設合併

又稱對等合併，係兩家以上公司，以創設另一新公司之方式辦理合併，創設公司概括承受所有消滅公司之權利、義務。其實質效力與上述吸收合併相同，僅是存續公司名稱及申請手續不同而已。

（二）股份有限公司合併之型態

股份有限公司相互間合併，或股份有限公司與有限公司合併者，其存續或新設公司以股份有限公司為限。股份有限公司分割者，其存續公司或新設公司以股份有限公司為限(§316-1)。

（三）合併前之程序

1. 合併契約

公司與他公司合併時，董事會應就合併有關事項，作成合併契約，提出於股東會，以待股東會之決議。合併契約應以書面為之，並記載下列事項(§317、§317-1)：

(1) 合併之公司名稱，合併後存續公司之名稱或新設公司之名稱。

(2) 存續公司或新設公司因合併發行股份之總數、種類及數量。

(3) 存續公司或新設公司因合併對於消滅公司股東配發新股之總數、種類及數量與配發之方法及其他有關事項。

(4) 對於合併後消滅之公司，其股東配發之股份不滿一股應支付現金者，其有關規定。

(5) 存續公司之章程需變更者或新設公司依第 129 條應訂立之章程。

合併契約書，應於發送合併承認決議股東會之召集通知時，一併發送於股東。

2. 股東會之決議

(1) 合併應經股東會決議，其決議方式，與公司解散相同(§316)。欲合併之各公司，其股東會應作同意合併之決議，則合併生效；若一公司股東會不同意合併，即無法合併。若一公司之股東會對於合併契約加以修正後通過，則他公司對股東會修正部分亦表同意者，仍得合併。

(2) 簡易合併：90年增訂「簡易合併制度」，依第316條之2第1項規定，控制公司持有從屬公司百分之九十以上已發行股份者，得經控制公司及從屬公司之董事會以董事三分之二以上出席，及出席董事過半數之決議，與其從屬公司合併。其合併之決議，不適用前述有關股東會決議之規定。

本條係基於關係企業控制公司合併其持有大多數股份之從屬公司時，對公司股東權益較不生影響，為便利企業經營策，參考美國模範公司法簡易合併之規定，控制公司及從屬公司得不召開股東會，以精減程序。故公司簡易合併僅須經董事會決議即可，與通常合併程序不同，參見圖2-13：

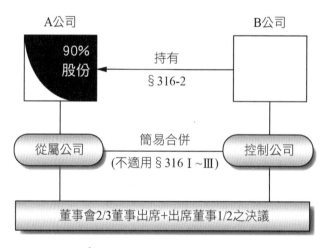

▲ 圖2-12　公司簡易合併

3. 少數股東之股份收買請求權

董事會之合併契約，提出於股東會後，股東在集會前或集會中，以書面表示異議，或以口頭表示異議經紀錄者，得放棄表決權，而請求公司按當時公平價格，收買其持有之股份(§317)。

4. 編造表冊與通知債權人、公告程序

公司決議合併時，有關編造表冊及通知、公告程序，準用無限公司之規定（§319準用§73~§75）。

（四）合併後之程序

公司合併後，存續公司之董事會，或新設公司之發起人，於完成催告債權人程序後，其因合併而有股份合併者，應於股份合併生效後；其不適於合併者，應於該股份為處分後，分別循下列程序行之(§318)：

1. 存續公司，應即召集合併後之股東會，為合併事項之報告，其有變更章程必要者，並為變更章程。

2. 新設公司，應即召開發起人會議，訂立章程。且章程不得違反合併契約之規定。

（五）與企業併購法之關係

91 年公布施行「企業併購三法」（即企業併購法、公平交易法修正、證券交易法修正），提供企業快速轉型與成長之機制，為公司法制革新立下新的里程碑。其中「企業併購法」，其範圍涵蓋合併(Merger)和收購(Acquisition)，可分為跨國併購和國內併購。企業收購可區分為股份收購及資產收購。其立法目的乃在促進企業經營規模化、大型化及公營事業民營化。特色即是將各種和併購相關的規定集中，有股份轉換制度、分割、公開收購、連結稅制等。

至於公司法與併購有關之其他法律，適用順序如何，由於企業併購法明定該法為規範企業併購之特別法；該法未規定者依公司法、證券交易法、公平交易法、勞動基準法、外國人投資條例及其他法律之規定。

故有關公司之合併時，先適用企業併購法，再適用公司法。

第三項　公司分割

（一）公司分割之意義

公司分割，指一公司以其營業或財產使他公司全部或一部承受後，形成二個以上獨立人格之公司。90 年增訂「分割程序」，作為企業組織變動的方式，對於企業組織調整的彈性有很大助益。

公司分割法制，各國立法例不同，有些國家制定詳細規範；有些國家未有規範，卻透過實務的運作建立機制。如法國、日本均有成文法規定公司分割，並規定公司分割有「新設分割」與「吸收分割」等類型。美國則未有立法規範，其實務運作之公司分割制度，指一公司雖在法人形式上一分為二，但分割後實質經營權與股權之歸屬，與分割前並無改變。

由於公司分割牽動公司營業或財產權之移轉及承受，與營業讓有異同之處。所謂營業讓與，本質上乃公司間資產交易之行為，適用公司法有關營業讓與之規定，法律效果及要件適用民法上有關買賣之規定。公司分割乃公司之企業組織行為，其法律程序及效果，依公司法比照合併之規定。簡言之，營業讓與並不會導致股東變動，而公司分割之股東如自新設公司或承受公司取得所配發之新股，因其亦轉變為新設公司之股東，其股東地位隨之變動。

（二）公司分割之方式

公司分割為一公司藉由分割方式調整組織規模，公司將其經濟上成為一整體之營業部門之財產，以對既存公司或新設公司為現物出資之方式，而由該公司或該公司股東取得他公司新設發行或發行新股之股份，並由他公司概括承受該營業部門之資產與負債。

分割之方式可分「吸收分割」與「新設分割」：

1. 吸收分割：以營業部門之財產對既存公司為現物出資之方式。

2. 新設分割：以營業部門之財產對新設公司為現物出資之方式。

（三）公司分割之程序

1. 董事會之分割計畫提出於股東會

公司分割時，董事會應就分割有關事項，作成「分割計畫」，提出於股東會（§317 I）。其經股東會之特別決議，與公司解散、合併相同（§316）。反對者之少數股東有股份收買請求權，分割之程序，參見圖2-13：

2. 股份有限公司分割者，其存續公司或新設公司以股份有限公司為限（§316-1 II）。股份有限公司之分割，參見圖2-14：

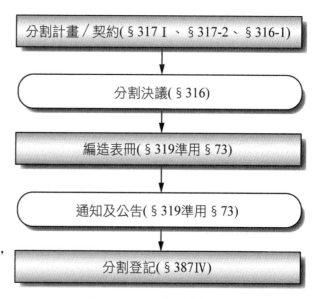

分割計畫／契約（§317 I、§317-2、§316-1）

↓

分割決議（§316）

↓

編造表冊（§319準用§73）

↓

通知及公告（§319準用§73）

↓

分割登記（§387 IV）

圖 2-13　公司分割之程序

3. 公司決議分割時，未踐行正當程序，不得以其分割對抗債權人（§319準用§74）。

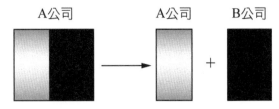

圖 2-14　股份有限公司之分割

4. 連帶賠償責任：分割後受讓營業之既存公司或新設公司，應就分割前公司所負債務於其受讓營業之出資範圍負連帶清償責任。但債權人之連帶清償責任請求權，自分割基準日起 2 年內不行使而消滅(§319-1)。

第四項　清算程序

公司之清算分普通清算與特別清算，說明如下：

（一）普通清算

1. 清算機關

股份有限公司解散時，原則上應行清算。例外因公司合併、分割或破產而解散者，即不行清算(§24)。股份有限公司之清算，以董事為清算人，但本法或章程另有規定或股東會另選清算人時，不在此限。不能依規定定清算人時，法院得因利害關係人之聲請，選派清算人(§322)。

2. 清算人之權利義務

清算人於執行清算事務之範圍內，除本節有規定外，其權利義務與董事同(§324)。清算人之報酬，非由法院選派者，由股東會議定；其由法院選派者，由法院決定之。清算費用及清算人之報酬，由公司現存財產中儘先給付(§325)。

3. 清算人之職務與權限

(1) 造具表冊，了結現務

清算人就任後，應即檢查公司財產情形，造具財務報表及財產目錄，送經監察人審查，提請股東會承認後，並即報法院。表冊送交監察人審查，應於股東會集會 10 日前為之。對此項檢查，有妨礙、拒絕或規避之行為者，各處 2 萬元以上 10 萬元以下罰鍰(§326)。清算之目的既為解散公司，故公司於清算開始尚未了結之事務，均應結束（§334準用§84Ⅰ）。

(2) 收取債權

清算人須收取債權（§334準用§84Ⅰ）。

(3) 催報債權、清償債務

清算人於就任後，應即以 3 次以上之公告，催告債權人於 3 個月內申報其債權，並應聲明逾期不申報者，不列入清算之內。但為清算人所明知者，不在此限。其債權人為清算人所明知者，並應分別通知之(§327)。清算人於收取債權完畢後尚須清償債務。

(4) 分派剩餘財產或聲請破產

收取之債權若大於應清償之債務時，應於分派剩餘財產前，依章程所定比例分派盈餘給股東。反之，則由股東分擔公司之虧損（§334 準用§84Ⅰ）。若收取之債權不足清償公司債務時，即應向法院聲請宣告破產（§334 準用§89Ⅰ）。

4. 清算之完結

清算人執行前項職務，有代表公司為訴訟上或訴訟外一切行為之權。但將公司營業包括資產負債轉讓於他人時，應得全體股東之同意。清算完結時，清算人應於 15 日內，造具清算期內收支表、損益表、連同各項簿冊，送經監察人審查，並提請股東會承認。股東會得另選檢查人，檢查簿冊是否確當。簿冊經股東會承認後，視為公司已解除清算人之責任。但清算人有不法行為者，不在此限。清算期內之收支表及損益表，應於股東會承認後 15 日內，向法院聲報(§331)。

（二）特別清算

1. 特別清算之原因

清算之實行發生顯著障礙時，法院依債權人或清算人或股東之聲請或依職權，得命令公司開始特別清算；公司負債超過資產有不實之嫌疑者亦同。但其聲請，以清算人為限(§335)。

2. 特別清算之程序

(1) 保全處分之提前

法院依聲請人之聲請，或依職權於命令開始特別清算前，得提前為第 339 條之處分(§336)。

(2) 清算人之解任與增補

有重要事由時，法院得解任清算人。清算人缺額或有增加人數之必要時，由法院選派之(§337)。

(3) 法院之監督

法院得隨時命令清算人，為清算事務及財產狀況之報告，並得為其他清算監督上必要之調查(§338)。

(4) 監督上之保全處分

法院認為對清算監督上有必要時，得為公司財產之保全處分；記名式股份轉讓之禁止；為主張董監事等之責任所生之損害賠償請求權，對其財產為保全處分(§339)。

(5) 債務之清償

公司對於其債務之清償，應依其債權額比例為之。但依法得行使優先受償權或別除權之債權，不在此限(§340)。

(6) 債權人會議之召集

清算人於清算中，認為有必要時，得召集債權人會議。占有公司明知之債權總額百分之十以上之債權人，得以書面載明事由，請求清算人召集債權人會議。清算人不為召集之通知時，準用少數股東自行召集之程序。但依法得行使優先受償權或別除權之債權，不列入占有公司明知之債權總額百分之十以上之債權人之債權總額(§341)。

3. 清算人之職務

清算人應造具公司業務及財產狀況之調查書、資產負債表及財產目錄，提交債權人會議，並就清算實行之方針與預定事項，陳述其意見(§344)。

4. 監理人

債權人會議得經決議選任及解任監理人。決議應得法院之認可(§345)。

5. 清算人之權限

清算人為下列各款行為之一者，應得監理人之同意，不同意時，應召集債權人會議決議之。但其標的在資產總值千分之一以下者，不在此限(§346)：

(1) 公司財產之處分。

(2) 借款。

(3) 訴之提起。

(4) 成立和解或仲裁契約。

(5) 權利之拋棄。

應由債權人會議決議之事項，如迫不及待時，清算人經法院之許可，得為前述所列之行為。清算人違反規定時，應與公司對於善意第三人連帶負其責任。

6. 協定之作成與可決

清算人得徵詢監理人之意見，對於債權人會議提出協定之建議(§347)。協定之可決，應有得行使表決權之債權人過半數之出席，及得行使表決權之債權總額四分之三以上之同意行之。前述決議，應得法院之認可(§350)。

7. 特別清算程序之終結

(1) 因清償完畢或協定認可後而終結，此時公司法人格即歸消滅。

(2) 若協定不可能時或協定實行上不可能時，法院依職權為公司破產之宣告，公司之特別清算程序終結，轉入依破產法所展開之公司破產程序(§355)。

第十三節　閉鎖性股份有限公司

公司法以嚴格準則主義管理有限公司和股份有限公司，社會普遍認為，法律的限制與介入公司的管理，影響若干創業家或投資者的規劃空間。104 年新修正，引進「閉鎖性股份有限公司」（以下簡稱閉鎖性公司），賦予企業較大自治空間，可有多元籌資工具及彈性股權安排，以因應創新企業的需求，政策上鼓勵國內外創業者設立公司，引進英、美等國閉鎖性公司制度。在第五章股份有限公司，增訂第十三節閉鎖性股份有限公司(§356-1~§356-14)，104 年 6 月 15 日立法院三讀通過，7 月 1 日公布，9 月 4 日施行。說明重點如下：

一、增訂閉鎖性公司之理由

本次修正草案為行政院提案，打造符合新創事業發展之法制環境，引進外國立法例「閉鎖性公司」制度，共增訂 14 條條文，提供創業者和投資者可依企業自治及商業組織規劃的空間。在章程明定為閉鎖性公司，對外公示，即可打破若干原來公司法的嚴格限制，如股東控制在一定數量，出資種類多元，發行無票面金額股票，可設計各種特別股，並有彈性之盈餘分派機制等，在尊重契約自由和私法自治精神之下，開展出可重視創業團隊獨特性的商業組織平台。

二、定義及股東人數

閉鎖性公司係指股東人數不超過 50 人，屬非公開發行股票之公司，在章程定有股份轉讓之限制(§356-1)。參考新加坡、香港閉鎖性公司之立法例，閉鎖性公司之最大特點係股份之轉讓受到限制。

三、章程載明屬性

閉鎖性公司之公司治理較為寬鬆，企業自治空間大，為利一般社會大眾辨別，公司應於章程載明閉鎖性之屬性，並由中央主管機關公開於其資訊網站(§356-2)。

四、發起設立

閉鎖性公司之設立方式，限於發起設立；發起人之出資除現金外，得以公司事業所需之財產、技術、勞務或信用抵充之，惟以勞務或信用抵充之股數，不得超過公司發行股份總數之一定比例(§356-3)。此種公司雖享有較大自治空間，但不得公開發行及募集股份，股東參股或退股較為困難，僅允許以「發起設立」方式，不得以「募集設立」方式。第 356 條之 3 第 4 項規定：以技術或勞務出資者，應經全體股東同意，並於章程載明其種類、抵充之金額及公司核給之股數；主管機關應依該章程所載明之事項辦理登記，並公開於中央主管機關之資訊網站（107 年修正時將前述非以現金出資者修正為以技術或勞務出資者）。

五、不得公開募集證券

閉鎖性公司不得公開發行或募集有價證券。但經由證券主管機關許可之證券商經營股權群眾募資平臺募資者，不在此限(§356-4)。

六、股份轉讓之限制

閉鎖性公司嚴格限制股東之股份轉讓，故公司應於章程載明股份轉讓之限制(§356-5)。

七、引進無票面金額

為因應新創事業之需求，引進無票面金額股制度，並由公司自行審酌擇一採行票面金額股或無票面金額股(§356-6)。此目的主要為提供新創事業之發起人及東，提供設計股權及面額之自由規劃空間，首次引進外國「無票面金額股」制度，允許閉鎖性限公司採行無票面金額股。惟為避免公司同時發行票面金額股及無票面金額股之情形，產生股東權益有不同的認定，第 1 項明定公司應選擇其中一種制度發行之，不許同時併存票面金額股與無票面金額股。惟此於 107 年修正時刪除，其修正理由乃依修正條文第 129 條及第 156 條規定，所有股份有限公司均得採行無票面金額股制度，閉鎖性股份有限公司亦屬股份有限公司，是以，閉鎖性股份有限公司應以第 129 條及第 156 條為適用之依據，爰刪除本條之規定。

八、特別股

　　基於閉鎖性之特質，閉鎖性公司透過章程規定，可發行複數表決權特別股、對於特定事項有否決權之特別股等(§356-7)。所謂閉鎖性之特質，指股東權利義務如何規劃始為妥適，宜允許其有完全自治之空間。就科技新創事業而言，為因應高風險、高報酬、知識密集之特性，創業家與投資人間，或不同階段出資之認股人間，有時可安排符合不同企業特質之權利義務，利用發行特別股方式吸引投資人參加。特別是科技新創事業之設立及運作過程中，在接受「天使投資人」或「創投事業」之投資之際，公司可自行設計特別股加以事前、事中或事後防範惡意併購。美國商業實務對新創事業接受投資時，亦多以特別股為之。除本法第 157 條規定固有特別股類型之外，此次對閉鎖性公司亦放寬公司可發行特別股，如複數表決權之特別股、對特定事項否決權之特別股、可轉換成複數普通股之特別股等。但為避免此等特別股任意轉讓股份，對公司經營造成重大影響，本條規定透過章程可對各種特別股轉讓加以限制。107 年修正時增訂第 356 條之 7 第 2 項：第 157 條第 2 項規定，於前項第 3 款複數表決權特別股股東不適用之，其增訂理由為為貫徹閉鎖性股份有限公司擁有較大自治空間之精神，爰增訂第 2 項，排除第 157 條第 2 項規定之適用。換言之，閉鎖性股份有限公司具複數表決權特別股之股東，於選舉監察人時，仍享有複數表決權。

九、股東會開會

　　閉鎖性公司之股東人數不多，章程得訂明可以視訊會議或其他經中央主管機關公告之方式召開股東會，且得經全體股東同意，股東就當次股東會議案以書面方式行使其表決權，而不實際參加股東會(§356-8)。

　　110 年 12 月 14 日，立法院三讀通過第 356 條之 8 修正案，並於 110 年 12 月 29 日施行，其中第 1 項規定：公司章程得訂明股東會開會時，以視訊會議或其他經中央主管機關公告之方式為之。但因天災、事變或其他不可抗力情事，中央主管機關得公告公司於一定期間內，得不經章程訂明，以視訊會議或其公告之方式開會。其修正理由同修正條文第 172 條之 2 說明一。第 2 項規定：股東會開會時，如以視訊會議為之，其股東以視訊參與會議者，視為親自出席。第 3 項規定：公司章程得訂明經全體股東同意，股東就當次股東會議案以書面方式行使其表決權，而不實際集會。第 4 項規定：前項情形，視為已召開股東會；以書面方式行使表決權之股東，視為親自出席股東會。

十、股東表決權

　　為了股東的集體意志及鞏固公司主導權，得訂立股東「表決權拘束契約」及「表決權信託契約」，以匯集具有共同理念之股東共同行使表決權(§356-9)。為使閉鎖性公司之股東得以協議或信託之方式，達到所需要之表決權數，參照企業併購法第 10 條第 1 項及第 2 項規定，本法第 356-9 條第 1 項明定閉鎖性公司股東得訂立表決權拘束契約及表決權信託契約。

十一、盈餘分派或虧損撥補

　　107 年修正前規定：為強化股東投資效益，閉鎖性公司得以每半會計年度為期分派盈餘或撥補虧損(§356-10)，107 年修正時刪除本條規定，其刪除理由為：依修正條文第 228 條之 1 規定，所有股份有限公司均得於每季或每半會計年度終了後為盈餘分派或虧損撥補，閉鎖性股份有限公司亦屬股份有限公司，是以，閉鎖性股份有限公司應以第 228 條之 1 為適用之依據，爰予刪除。

十二、私募公司債

　　公司債為企業重要籌資工具，閉鎖性公司除私募普通公司債外，亦得私募轉換公司債及附認股權公司債(§356-11)。

十三、發行新股

　　基於閉鎖性特質及股東人數之限制，閉鎖性公司發行新股，得排除公司法第 267 條有關員工及股東認股之規定(§356-12)。

十四、公司組織之變更

　　閉鎖性公司可能因企業規模、股東人數之擴張，而有變更之需求，本法允許其他種類公司得經股東會特別決議，變更為非閉鎖性股份有限公司。若公司尚不符合閉鎖性股份有限公司之要件時，應變更為「非閉鎖性股份有限公司」，並辦理變更登記。未辦理變更登記者，主管機關得責令限期改正並按次處罰；其情節重大者，得依職權命令解散之(§356-13)。公司變更組織，第 1 項明定公司得變更為非閉鎖性股份有限公司，其程序應以股東會特別決議為之。基於尊重企業自治空間，第 2 項規定公司章程得對變更之決議，訂定較高之標準。

十五、變更為閉鎖性公司

為使非公開發行股票之股份有限公司有變更為閉鎖性公司之機會，經全體股東之同意者，得變更之(§356-14)。第 1 項的門檻為經全體股東之同意。且依本法 106 條第 4 項規定，有限公司得經全體股東同意變更其組織為股份有限公司，解釋上該條所稱「股份有限公司」，亦包括「閉鎖性股份有限公司」，有限公司可變更為閉鎖性公司。

有關 104 年修正公司法增訂閉銷性公司之條文規定，參見表 2-9：

⚖ 表 2-9　閉鎖性公司條文

條文	規定內容
§356-1	定義及股東人數
§356-2	章程訂名屬性
§356-3	發起設立
§356-4	不得公開募集證券
§356-5	股份轉讓之限制
§356-6	引進無票面金額
§356-7	特別股
§356-8	股東會開會
§356-9	股東表決權
§356-10	盈餘分派或虧損撥補
§356-11	私募公司債
§356-12	發行新股
§356-13	公司組織之變更
§356-14	變更為閉鎖性公司
§449	施行日期行政院定之

第六章　關係企業

第一節　關係企業之意義

一、概說

　　關係企業，亦稱集團企業、企業集團，一般指企業間存有特殊「關係」而言，包括資本參與、負責人有親屬關係或董監事兼充等情形。在企業規模日益擴大，朝向集團化成為必然趨勢下，如何管理集團企業，防止公司大股東或經營者藉「關係企業」間交易，以規避法令、圖謀私利，甚至有危害股東及債權人權益者，即為公司法對於關係企業管理的重要課題。86 年修正增列關係企業專章，雖僅 12 條條文，為規範關係企業開啟新的一頁。參見表 2-10：

⚖ 表 2-10　關係企業條文

條文	規定內容
§369-1	定義
§369-2	控制公司與從屬公司
§369-3	控制公司與從屬公司之推定
§369-4	控制公司賠償責任
§369-5	他從屬公司連帶責任
§369-6	消滅時效
§369-7	控制公司賠償責任之特性
§369-8	持股通知義務
§369-9	相互投資公司
§369-10	表決權之限制
§369-11	持有股份限制
§369-12	合併財務報表

　　關係企業之界定，主要以公司間是否存在指揮監督關係為判準。指揮監督關係不論是藉由控制公司對從屬公司之控制，或透過持股等方式來達成，若已達指揮監

督之程度，皆屬於關係企業之類型。依第 369 條之 1 規定，關係企業指獨立存在而相互間具有一定關係之企業，包括「控制與從屬關係之公司」及「相互投資之公司」兩種類型。

目前對關係企業立法屬於「低度規範立法」，只引進「事實上關係企業」，尚欠缺如德國法上之「契約上關係企業」（即因「控制契約」所生之關係企業），有待進一步配合國內關係企業實態而作適當之規範。例如實務上常有關係企業透過總管理處方式運作，如何認定其為關係企業，有賴法律能有效執行。

二、種類

（一）控制與從屬關係之公司

控制與從屬關係之公司，稱為關係企業，有下列 5 種情形：

1. 公司持有他公司有表決權之股份或出資額，超過他公司已發行有表決權之股份總數或資本總額半數者為控制公司，該他公司為從屬公司(§369-2 I)。

2. 公司直接或間接控制他公司之人事、財務或業務經營者亦為控制公司，該他公司為從屬公司(§369-2 II)。

3. 公司與他公司之執行業務股東或董事有半數以上相同者(§369-3)。

4. 公司與他公司之已發行有表決權之股份總數或資本總額有半數以上為相同之股東持有或出資者(§369-3)。

5. 相互投資公司各持有對方已發行有表決權之股份總數或資本總額超過半數者，或互可直接或間接控制對方之人事、財務或業務經營者，互為控制公司與從屬公司(§369-9 II)。

（二）相互投資公司

公司與他公司相互投資各達對方有表決權之股份總數或資本總額三分之一以上者，為相互投資公司(§369-9 I)。

第二節　從屬公司對控制公司之損害賠償請求權

關係企業之立法原則，包括揭開公司面紗原則，深石原則及控制股東忠實義務原則，參見表 2-11：

表 2-11　關係企業之立法原則

目的	從屬公司股東及債權人權益之保護	法條
揭開公司面紗原則 Piercing Corporate Veil	為保護子公司債權人，法院可揭開公司面紗，否定公司與股東各為獨立主體之原則，使公司的個人股東或公司股東直接對公司債務負責	§369-4
深石原則 Deep Rock Doctrine	母公司對子公司之債權，在子公司支付不能或宣告破產時，不能與其他債權人共同參加分配，或分配之順序應次於其他債權人	§369-7
控制股東忠實義務原則	母公司身為子公司之控制公司，必須對子公司負有忠實義務，不能為任何有害於子公司少數股東之行為，否則母公司必須對子公司少數股東負損害賠償責任	無

源於美國法上之「揭開公司面紗原則」，析述如下：

一、揭開公司面紗原則之意義

從屬公司既為控制公司所控制，從屬公司股東及債權人之權益即易受控制公司之侵害。關係企業章為保障從屬公司股東及債權人之權益，以加強投資人之信心，第 369 條之 4 第 1 項規定：「控制公司直接或間接使從屬公司為不合營業常規或其他不利益之經營，而未於會計年度終了時為適當補償，致從屬公司受有損害者，應負賠償責任。」此一概念係移植「揭開公司面紗原則」，亦即讓幕後實際造成從屬公司損害之控制公司負損害賠償之責。

二、賠償義務人

賠償責任之義務人原則上為控制公司，但鑑於控制公司之所以會使從屬公司為不合營業常規，或其他不利益之經營，其真正之行為人通常是控制公司之負責人，故第 369 條之 4 第 2 項規定：「控制公司負責人使從屬公司為前項之經營者，應與控制公司就前項損害負連帶賠償責任。」而將控制公司之負責人亦列為賠償義務之主體。

由於控制公司縱然有使從屬公司為不合營業常規，或其他不利益經營之行為，但不一定使其本身受有利益，而可能是使同一企業集團之其他從屬公司受有利益，故第 369 條之 5 規定：「控制公司負責人使從屬公司為前條第 1 項之經營，致他從屬

公司受有利益，受有利益之該他從屬公司於其所受利益限度內，就控制公司依前條規定應負之賠償，負連帶責任。」亦將受有利益之他從屬公司，納入賠償義務人之範圍，以保護從屬公司之股東及債權人。

三、賠償請求權人

從屬公司是控制公司為不合營業常規，或不利益經營行為之受害人，損害賠償請求權之主體應為從屬公司。惟由於從屬公司受控制公司所指揮監督，為防止從屬公司不向控制公司提出損害賠償之請求，第 369 條之 4 第 3 項規定：「控制公司未為第 1 項之賠償，從屬公司之債權人或繼續 1 年以上持有從屬公司已發行有表決權股份總數或資本總額百分之一以上之股東，得以自己名義行使前 2 項從屬公司之權利，請求對從屬公司為給付。」亦即從屬公司之少數股東或債權人得直接以自己之名義，代位從屬公司向控制公司、其負責人或受有利益之其他從屬公司請求損害賠償。

四、賠償請求權時效

為避免控制公司及其負責人或受有利益從屬公司之責任久懸未決，第 369 條之 6 設有短期時效之規定，亦即自請求權人知悉控制公司有賠償責任及賠償義務人時起，2 年間不行使而消滅，自控制公司賠償責任發生時起，逾 5 年不行使亦消滅。

第三節　控制公司對從屬公司行使債權之限制

基於防弊之觀點，為預防控制公司使從屬公司為不合營業常規，或其他不利益之經營，參考美國判例法上之「深石原則」，以限制控制公司行使抵銷權、別除權及優先權等權利，以免對從屬公司之債權人造成不公平。第 369 條之 7 規定：「控制公司直接或間接使從屬公司為不合營業常規或其他不利益之經營者，如控制公司對從屬公司有債權，在控制公司對從屬公司應負擔之損害賠償限度內，不得主張抵銷。前項債權無論有無別除權或優先權，於從屬公司依破產法之規定為破產或和解，或依本法之規定為重整或特別清算時，應次於從屬公司之其他債權受清償。」由此可知，一旦關係企業有破產或重整之情事發生時，若控制公司有直接或間接使從屬公司為不合營業常規，或其他不利益之經營者，則從屬公司之債權人可主張於控制公司對從屬公司應負擔損害賠償範圍內，不得主張抵銷，不得行使抵銷權及於該債權有別除權及優先權情形時，應次於從屬公司之其他債權受清償。

美國判例法上有一家深石(Deep Rock)公司，其為從屬公司，法院認為深石公司在成立之初，即資本不足，且其業務經營完全受控制公司所掌握，經營方法主要為控制公司之利益，法院判決控制公司對深石公司之債權，應次於深石公司之其他債權。

第四節　相互投資公司

一、相互投資公司之認定

　　第 369 條之 9 第 1 項規定:「公司與他公司相互投資各達對方有表決權之股份總數或資本總額三分之一以上者，為相互投資公司。」亦即關係企業章在相互投資公司之認定上，是以投資他方股份總數或資本總額三分之一為門檻標準。第 2 項特別規定:「相互投資公司各持有對方已發行有表決權之股份總數或資本總額超過半數者，或互可直接或間接控制對方之人事、財務或業務經營者，互為控制公司與從屬公司。」相互投資公司如亦構成控制從屬關係，惟在解釋上，其彼此互為控制公司與從屬公司，有認為本條項之規定似為贅文。

二、相互投資公司表決權行使之限制

　　公司間相互投資有其優缺點，其弊端為虛增資本，董事及監察人用以長久維持經營控制權或控制股東會之缺點，為避免相互投資之現象過度擴大，第 369 條之 10 第 1 項規定:「相互投資公司知有相互投資之事實者，其得行使之表決權，不得超過被投資公司已發行有表決權股份總數或資本總額之三分之一。但以盈餘或公積增資配股所得之股份，仍得行使表決權。」

　　設公司依規定通知他公司後，於未獲他公司相同之通知，且未知有相互投資之事實者，則依第 2 項之規定，其股權之行使並不受不得超過被投資公司已發行有表決權股份總數，或資本總額三分之一之限制。除此之外，在計算所持有他公司之股份或出資額時，尚應將從屬公司所持有他公司之股份或出資額，以及第三人為該公司及其從屬公司之計算而持有之股份或出資額，一併計入(§369-11)。

三、投資狀況之公開

（一）初次通知之義務

第 369 條之 8 第 1 項規定：「公司持有他公司有表決權之股份或出資額，超過他公司已發行有表決權之股份總數或出資總額三分之一者，應於事實發生之日起 1 個月內以書面通知該他公司。」

（二）繼續通知之義務

第 369 條之 8 第 2 項規定，公司為前項通知後，有下列變動之一者，應於事實發生之日起 5 日內以書面再為通知：

1. 有表決權之股份或出資額低於他公司已發行有表決權之股份總數或資本總額三分之一時。

2. 有表決權之股份或出資額超過他公司已發行有表決權之股份總數或資本總額二分之一時。

3. 前款之有表決權之股份或出資額再低於他公司已發行有表決權之股份總數或資本總額二分之一時。

（三）受通知公司之公告義務

第 369 條之 8 第 3 項規定，受通知之公司，應於收到前 2 項通知 5 日內公告之，公告中應載明通知公司名稱及持有股份或出資額之額度。

第五節　關係企業持股或出資之計算

關係企業股份或出資額之計算與比例，與該公司之法律地位及所發生之法律效果息息相關，為防止公司以迂迴間接之方法持有股份或出資額，規避相互投資之法律規範，計算公司所持有他公司之股份或出資額，應連同下列各款之股份或出資額一併計入：

1. 公司之從屬公司所持有他公司之股份或出資額。

2. 第三人為該公司而持有之股份或出資額。

3. 第三人為該公司之從屬公司而持有之股份或出資額。

由上述可知，就是否形成關係企業或持有他公司股份有無達到三分之一以上等事項之認定上採「綜合計算」方式。

第六節　關係報告書及合併報表之編製

　　第 369 條之 12 規定：「公開發行股票公司之從屬公司應於每會計年度終了，造具其與控制公司間之關係報告書，載明相互間之法律行為、資金往來及損益情形。公開發行股票公司之控制公司應於每會計年度終了，編製關係企業合併營業報告書及合併財務報表。前 2 項書表之編製準則，由證券管理機關定之。」透過編製關係報告書、關係企業合併營業報告書及合併財務報表讓企業財務能更透明，確保投資人及公司債權人不致因為資訊不對稱而造成損失。

第七章　外國公司

第一節　意義

　　公司國籍認定之標準，多採「準據法說」，即以公司設立所依據之法律為準，凡依外國法律組織登記而設立之公司，即為外國公司。107 年修正前公司法第 4 條本規定：本法所稱外國公司，謂以營利為目的，依照外國法律組織登記，並經中華民國政府認許，在中華民國境內營業之公司，107 年修正後則規定：本法所稱外國公司，謂以營利為目的，依照外國法律組織登記之公司。外國公司，於法令限制內，與中華民國公司有同一之權利能力。其修正理由乃為：在國際化之趨勢下，國內外交流頻繁，依外國法設立之外國公司既於其本國取得法人格，我國對此一既存事實宜予尊重。且為強化國內外公司之交流可能性，配合實際貿易需要及國際立法潮流趨勢，爰廢除外國公司認許制度，刪除現行條文後段規定，而外國公司在中華民國境內設立分公司者，其名稱，應譯成中文，並標明其種類及國籍(§370)，換言之，107 年修法後，廢除原本外國法人認許制度，改為登記制度。

第二節　登記

一、登記之要件

1. 積極要件

　　107 年修正後規定：外國公司非經辦理分公司登記，不得以外國公司名義在中華民國境內經營業務。違反前述規定者，行為人處 1 年以下有期徒刑、拘役或科或

併科新臺幣 15 萬元以下罰金，並自負民事責任；行為人有二人以上者，連帶負民事責任，並由主管機關禁止其使用外國公司名稱(§371)。

2. 消極要件

外國公司有下列情事之一者，不予分公司登記：一、其目的或業務，違反中華民國法律、公共秩序或善良風俗者。二、申請登記事項或文件，有虛偽情事者(§373)。

二、登記之效力

外國公司非經辦理分公司登記，不得以外國公司名義在中華民國境內經營業務(§371)。

第三節　監督

一、專撥營業資金

外國公司在中華民國境內設立分公司者，應專撥其營業所用之資金，並指定代表為在中華民國境內之負責人(§372 I)。

二、章程之備置

外國公司在中華民國境內設立分公司者，應將章程備置於其分公司，如有無限責任股東者，並備置其名冊。外國公司在中華民國境內之負責人違反前項規定者，處新臺幣 1 萬元以上 5 萬元以下罰鍰。再次拒不備置者，並按次處新臺幣 2 萬元以上 10 萬元以下罰鍰(§374)。

第四節　登記之廢止及清算

一、主動申請之廢止

外國公司在中華民國境內設立分公司後，無意在中華民國境內繼續營業者，應向主管機關申請廢止分公司登記。但不得免除廢止登記以前所負之責任或債務(§378)。

二、主管機關之廢止

有下列情事之一者，主管機關得依職權或利害關係人之申請，廢止外國公司在中華民國境內之分公司登記：一、外國公司已解散。二、外國公司已受破產之宣告。三、外國公司在 ssss 中華民國境內之分公司，有第 10 條各款情事之一。前項廢止登記，不影響債權人之權利及外國公司之義務(§379)。

三、外國公司之清算

1. 準用公司之清算程序

外國公司在中華民國境內設立之所有分公司，均經撤銷或廢止登記者，應就其在中華民國境內營業所生之債權債務清算了結，未了之債務，仍由該外國公司清償之。前述清算，除外國公司另有指定清算人者外，以外國公司在中華民國境內之負責人或分公司經理人為清算人，並依外國公司性質，準用本法有關各種公司之清算程序。(§380)。

2. 清算時期之限制

外國公司在中華民國境內之財產，在清算時期中，不得移出中華民國國境，除清算人為執行清算外，並不得處分(§381)。

3. 負責人之連帶責任

外國公司在中華民國境內之負責人、分公司經理人或指定清算人，違反清算規定時，對於外國公司在中華民國境內營業，或分公司所生之債務，應與該外國公司負連帶責任(§382)。

第五節　未經登記之外國公司

外國公司因無意在中華民國境內設立分公司營業，未經申請分公司登記而派其代表人在中華民國境內設置辦事處者，應申請主管機關登記。外國公司設置辦事處後，無意繼續設置者，應向主管機關申請廢止登記(§386)。

第二篇 案例解析

BUSINESS LAW

案例一

　　小明從某大學商學院畢業後，由於在校認真求學，對於企業管理很有心得，決定獨自創業，成立管理顧問公司，提供企業經營者相關企業管理診斷與策略分析。由於小明希望對公司能有完全的控制權，小明想成立只有他自己一個股東的「一人公司」，目前公司法的規定如何？

解析

　　公司法在 90 年修正承認「一人公司」，修正前第 2 條規定股份有限公司股東最少 7 人，而有限公司股東人數為 5 人以上、21 人以下，故不可能有一個股東的一人公司存在。

　　然而在社會現實上，公司設立者可能基於情感因素、專利技術等原因，不願有「外人」加入公司成為股東，由於公司法僵化的規定，使得過去我國以中小企業為多數的「公司組織」，卻充斥著許多「人頭股東」，以符合公司法所規定股東最低人數的規定。這些表面符合股東人數規定的公司，實質上多為一人公司。公司法修正理由，即承認實質的一人公司，以符合社會現實的需要。

　　修正後公司法第 2 條第 1 項第 2 款規定「有限公司：由一人以上股東所組織」，有限公司股東人數改為一人以上，而股份有限公司股東人數，也改為二人以上，或者是由政府、法人股東一人組成。小明若想只由自己一個人當股東，在目前公司法承認一人公司，小明可以成立一人有限公司。

案例二

　　志鈴是一位美麗而有頭腦的明星，由於演藝事業的不穩定性，她計畫兼營副業，擴展事業的觸角，於是決定和好友晨旭合開一家婚紗公司，由於志鈴的名氣非常大，故決定將公司取名為「志鈴婚紗有限公司」，兩個人很開心地在臺北市中山北路開設公司。此時有一家「志玲婚禮服務有限公司」主張其已向經濟部登記公司名稱，要求志鈴婚紗有限公司改名，請問志鈴與晨旭該如何主張？

解析

　　公司法 90 年修正前第 18 條第 1 項規定，同類業務之公司，不問是否同一種類，是否同在一省（市）區域以內，不得使用相同或類似名稱。過去經濟部辦理公司名稱預查，都必須先檢視公司所營業務項目是否相同，之後再考慮名稱有無相同或近似的問題。由於公司名稱是否近似，見仁見智，實務上曾發生過許多相同業務與相同公司名稱的爭訟。

　　現行法規定，公司名稱，不得與他公司名稱相同，二公司名稱中標明不同業務種類或可資區別的文字者，視為不相同。公司所營事業除許可業務應載明於章程外，其餘不受限制(§18 I II)。並刪除舊法第 15 條第 1 項「公司不得經營登記範圍以外業務」，因此志鈴與晨旭申請設立的「志鈴婚紗有限公司」與另外的「志玲婚禮服務有限公司」不至於有「同類業務」的問題，且名稱已經標明不同業務種類，具有可資區別的特性，故可使用「志鈴婚紗有限公司」，主張不必改名。

案例三

　　李聖杰除了是知名歌手外，亦曾獲美國某著名大學電機工程博士學位，回國後，與幾位大學同學合作開一家科技公司，專營 LED（發光二極體）有關業務，數年間，公司業務蓬勃發展，在科技領域獨領風騷，股價更是屢創新高。由於 LED 技術推陳出新，李聖杰為了留住員工，除了加薪外，是否還有更好的方法？

解析

　　科技公司都爭相從學界及其他企業挖角人才，以期技術領先，因此專業人才搶手，經常被競爭對手挖角，致公司業務難以順利開展。企業界多希望能以轉讓公司股份方式，吸引專業人才加入公司陣容。公司法第 167 條之 1 仿效歐美國家「員工庫藏股」制度，規定公司除法律另有規定者外，得經董事會以董事三分之二以上之出席及出席董事過半數同意之決議，於不超過該公司已發行股份總數 5% 之範圍內，收買其股份。另外，為促使公司收買此等股票，確實作為員工庫藏股，同條第 2 項明定公司收買之股份，應於三年內轉讓於員工，屆期未轉讓者，視為公司未發行股份，並為變更登記。

　　依第 167 條之 2 規定「員工認股憑證」，即公司得經董事會以董事三分之二以上之出席及出席董事過半數同意之決議，與員工簽訂認股權契約，約定於一定期間內，員工得依約定價格認購特定數量之公司股份，訂約後由公司發給員工認股權憑證。

案例四

> 　　傑倫與沛晨皆喜愛音樂，因此決定開設一間推廣音樂與行銷樂器的「就愛傑倫音樂股份有限公司」，由於市場規模日漸龐大，他們決定邀請國際知名音樂家馬有有擔任公司董事，提升公司經營績效。然而在聘請馬有有擔任公司董事時，發現其未持有「就愛傑倫公司」的股票，此種情形應如何處理？

解析

　　公司法 90 年修正前第 192 條第 1 項規定，公司董事會，設置董事不得少於 3 人，由股東會就有行為能力之「股東」中選任。立法意旨是基於公司所有權與經營權關係密切，利害與共，因此規定公司董事須具有股東身分，希望透過此種關係，使董事在執行職務時，能善盡注意義務，為公司謀取最大利益。

　　但公司朝多角化方向趨勢發展，專業性高，公司「所有權」與「經營權」分離，強調專業經營與獨立監理的趨勢盛行。一般所稱「獨立董事」或「外部董事」，即手中沒有股票，並非公司股東，卻能擔任公司的董事。修正公司法第 192 條第 1 項規定，董事「由股東會就有行為能力之人選任之」，刪除原條文中「股東」二字。換言之，非公司股東亦可擔任公司董事。同條第 2 項則特別限制公開發行股票公司，規

定公開發行股票公司如設有獨立董事者，其全體董事合計持股比例，證券管理機關另有規定者，從其規定。其目的係證券管理機關為防止公司的外部董事過多，可能使公司股東產生歸屬上的危機感，故訂定董事持股不得少於一定比例。

　　依證券交易法第 14 條之 2 及第 14 條之 3 規定，上市、上櫃公司分批強制設置獨立董事，人數不得少於 2 人，且不得少於董事席次五分之一。公開發行股票之股份有限公司之獨立董事，如有反對意見或保留意見，應於董事會議事錄載明。

 案例五

> 　　2266 是國內知名偶像團體，轉投資成立喬傑力股份有限公司，進行國內外娛樂事業行銷及推廣，企業體盛極一時。不過因新進偶像團體過多，再加上團員的單飛，導致企業經營一時出現危機。由於公司財務狀況不佳，不符合公開發行新股及公司債之要件，依現行公司法還有何種方法可籌募資金？

解析

　　公司法 90 年修正，引進「私募公司債制度」，立法理由認為，當企業籌資困難，只要有人願意購買公司債，就應准許其發行公司債籌資，並無必要利用法律加以限制發行公司債的必要。第 248 條第 2 項增訂「發行公司債之資格與門檻」之排除條款，規定「公司債之私募不受第 249 條第 2 款（即禁止發行無擔保公司債）及第 250 條第 2 款（禁止發行公司債）之限制，並於發行後 15 日內檢附發行相關資料，向證券管理機關報備；私募之發行公司不以上市、上櫃、公開發行股票之公司為限。」依現行法規定，只要公司與公司債的購買者，達成合意，即可在公司董事會決議後，洽特定人私募資金，事後再向主管機關報備即可。

　　至於有關私募之定義，公司法並未明定，參考證券交易法第 7 條第 2 項規定「本法所稱私募，謂已依本法發行股票之公司依第 43 條之 6 第 1 項及第 2 項規定，對特定人招募有價證券之行為。」故公司法及證交法所稱之私募公司債，係對特定人招募公司債之行為。

　　「私募」與「募集」同為有價證券之招募行為，但兩者之招募方式及對象不同，主管機關核准程序亦有差別。私募是向「特定人」為之；募集則是向「非特定人」

為之。私募不須先經主管機關核准或申報，僅需以事後報備方式即可。募集則必須向主管機關申請核准或申報生效後，方得為之。

　　喬傑力公司可依公司法向特定人私募公司債，若其為公開發行股份有限公司，尚可依證交法私募股票及其他有價證券之規定。惟需注意金管會另行發布「公開發行公司辦理私募有價證券應注意事項」（103 年 12 月 30 日）。

第三篇　實用 Q&A

BUSINESS LAW

 Q1

> 公司法採取登記生效主義，係何所指？除了設立登記以外之事項，採登記對抗要件，係何所指？

 民法就法人資格之取得，採「登記要件主義」，在公司法人，第 6 條亦規定，公司非在中央主管機關登記後，不得成立，即為「登記生效主義」，須為登記，公司始取得法人資格。公司在設立登記前，不得謂其已取得法人之資格，自不能為法律行為之主體，而以其名稱與第三人為法律行為。若以其名稱而與第三人為法律行為，則應由行為人自負其責，即認為行為人為該項行為之主體。

至於第 12 條規定，公司設立登記後，有應登記之事項而不登記，或已登記之事項有變更而不為變更之登記者，不得以其事項對抗第三人，為「登記對抗主義」，例如董事長之變更，依法屬於應登記之事項，未登記不得對抗第三人。公司董事長變更應於新任董事長就任後即生效力，但第三人如與公司有交易行為，公司不得以董事長變更為對抗（最高法院判決，87 臺抗 249）。

Q2

> 何謂公司負責人？

所謂公司負責人，對內執行公司一切事務，對外代表公司之機關，可分為當然負責人及職務負責人。當然負責人在無限公司、兩合公司為執行業務或代表公司之股東；在有限公司、股份有限公司為董事。職務負責人，如公司之經理人、清算人或臨時管理人，股份有限公司之發起人、監察人、檢查人、重整人或重整監督人，在執行職務範圍內，亦為公司負責人。

Q3

何謂命令解散？裁定解散？

命令解散：公司具備本法所規定之事由時，主管機關限期令公司改正而公司未改正者，得以命令解散之。屬於以剝奪法人人格之方法，排除濫用公司制度之行為。

裁定解散：公司之經營，有顯著困難或重大損害時，法院得據股東之聲請，於徵詢主管機關及目的事業中央主管機關意見，並通知公司提出答辯後，裁定解散。

Q4

公司允許現金以外之財產為出資內容為何？

現金以外之財產出資，又稱現物出資、財產出資或無形資產出資，公司法規定無限公司「股東得以勞務或其他權利為出資」（§43），「各股東以現金以外財產出資者，其種類、數量、價格或估價之標準，應載明章程」（§41I⑤）。股份有限公司股東之出資，除現金外，得以對公司所有之貨幣債權、公司事業所需之財產或技術抵充之；其抵充之數額需經董事會決議（§156V）。有限公司股東之出資除現金外，得以對公司所有之貨幣債權、公司事業所需之財產或技術抵充之（§99-1）。另依商業登記法第 50 條規定，無形資產包括商譽、商標權、專利權、著作權、特許權及其他無形資產。

Q5

何謂公司法上競業禁止原則？何謂歸入權？

公司經理人及董事非經公司許可，不得為自己或他人為與公司同類營業之行為，以避免其利用其職務上知悉公司營業之機密，為自己或他人謀利，致損害公司利益（§32、§108、§115、§209準用）。

歸入權指基於公司一方之意思表示，使違反競業禁止義務而為自己或他人為行為之執行業務股東，將其由該行為所得之經濟上效果歸屬於公司之特殊權利，屬於形成權之一種（§209V）。

公司法上競業禁止之區別，參見表 2-12：

⚖ 表 2-12 競業禁止規定之區別

區別	經理人 (§32)	無限公司執行業務股東 (§54)	股份有限公司董事 (§209)	有限公司
內容	兼任他營利事業經理人時，不得自營或為他人經驗同業務	或自己或他人經營同類業務	為自己或他人屬於公司營業範圍之 3%	準用無限公司
介入權	公司知悉起 1 個月或行為起 1 年請求	其他股東過半數；所得產生後 1 年	股東會決議；所得生 1 年內	準用無限公司
可否免除	執行董務股東或董事過半數同意可	不可免除	對股東會說明重要內容並取得許可	準用無限公司

Q6

何謂存續公司？新設公司？

🅰 存續公司：指兩個或兩個以上之公司合併，未歸於消滅而存續之公司而言，此種合併稱為吸收合併，而消滅公司之人格由存續公司所吸收。

新設公司：指兩個或兩個以上之公司合併，參與合併之公司悉歸消滅，而另成立之新公司，此種合併稱新設合併。

Q7

公司法是否承認一人公司？

🅰 公司法 90 年修正，引進一人公司制度，股份有限公司可以由股東一人所組成 (§2I④)。一人公司有形式及實質兩種意義。形式意義之一人公司，指無論形式上及實質上，具有股東名義者僅一人而已。又可分為設立時之一人公司及成立後之一人公司。前者乃公司成立時，只有股東一人。後者乃公司成立時具備公司法所規定之股東最低人數之要求，而於公司成立後，因出資或股份轉讓等原因，致股東只剩一人。

實質意義之一人公司，係指公司股東人數在形式上符合公司法所規定之公司股東最低人數之要求，但出資或股份之真正有人只有一人，其餘之名義股東概屬其傀儡，可謂係真正之唯一股東之出資或股份之受託人。

Q8

公司設立有哪兩種方式？

 發起設立：又稱單純設立、同時設立，指公司設立時，由發起人認足公司之全部資本總額或第一次擬發行之股份總額，不再向外另行募集之設立方式。

募集設立：又稱複雜設立，指公司設立時，發起人不認足公司之全部資本總額或第一次擬發行之股份總數，而將不足之餘額向外公開招募之設立方式。

Q9

何謂公開招募股份？何謂私募公司債制度？

 公司向一般社會大眾公開招募資金，認購股份。為使公眾知悉未來公司之內部狀況，發起人應先申請證券管理機關核准後，再於通知到達之日起 30 日內，加記核准文號及年月日公告招募之。

公司法未明定私募之定義，參考證交法規定，指私募，謂已依本法發行股票之公司，對特定人招募有價證券之行為（證§7II），公司法 90 年修正引進私募公司債制度，只要公司與公司債購買者達成合意，在公司董事會決議後，洽特定人私募資金，事後再向主管機關報備（公§248II）。

Q10

何謂承銷、代銷？

 承銷，又稱為包銷，除公司法外，證券交易法亦有規定。按證券承銷商包銷股份於承銷契約所訂定之承銷期限屆滿後，對於約定包銷之股份，未能全數銷售者，其剩餘數額之股份，應自行認購之。

代銷，指證券承銷商代銷股份，於承銷契約所訂定之承銷期間屆滿後，對於約定代銷之股份，未能全數銷售者，其剩餘數額之股份，得退還發起人。

 Q11

> 認股與認股書有何不同？

 認股：認股人與設立中公司之代表機關，即發起人間，以加入設立中公司成為股東為目的之一種意思合致。

認股書：由發起人所作成，供認股人填寫以認購股份之書面，其上應載明公司申請證券管理機關審核之各款事項，並加記證券管理機關核准文號及年月日。

 Q12

> 何謂票面金額、無票面金額、折價發行、溢額？

 票面金額：股票票面上所記載股份之價額，稱為「票面金額」。

無票面金額：股票票面上無記載股份之價額。

折價發行：係指股票發行之價格，低於股票票面金額。

溢額：股票之發行價格與票面金額之差額，稱為「溢額」，如股票實際發行價格為 20 元，減去票面金額 10 元，其溢額即為 10 元。

 Q13

> 公司法為何採取無實體交易／發行制度，包括哪兩類證券？

 為發揮有價證券集中保管功能，簡化發行成本、交付作業及解決實際交易之手續繁瑣及流通風險，90 年修正引進無實體交易／發行制度，適用在股票及公司債券兩種有價證券(§162-1、§162-2、§257-1、§257-2)，規定當次發行之股份總數／公司債總額，得合併或免印製成單張，利用證券集中保管帳簿劃撥制度，僅將當次所發行或交易者加以登錄帳簿，而免印製成實體股票或債券，轉

讓則透過帳簿方式完成，可避免交付實體股票或債券之方式。證券集中保管事業機構，目前由「臺灣集中保管結算所股份有限公司(TDCC)」負責。

Q14

何謂庫藏股？除公司法外，證交法增訂之理由為何？

一般庫藏股，指公司取得自己公司所發行之股份。而員工庫藏股：指公司為轉讓股份與員工而取得自己之股份。90 年修正時，引進庫藏股(treasure stock)制度，規定員工庫藏股條文（§167-1），該制度係以公司未分配之累積盈餘收買一定比例之股份為庫藏股，並於 3 年內轉讓於員工。增訂的主要目的有三：一、延攬培養優秀管理人才，使員工成為股東；二、員工入股限於發行新股，不經常辦理；三、外國立法例有員工庫藏股制度，以激勵員工。

依規定，發行員工庫藏股的要件有：一、董事會特別決議；二、不超過百分之五收買；三、總金額不逾保留盈餘加已實現之資本公積總額；四、3 年內轉讓員工；五、公司不得享有股東權利。惟上市公司的員工庫藏股制度，證交法另有詳細規定辦理情形。

Q15

何謂員工認股權、員工分紅入股？

員工認股權：指員工和公司約定，於員工服務公司滿一定期間後，得約定以一定價格和數量之股票，於員工行使該項權利時，公司即有依上開條件出售股票之義務。

員工分紅入股：指公司如紅利轉作資本時，依章程員工應分配之紅利，得發給新股或以現金支付。如公司決定發給員工股票即謂為員工分紅入股，此制可加強員工之向心力。

Q16

坊間收購「委託書」產生何種問題？

 股東委託他人出席股東會所簽立之書面，稱為「委託書」，依第 177 條第 1 項規定，必須出具公司印發之委託書。委託書制度之立法原意，乃使股東得以便捷之方法行使表決權。但坊間迭有利用價購委託書之方式，以達到出席股東會或行使表決權之目的。縱主管機關金管會發布「公開發行公司出席股東會使用委託書規則」（104.3.4 修正），但坊間仍有違法收購委託書之現象。94 年修正增列以「書面或電子方式行使表決權」(§177-1、§177-2)以茲因應。

Q17

何謂董事長、常務董事？何謂獨立董事？

 董事長：股份有限公司之法定、必備、常設之代表機關，鑑於董事會不適於擔當具體之代表公司之職務，故特設董事長一職，作為公司之法、必備、常設之代表公司之機關。董事長之人數為一人，至於其任期，本法未設明文，但解釋上董事長之任期不得超過其為董事之任期，故不得逾 3 年，但得連選連任。

常務董事：乃常務董事會之構成份子，因董事會無法經常開會，亦不適於為具體之業務執行，為使公司在董事會休會期間業務執行得以順利推展，乃特設常務董事之規定，惟常務董事並非法定必備機關，其設置與否，視章程之有無而定。

獨立董事：又稱外部董事、公益董事，指公司選任之董事，由與公司間「無利益關連」，且具有相當專業之人士擔任，因其與公司間較無利益牽連，對於公司之事務較一般董事而言，更能以客觀之角度，並針對其專業而表示意見，而為公司牟取最大利益，進而強化董事會之內部控制，發揮董事會自我監督之功能。近年來上市公司迭設立獨立董事之趨勢，在 94 年修正證券交易法，規定「公司治理法制化」，引進獨立董事制度（證交§14-2）。

Q18

何謂重整？何謂有重整更生之可能？

重整乃公司發行股票或公司債之股份有限公司，因財產困難，已瀕暫停營業或停業之虞之窘境，而預料有重整可能者，乃在法院監督下，調整其債權人，股東及其他利害關係人之利害，而圖該公司企業之維持與更生為目的之制度。公司重整制度之目的有二，一為清理債務，一為維持企業。

有重整更生之可能，為 90 年增訂之要件，所謂重建更生之可能，困難有確切之衡量標準，然須於公司能夠合理負擔財務費用，在重整後能達到收支平衡，且須具有盈餘以攤還債務之原則下，始有經營之價值。

Q19

何謂閉鎖性股份有限公司？

所謂閉鎖性股份有限公司，指公司可依章程自行設計股東人數、特別股、表決權及盈餘分派，以符合公司高度治理的需求。104 年修正公司法引進外國立法例「閉鎖性公司」制度，堪稱為歷年來公司制度的大變革。依新修正第 356-1 條至第 356-14 條規定，科技新創公司可自行組織商業平台，提供創業家與投資者經營商業的誘因。但制度的變革尚需時間準備及宣導，明定施行日期由行政院定之(§449)。

本次修正草案為行政院提案，目的是為打造符合新創事業發展之法制環境，可在公司章程明定為閉鎖性公司，對外公示，即可打破若干原來公司法的嚴格限制，如可自行規定股東人數、出資種類、無票面金額股票等，並可設計各種特別股，可有彈性盈餘分派等，惟其實際效果，尚有待施行後評估。

Q20

公司法「關係企業」專章之立法沿革及內容如何？

所謂關係企業，指彼此獨立存在，而具有控制與從屬關係或相互投資之企業。86 年修正增列第 6 章之 1「關係企業」，規定第 369 之 1 條至第 369 之 12 條，

包括關係企業之定義、控制與從屬公司、推定控制與從屬關係、控制公司不當經營之損害賠償責任、受益之他從屬公司之連帶賠償責任、消滅時效、控制公司賠償責任之特性、通知義務、相互投資公司、表決權之行使、股份之計算與書表編製等內容。

Q21

> 何謂從屬公司、控制公司、從屬與控制關係、相互投資公司？

A 從屬公司：指公司發行有表決權之股份總數或資本總額超過半數以上為其他單一公司所持有，或公司人事、財務或業務經營為其他單一公司所控制之公司(§369-2 I)。

控制公司：指公司持有其他公司表決權之股份總數或資本總額超過半數以上，或以控制他公司之人事、財務或業務經營公司(§369-2 II)。

從屬與控制關係：獨立之企業間，或為股份之持有人相同，或其公司之人事、財務或業務經營為他公司所控制所具備之關係。在公司執行業務股東或董事有半數相同，或有表決權股份總數或資本總額有半數以上為相同股東持有或出資，亦推定為有控制與從屬關係(§369-3)。

相互投資公司：公司與他公司相互投資各達對方有表決權之股份總數或資本總額三分之一以上者(§369-9)。

MEMO:

BUSINESS LAW

| 第 三 編 |

票據法

第一篇　法律導覽

第一章　總　則

第一節　票據法之意義及性質

一、票據法之意義

　　票據法是以票據關係為規範對象之商事法，可狹義與廣義票據法。狹義票據法，即本法，專以票據關係為規範對象。廣義票據法指有關於票據之規定之法規，如民法關於票據設質(§908、§909)、刑法偽造變造有價證券(§201、§205)、民事訴訟法票據訴訟及特別程序(§13、§403、§508、§539、§556)、破產法票據發票人或背書人受破產宣告(§107)、公證法票據拒絕承兌付款公證(§99)及涉外民事法律適用法行使或保全票據上權利法律行為之準據法(§21)等。惟近年來電子匯款及網路交易付款方式盛行，號稱「行動支付」的科技金融(FINTECH)支付，不但實體貨幣使用機會減少，傳統的紙本票據逐漸排除於日常的商業付款方式，惟在國際貿易的匯兌付款仍有運用。

二、票據法之性質

　　票據法為商事法，商事法之特點，如交易安全之保護、短期消滅時效之採用、法定利率之提高及行為之要式性等，於票據法上亦同。票據獨特性如下：

（一）票據法為國內法，但含有國際法之特性

　　票據法乃一國之主權所制定，並行其統治領域內，故為國內法，惟票據亦可流通於國際間，故亦具有國際性。

（二）票據法為私法，但具有公法之色彩

票據法所規範者，為票據關係，屬於私法，惟涉及工商經濟，為維經濟秩序，亦具有公法之色彩。

（三）票據法為民法之特別法

票據法，乃規範票據關係事項，票據關係為民事關係之一種，故票據法為民法之特別法，在適用時應優先適用。

（四）票據法為強行法

票據法明文規定票據關係人間之權利與義務，任由當事人意思自主約定者少，與民法採意思自主之「私法自治原則」有別，故為強行法。

（五）票據法為具有技術性之法律

票據法為商事法中具有高度技術性之法律規範，由專家所創設。

三、票據法之沿革

票據法於 18 年公布施行，5 章，共 139 條，修正次數不多。有關本票之強制執行，行政院在 106 年曾提出修正案。對票據法第 123 條本票強制執行之制度，限縮得聲請強制執行之本票範圍，限於發票人委託金融業者或短期票券集中保管結算機構為擔當付款人之本票等，以免本票遭濫用，降低強制執行制度遭犯罪者利用。但尚未經立法院通過。

舊法時代，空頭支票對發票人有刑罰規定，並適用連續犯規定（舊§142），並在「治亂世用重典」觀念下，刑期從 1 年提高到 2 年，再到 3 年。形成監獄「票據犯」數量大增。75 年修正廢除票據刑罰，自 76 年 1 月起簽發空頭支票，若無詐欺意圖，不受刑罰制裁，純屬民事債權債務糾紛。

四、票據之意義及種類

票據是發票人記載一定的金額及發票日，並簽名在票面上，約定由發票人自己或委託他人，在所約定的時日（發票日或到期日）及地點，無條件支付票款給受款人或執票人的完全有價證券。其種類如下：

1. 匯票：指發票人簽發一定之金額，委託付款人於指定之到期日，無條件支付與受款人或執票人之票據(§2)。參見圖 3-1：

2. 本票：指發票人簽發一定之金額，於指定之到期日，由自己無條件支付與受款人或執票人之票據(§3)。參見圖 3-2：

3. 支票：指發票人簽發一定之金額，委託金融業者（指經核准辦理支票存款業務之銀行、信用合作社、農會及漁會）於見票時，無條件支付與受款人或執票人之票據(§4)。主管機關從財政部，在 93 年起改為「金融監督管理委員會」，由銀行局管理票據業務。參見圖 3-3：

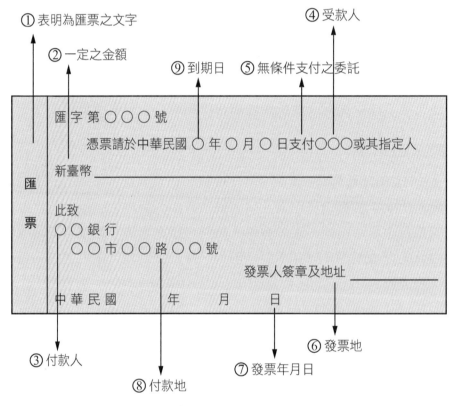

圖 3-1　匯票圖例

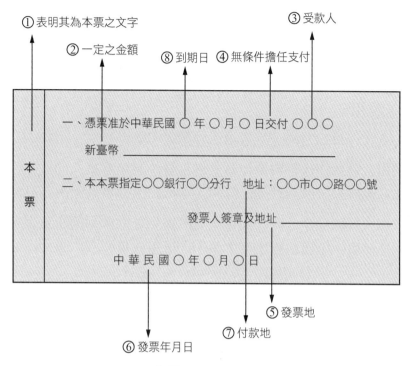

❏ 圖 3-2　本票圖例

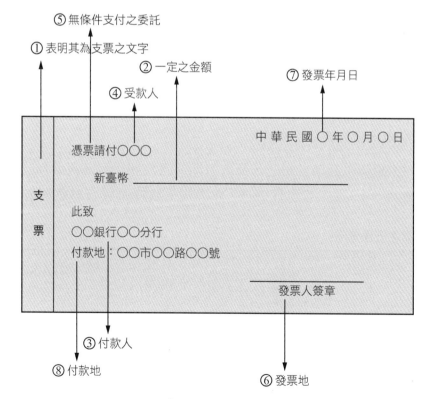

❏ 圖 3-3　支票圖例

以上三者區別之實益，除經濟效用不同外，在適用法律規定上亦有不同，票據法總則之規定，原則上三種票據均適用，但在匯票的規定特別詳細，本票和支票則準用匯票之規定。

五、票據之效用

票據具有支付、信用及匯兌之效用，說明如下：

（一）支付效用：以票據代替現金作為支付工具，避免當事人間計算、運送現金時所產生之錯誤，與節省計算之時間。以支票代替現金使用為最常見。

（二）信用效用：打破現金在時間支付上之障礙，以尚未到期之資金，作現在之資金之融通使用。主要在匯票及本票上之信用效用。

（三）匯兌效用：打破現金在空間支付上之障礙，隔地買賣或勞務提供，債權人可簽發以債務人為付款人之匯票，各自利用其往來銀行，以票據代替現金輸送以清償貨款或債務，簡便安全。主要在匯票的匯兌效用。縱使當今匯款方式增加，致匯兌效用在國內似不如往昔重要，但在國際貿易上，匯票仍扮演重要角色。

六、票據法之法理

票據法為規範票據關係之法律，以「助長票據流通」為最大任務，票據制度多以此為出發點，為助長流通，使人人樂意接受票據，法律設計強調特別保護「票據受讓人」（執票人），使其取得票據「迅速」且「確實」。對確保票據流通最具體的規定，即：

票據為要式證券，有助於辨認，節省時間。且票據「具有流通性」可依交付或依背書而轉讓(§30)，比一般債權轉讓手續簡單。票據流通方式參見表 3-1：

⚖ 表 3-1　票據流通方式

無記名式票據	依交付而轉讓
指示票據	依背書而轉讓
記名票據	原則：依背書而轉讓
	例外：不得轉讓（非流通證券）

不過，票據債務人較一般債務人之地位更不利，故法律上亦兼顧對於票據債務人之利益，重要規定包括：票據採用短期消滅時效制度(§22)，可早日解除票據債務人之責任。並准許票據債務人為惡意抗辯（§13但），以保護其利益，准許發票人為禁止轉讓之記載（§30但），以保留其抗辯權。

總之，票據法上之法理為助長流通，特設保護執票人，為本法一貫之政策，但亦設有保護債務人之制度，加以調和，以示公平。

第二節　票據之法律關係

票據之法律關係，包括兩種，一為「票據關係」，一為「非票據關係」，前者為票據本身所生的法律關係，後者為與票據有關之法律關係。參見圖3-4：

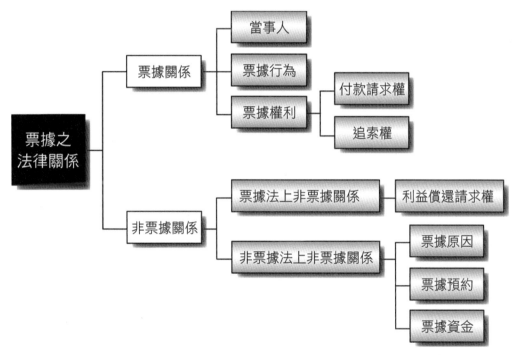

📍 圖3-4　票據之法律關係

一、票據關係

票據關係為一種法律關係，法律關係即權利義務之關係，亦必有權利義務之主體，票據關係之權利人為票據債權人，義務人為票據債務人。票據之債權人為執票人，即持有票據之人，最初之執票人為受款人自己，故受款人未將票據轉讓時，則受款人即為票據債權人，如 A 為發票人交付受款人 B，B 將票據依背書轉讓於 C，則 B 為背書人，C 為被背書人，C 並可再依背書規定轉讓，最後執票人 D，即為票據債權人。

至於票據關係中重要之票據背書行為，依背書而輾轉流通於多數人之間，自發票人 A 至最後執票人 D，構成背書之連續，有如接力賽跑者之傳遞接力棒一樣。在此一連續背書的過程中，A、B、C、D 每人處於相對立地位，在前者謂之「前手」，為債務人；在後者謂之「後手」，為債權人。即 A 為 B 之前手，而 B 為 A 之後手；B 為 C 之前手，而 C 為 B 之後手；C 為 D 之前手，而 D 為 C 之後手；故 A、B、C 均為 D 的前手，而 D 同時為 A、B、C 之後手。前後手區別之實益，主要在行使追索權，即行使追索權，後手向前手追索，前手不能向後手追索。

票據債務人有「第一債務人」與「第二債務人」之區別，所謂第一債務人，即主債務人，為初步責任之當事人，執票人應先向其行使付款請求權。所謂第二債務人，即償還義務人，為次步責任之當事人，在執票人不獲付款或不獲承兌時，得向其行使追索權以請求償還。執票人原則上應先向第一債務人行使付款請求權，遭拒絕後，才能向第二債務人請求償還。第一債務人和第二債務人區別之實益，為其所負責任不同，第一債務人所負責任為付款責任（§52、§121、§138），執票人向其行使之權利為付款請求權；第二債務人所負之責任為擔保付款責任（§29、§39、§126），執票人對其行使之權利為追索權。匯票、本票及支票之當事人法律關係，參見圖 3-5 至圖 3-7：

匯票之基本當事人有三：一、發票人(A)；二、受款人(B)；三、付款人(E)。付款人 E 於承兌後，成為第一債務人，A、B、C 均為第二債務人。

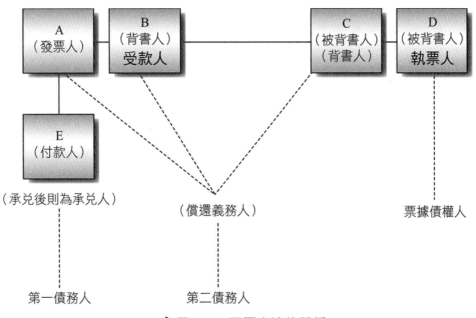

📝 圖 3-5　匯票之法律關係

本票之基本當事人有二：一、發票人(A)；二、受款人(B)。發票人 A 自己為第一債務人，背書人 B、C 均為第二債務人。

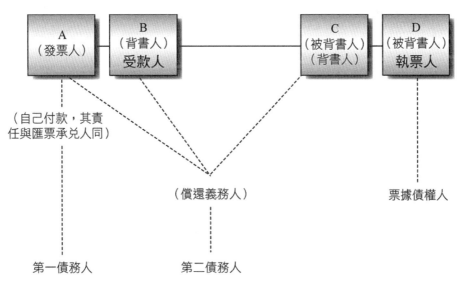

📝 圖 3-6　本票之法律關係

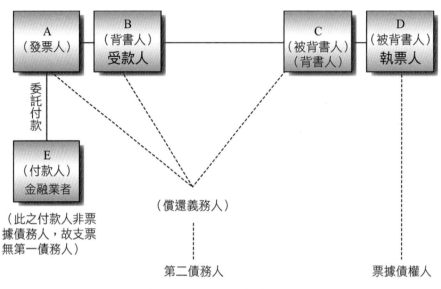

🖊 圖 3-7 支票之法律關係

　　支票之基本當事人有三：一、發票人(A)；二、受款人(B)；三、限於金融業者之付款人(E)。發票人 A 及背書人 B、C 均為第二債務人，付款人 E 原則上應負付款之責，但仍非票據債務人，係發票人 A 是金融業者之客戶，雙方存在付款委託之法律關係。保付支票，付款人即成為票據債務人，且發票人 A 及背書人 B、C 均同免責任。

二、非票據關係

　　非票據關係，指非票據本身所生，但與票據有關聯性之法律關係，可再分為兩類：一為「票據法上之非票據關係」，一為「非票據法上之非票據關係」。票據法上之非票據關係，最重要者為執票人之利益償還請求權(§22Ⅳ)，其他如真正權利人對於因惡意或重大過失取得票據之票據返還請求權(§14Ⅰ)、付款人交出票據請求權(§74、§124、§144)等。非票據法上非票據關係，有三種：票據原因、票據預約與票據資金，與票據有關聯之民事上的關係，總稱為「票據之實質關係」，其中票據原因與票據資金合稱「票據之基礎關係」，均與票據行為密切攸關，說明如下：

（一）票據原因

　　票據原因乃當事人間所以發行或移轉票據之理由，因交易情形不同而有不同的票據原因，例如買賣、消費借貸、贈與、交付定金或債權擔保等行為。票據原因以其有無對價，分為有對價之原因關係與無對價之原因關係。所謂對價，指因發行或

移轉票據所取得或付出之對待給付，一般票據之發行或移轉，多屬有對價之原因關係。但亦有無對價之原因關係，如贈與票據而交付，委任取款而背書，當事人間收受票據並無對價關係。票據原因之效力，可分兩點說明：

1. 原因關係與票據關係分離：票據當事人發行或移轉票據，多本於特定之原因關係，但票據權利一成立，即與原因關係分離，無論該原因關係是否有效，是否存在，對於票據權利之效力，不生影響。主要基於票據無因性，以助長票據流通。

2. 原因關係與票據關係之牽連：原因關係與票據關係之分離，目的乃為保護善意第三人，但在以下情形，原因關係與票據關係仍有所牽連：

    (1) 票據發行或移轉之當事人間得基於原因關係而抗辯，如 A 發行本票一紙與 B，購買汽車一輛，若 B 未交付汽車而請求付款，A 得主張同時履行抗辯。

    (2) 取得票據者，其原因關係若係無對價，或無相當對價者，則不能有優於前手之權利(§14Ⅱ)。

    (3) 為清償既存債務（原因關係）而交付票據，原則上票據債務（新債務）若不履行，既存債務（舊債務）仍不消滅（民法§320），即屬「間接給付」，但當事人另有意思表示者，亦可因交付票據而使既存債務消滅（民法§319），為「代物清償」，此屬於票據關係與原因關係相牽連者。

（二）票據預約

票據預約是以票據之發行或移轉為標的之契約。當事人之票據行為，均有一定之票據原因，但在交付之前，有明示或默示的約定，當作依據。故有稱票據預約是票據原因與票據行為之橋樑，票據原因為票據行為之基礎，票據預約為票據行為之準備，而票據行為乃票據預約之實踐。例如發票人與受款人間，就票據之種類、金額、到期日等，必先洽定，始能有票據之發行。再如背書人與被背書人間，就票據背書之種類（正式或略式背書）有先約定，始能有背書轉讓之行為。此種洽定或約定，即屬於票據預約。

票據預約為票據行為之準備，當事人如不依約而為票據行為，即屬於違反契約（包括口頭或書面），構成債務不履行之問題，惟應依民法解決，故票據預約非票據法上問題，是民法上之一種法律關係。

（三）票據資金

票據資金是匯票、支票之付款人與發票人或其他資金義務人間所生之補償關係。付款人受發票人之委託而付款，必有其緣由，例如發票人曾供給資金、付款人曾對發票人負有債務、發票人與付款人間有信用契約等。本票屬自付證券，無票據資金，不過本票如記載擔當付款人，發票人應供給資金給擔當付款人，有稱為「準資金關係」。承兌人與其所指定之擔當付人間、參加人與被參加人間、票據保證人與被保證人間，均屬於準資金關係。

票據資金之效力，如支票之付款人（金融業者）於發票人之存款不足時，原則上應予退票，但付款人於發票人之存款或信用契約所約定之數，足敷支付支票金額時，應負支付之責(§143)。

匯票、本票、支票之基礎關係，參見圖 3-8 至 3-10：

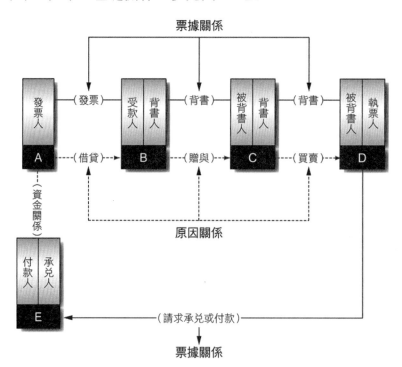

▶ 圖 3-8　匯票之基礎關係

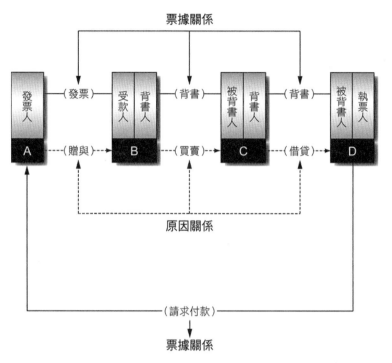

☝ 圖 3-9　本票之基礎關係

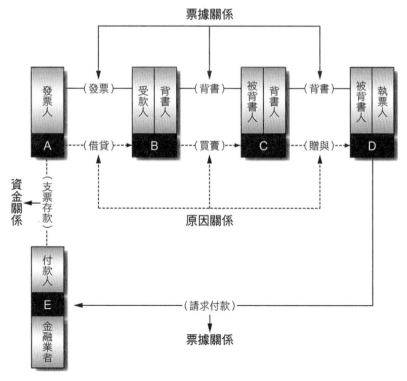

☝ 圖 3-10　支票之基礎關係

第三節　票據行為

一、票據行為之特性

票據行為乃法律行為之一種，具有下列特性：

（一）要式性：一般法律行為採方式自由原則，但票據行為則具有要式性，各種票據行為有其法定之形式與效力，不容行為人任意選擇或變更，其具體表現如簽名、書面及法定款式等，均強調要式性。票據行為具備要式性，目的乃在使票據易於辨認，以促進市場流通。

（二）無因性：或稱抽象性，按票據行為多以買賣、消費借貸等民法上契約關係存在為前提，然於票據行為成立後，該票據行為之效力，並不因嗣後該票據原因不存在、無效或有瑕疵而受影響，執票人仍得依票載文義行使票據權利。

（三）文義性：票據行為之內容，以票據上所載文義為準，票據債權人不得以票據上所未記載之事項對票據債務人為主張，而票據債務人亦不得以票據上所未記載之事項，對票據權利人有所抗辯。

（四）獨立性：指票據上意思表示獨立原則或票據債務獨立原則，同一票據上有多數票據行為存在，此等票據行為各依票據上所載文義分別獨立，一行為無效，不影響他行為之效力。

二、票據行為之要件

票據行為為要式的法律行為，除一般法律行為之成立要件（當事人、標的、意思表示）及生效要件（當事人須有行為能力、標的須適當、意思表示須健全），均須具備始能有效成立外，尚須具備特別要件如下：

（一）須票據之作成或記載：因票據為要式證券，故票據行為之有效成立，首先須依票據法規定為票據之記載，應注意之事項，包括簽名、金額及其他本法規定應記載事項。

（二）須票據之交付或交還：我國通說及實務見解，對票據行為亦採取單獨行為說中的「發行說」，所以票據行為須將票據交付，始告完成。本法對於各種票據之定義，均有「簽發」文字，票據行為有效成立，應將票據交付，如發票，須將票據交付與受款人；背書，須將票據交付被背書人；承兌、參加承兌及保證，亦須分別將票據交付於執票人，否則該項票據行為不得謂完全成立。

三、票據行為之種類

票據行為可分為狹義與廣義兩種，狹義之票據行為以成立票據關係為目的，所為之要式的法律行為。廣義的票據行為為票據關係之發生、變更或消滅，所必要之法律行為或準法律行為。其分類參見圖 3-11：

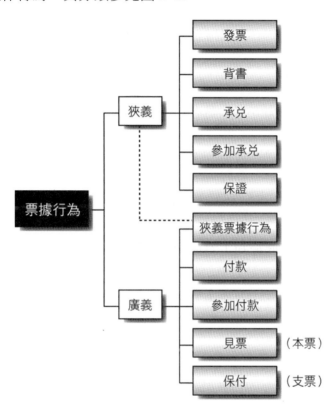

🖋 圖 3-11　狹義與廣義之票據行為

至於狹義票據行為，共分五類，可再分為基本票據行為與附屬票據行為，發票為基本票據行為，三種票據所共通之行為；但附屬票據行為，如承兌、參加承兌，僅匯票所獨具者；背書則為三種票據均有的制度；至於保證，僅匯票和本票才有此項制度，支票並無保證制度。參見圖 3-12：

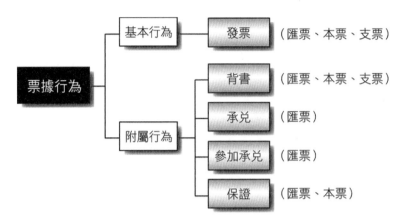

圖 3-12 基本票據行為與附屬票據行為

票據之發票行為，如為公司法人，應符合法人簽名之形式要件與實質要件，參見表 3-2：

表 3-2 法人簽名

形式要件	法人名稱
	代表意旨之載明
	代表人之簽名或蓋章
實質要件	有代表權

第四節 票據行為之代理

一、票據行為代理之意義

票據行為屬為法律行為之一種，票據行為自得由他人代理為之，票據行為之代理，指代理人載明為本人代理意旨，而簽名於票據上之情形。惟票據強調保護受讓人，例如不承認隱名代理即避免票據關係趨於複雜。對於無代理權人自負票據上責任，而不使該行為無效。

二、票據行為代理之要件

（一）須載明為本人代理之意思：代理人如未載明為本人代理之意思，而逕行簽名於票據之情形，應自負票據上責任(§9)，此即所謂「隱名代理」，由簽名者自負其責，故票據行為之代理，以「顯名代理」為限。

（二）須有代理權存在：乃指票據行為之代理人須經本人授與代理權，否則，即屬無權代理。無代理權而以代理人名義簽名於票據上者，應自負其票據上之責任(§10Ⅰ)。

（三）須代理人簽名：代理人代理本人為票據行為時，須簽名於票據上。如代理人未表明自己之姓名，僅蓋本人之印章、或記明本人之名義，而成為本人名義之票據行為者，代理人如經本人授權，仍屬有效代理；如未經本人之授權，除其該當「表見代理」外，屬票據偽造。

三、票據行為代理之效力

（一）有權代理：合於票據行為代理之要件者，為有權代理，其效力為代理人所為之票據行為，法律效果直接歸屬 1 於本人。

（二）無權代理：欠缺代理權授與之要件者，為無權代理。

（三）越權代理：代理人逾越代理權限，而代本人為票據行為之情形，因其逾越權限的部分屬無權代理，故代理人應就該部分自負票據責任(§10Ⅱ)，至於未逾越權限之部分因本屬有權代理，自應由本人負責。

（四）表見代理：指無權代理之票據行為，但符合民法表見代理之情形，此時執票人仍得對本人請求履行票據上責任，此乃在維護票據上交易之安全，但代理人責任並不因此而免除，執票人得對本人及代理人擇一行使票據權利，惟一旦向其中一人請求滿足，不得再向另外一人請求。

第五節　票據之偽造、變造及塗銷

一、票據之偽造

（一）票據偽造之要件：指假冒他人名義而為票據行為要件如下：

1. 須偽造票據行為：例如偽造發票行為、背書或承兌之附屬票據行為。

2. 須假冒他人之名義：票據之偽造之方法，包括摹擬簽名、盜刻印章、盜用印章。

3. 須以行使為目的：如為教學使用則不構成。

（二）票據偽造之效力，說明如下：

1. 被偽造人：被偽造人乃被偽造其名義之人，係因他人假冒，即本身未簽名或蓋章於票據，自不負票據責任。

2. 偽造人：偽造票據行為之人，既未於票據上就自己姓名為簽名或蓋章，亦不負票據上責任，但成立刑法偽造有價證券罪或偽造文書罪（刑§201、210）。

3. 其他真正簽名人：票據偽造或票據上簽名之偽造，不影響於真正簽名之效力(§15)。因此，真正簽名於票據上者，仍應依票據上所載文義負責。

　　舉例而言，E偽造本票一紙，於發票人處簽署A之簽名，而交付與受款人B，B背書轉讓於C，C又背書轉讓於D。結果D向A請求付款時，A可不負責，向E請求時，E亦不負責；但若向B、C行使追索權時，則B、C不能不負責。惟B、C因此所受之損害，可向E請求損害賠償。有關票據偽造之效力所生之法律關係，參見圖3-13：

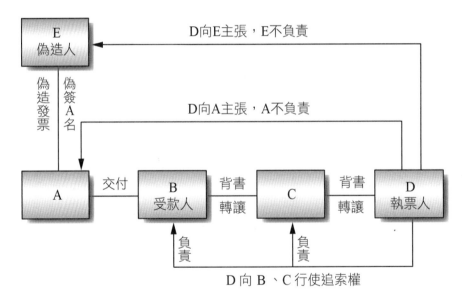

圖 3-13　票據偽造之效力

二、票據之變造

（一）票據變造之要件：票據變造是指無變更票據權之人，以行使為目的，而變更票據上簽名以外之票據上記載內容者，即票據變造係無變更票據權者所作之變更，如由有變更票據權者加以變更時，則不得稱為變造。其要件如下：

1. 須變更票據之內容。

2. 以行使為目的。

3. 無變更票據權人所為之變更。

（二）票據變造之效力：依本法第 16 條第 1 項規定：「票據經變造時，簽名在變造前者，依原有文義負責。簽名在變造後者，依變造文義負責。不能辨別前後時，推定簽名在變造前。」例如 A 發行本票一紙與 B，票面金額為 10 萬元正，B 以背書轉讓與 C，C 將金額變造為 50 萬，並以背書轉讓與 D，D 又轉讓與 E，此時，A、B 均仍負 10 萬元之責任。至於背書人 D，簽名在變造後，依變造文義，應負 50 萬元責任。其區別說明參見表 3-3：

⚖ 表 3-3　票據變造之認定

簽名在變造前	依原有票據文義負責
簽名在變造後	依變造後之文義負責
不能辨別簽名者係於變造前或其後簽名	推定簽名在變造前，依原有票據文義負責
參與或同意票據變造	不論簽名在變造前後，均依變造後之票據文義負責

三、票據之塗銷

（一）票據塗銷之意義：指將票據上之簽名或其他記載事項塗抹，致不能辨識之情形，至於塗銷之方法及原因為何，在所不問，惟須形式上仍得辨識其為票據。若塗銷之程度過重，在外觀上已難認為票據時，則為票據之毀損，屬於票據之喪失問題。

（二）票據塗銷之效力，視塗銷係由何人所為，及是否故意為之而不相同，分列如下：

1. 由票據權利人所為，依其是否出於故意，可再區分為二種：

    (1) 非故意之塗銷：本法第 17 條規定：「票據上之簽名或記載被塗銷時，非由票據權利人故意為之者，不影響於票據上之效力」。故縱為票據權利人所為非故意塗銷，並不影響票據上之效力。

    (2) 故意之塗銷：依第 17 條之反面解釋，票據上之效力應受影響，通常以免除債務人責任之情形居多，亦即經塗銷部分之債權債務歸於消滅(§ 38、§ 100Ⅲ)。

2. 非票據權利人所為

非票據權利人所為之塗銷，不論其是否出於故意，依第 17 條之規定，皆不影響於票據上之效力。僅其如係出於故意，涉及票據之偽造或變造而已。

第六節　票據權利

一、票據權利之意義

票據權利乃票據所表彰之金錢債權，票據為債權的證券，亦為金錢證券，所表彰者為金錢債權，其相對之債務，即票據債務，亦屬金錢債務。票據權利又稱「票據上權利」（§22Ⅰ）或「票據上之債權」（§22Ⅳ），主要在乎「請求」（債權請求權），依票據法所規定之權利，由執票人提示票據，請求票據金額之支付為目的之權利。

二、票據權利之種類

票據權利包括付款請求權、追索權兩種，說明如下：

（一）付款請求權：此為票據之第一次權利，又稱為「主要票據權利」，由執票人行使，其受行使之對象因票據種類不同而有不同之主債務人，其說明參見表 3-4：

⚖ 表 3-4　票據主債務人一覽

票據種類	票據主債務人
匯票	付款人（承兌後則為承兌人） 擔當付款人（§69Ⅱ） 票據交換所（§69Ⅲ） 參加承兌人或預備付款人（§79Ⅰ） 參加人及參加承兌人之保證人（§61）
本票	發票人及其保證人（§124 準用§61） 擔當付款人、票據交換所（§124 準用§69ⅡⅢ）
支票	付款人（即金融業者） 票據交換所（§144 準用§69ⅡⅢ）
擴張主債務人之範圍	付款請求權之對象已擴及非票據債務人之付款人（未經承兌）、擔當付款人，或僅為附條件之票據債務人，如參加承兌人

（二）　追索權：為票據之第二次權利，又稱「償還請求權」、「副票據權利」，原則上須行使付款請求權遭拒後，方得行使，例外情形為本法第 85 條第 2 項所規定之「期前追索」。追索權之行使主體、對象之說明，參見表 3-5：

⚖ 表 3-5　追索權之行使

行使之主體	最後執票人
行使對象	發票人 背書人 發票人或背書人之保證人

票據主債務人，又稱第一債務人，其與第二債務人責任上不同，參見表 3-6：

⚖ 表 3-6　票據債務人之分類

分類	主債務人（第一債務人）	第二債務人
執票人對其行使之權利	付款請求權	追索權
行使先後	先	後
欠缺保全手續之效果	喪失對前手之追索權	
時效	長	短
金額	票面金額	票面金額+利息+費用

三、票據權利之取得

（一）原始取得

1. 發票：票據權利因發票人簽發票據而創設，故受讓票據利人為原始取得票據權利之行使。

2. 善意取得：又稱為「善意受讓」或「票據權利之即時取得」，指票據受讓人不知讓與人無處分票據之權利，而仍取得票據權利者而言。其依本法第 14 條第 1 項規定之反面解釋而來，學說亦肯認之。換言之，指執票人要依本法之轉讓方法，以善意無重大過失之方式受讓票據，若其取得票據時亦支付相當之對價，此時縱自無權利人手中取得，受讓人仍取得票據權利，因善意取得為原始取得，故票據上縱有任何負擔亦將歸於消滅。茲就其要件，分述如下：

(1) 須由無權利人處取得票據：票據讓與人如有處分權，即當然取得票據權利，無適用善意取得規定之必要。

(2) 須取得當時須無惡意或重大過失：所謂「惡意」，即明知讓與人無處分權；所謂「重大過失」，乃指雖非明知，稍加注意即可得知，而竟不注意，以致不知之情形。

善意取得與抗辯限制之比較，參見表 3-7：

⚖ 表 3-7　善意取得與抗辯限制之比較

比較	善意取得	善意取得內容	抗辯限制
相同點	為保護善意取得之人，增進票據的流通		
相異點	1. 法律根據不同	§14 I	§13
	2. 目的不同	票據權利歸屬	票據權利存在與行使
	3. 構成要件不同	須無重大過失，且不知前手無處分權，則執票人取得票據權利	取得不論有無過失，只須不知有抗辯事由的存在，票據債務人即不得對之主張
	4. 法律效力不同	真正權利人，喪失原有的權利	票據債務人不得以對抗前手事由對抗後手

(3) 須依票據法之轉讓方式而取得：即為背書（期後背書除外）及交付，若以其他方式（例如繼承、公司合併、或普通權轉讓之方式）取得票據，則不適用。

(4) 取得之票據須非無效之票據：依本法第 11 條第 1 項之規定取得無效之票據不屬之。

(5) 取得時須支付相當之對價：若無對價或以不相當之對價取得票據者，不得享有優於其前手之權利(§14 II)。故受讓人取得票據時，未支付相當之代價，即不得享有優於其前手之權利，換言之，如前手並無票據權利，執票人仍無法取得票據權利。

（二）繼受取得

1. 票據法之繼受取得：包括背書、交付、票據保證人因清償(§64)、參加付款人因付款(§84 I)、被追索人因償還而取得票據權利(§96 IV)之情形。

2. 依其他法律繼受取得：如繼承、公司合併、民法上債權讓與而取得票據權利之情形。

四、票據權利之行使

（一）　意義：所謂票據權利之行使，指票據權利人請求票據債務人履行票據債務之行為，例如行使付款請求權以請求付款、行使追索權以請求償還等。

（二）　方法：以「提示」之方法為之，乃指現實地出示票據於債務人，請求其履行債務。

（三）　處所：為行使票據上權利，對於票據關係人應為之行為，應在票據上指定之處所為之，無指定之處所者，在其營業所為之，無營業所者，在其住所或居所為之。

（四）　時間：為行使或保全票據上權利，對於票據關係人應為之行為，應於其營業日之營業時間內為之，如其無特定營業日或未訂有營業時間者，應於通常營業日之營業時間內為之(§21)。

五、票據權利之保全

（一）　意義：所謂票據權利之保全，乃指防止票據權利喪失之行為，例如中斷時效以保全付款請求權、遵期提示及作成拒絕證書以保全追索權等。

（二）　方法：票據權利保全之方法為提示及遵期作成拒絕（付款或承兌）證書。所謂「拒絕證書」乃指用以執票人曾經依法行使或保全票據上權利而未獲結果，或執票人無法行使票據上權利，而由法定機關所作成之證書，目前金融實務上以「退票理由單」表示（分一般三聯式退票理由單與存款不足退票理由單兩種）。

第七節　票據抗辯

一、票據抗辯之意義

指票據債務人對於票據債權人行使票據之請求，提出合法之事由，以拒絕履行，依第 13 條規定：「票據債務人不得以自己與發票人或執票人之前手間所存抗辯之事由對抗執票人。但執票人取得票據出於惡意者，不在此限。」是票據債務人對於票據債權人行使票據之請求有「得提出抗辯之事由」（票據抗辯之事由）、有「不得提出抗辯之事由」（票據抗辯之限制）。

二、票據抗辯之事由

（一）物的抗辯

又稱絕對抗辯或客觀抗辯，指票據債務人對於得行使票據權利之債權人，均得提出抗辯，以拒絕履行，可對抗一切票據權利人，不因執票人之變更而受影響。如票據欠缺絕對必要記載事項或票面金額經改寫(§11)、票據經偽造、變造(§15、§16)、票據到期日未屆至(§72)、票據債務業已消滅(§74)。

（二）人的抗辯

又稱相對抗辯或主觀抗辯，指特定票據債務人僅得對抗特定執票人，會因執票人之變更而受影響，此種抗辯僅得對抗特定之票據債權人，票據債權人一變更，此種抗辯即受影響。

1. 直接抗辯

(1) 票據債權人受領能力欠缺抗辯，如票據債權人受破產宣告。

(2) 票據債權人受領資格欠缺之抗辯，如對背書不連續之執票人，付款人得拒絕付款(§71Ⅰ)。又雖背書在形式上連續，但付款人明知執票人非真正票據權利人，亦得拒絕付款(§71Ⅱ)。

(3) 原因關係之抗辯，票據之直接當事人間有原因關係不法、無效、不存在或消滅之情形，票據債務人得主張抗辯。

(4) 對價關係之抗辯，如票據債務人得對其直接相對人主張同時履行抗辯。

(5) 當事人間特別約定，如當事人間有延期付款之特約；基於其他法律規定，票據債務人主張抵銷。

2. 惡意抗辯

第 13 條但書規定：「但執票人取得票據出於惡意者，不在此限」。此處所謂之惡意，乃指執票人受讓票據時，明知票據債務人與發票人或其前手間有抗辯之事由存在之情形，而仍為受讓票據者，票據債務人得以此事由抗辯，對抗執票人。票據惡意抗辯，參見圖 3-14：

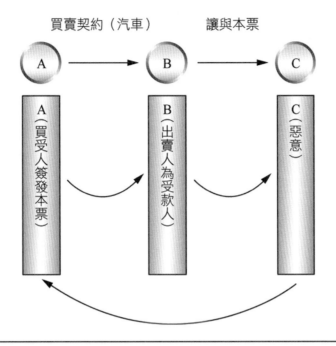

買賣契約（汽車）　　　　讓與本票

因汽車引擎故障有問題，A解約要求B還票，此時C向A請求本票權利時，A原本不能以與B（C前手）間所存的抗辯事由對抗C（§13前），但因C是惡意，A此時得主張惡意抗辯對抗執票人C。

✑圖 3-14　惡意抗辯

3. 惡意取得票據抗辯

　　第 14 條第 1 項規定：「以惡意或有重大過失取得票據者，不得享有票據上之權利。」通說從反面解釋，稱此條規定為「善意取得」。但從本項正面規定來看，其實可得票據債務人對於惡意或有重大過失而取得票據之人，得主張抗辯之依據。惡意取得抗辯，參見圖 3-15：

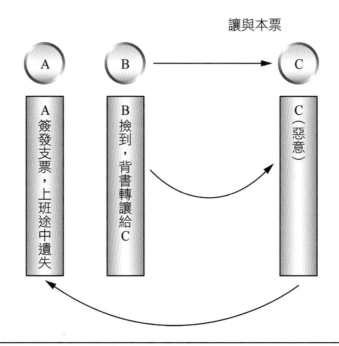

讓與本票

A
A 簽發支票，上班途中遺失

B
B 撿到，背書轉讓給 C

C
C（惡意）

C 明知，B 係撿到 A 之支票，卻仍受讓支票並向 A 請求支票權利時，A 得主張惡意取得票據抗辯對抗執票人 C。

✎ 圖 3-15　惡意取得抗辯

4. 對價抗辯

第 14 條第 2 項規定：「無對價或以不相當之對價取得票據者，不得享有優於其前手之權利。」即執票人無對價或以不相當之對價取得票據者，如其前手（須為直接前手）之權利有瑕疵，則不論執票人是否有惡意（即是否明知），其皆應承繼其前手之瑕疵，即票據債務人得以對抗其直接前手的事由，對抗執票人。

三、票據抗辯之限制

依第 13 條規定：「票據債務人不得以自己與發票人或執票人之前手間所存抗辯之事由對抗執票人。但執票人取得票據出於惡意者，不在此限。」依此條規定，共有二種抗辯之限制：

（一）票據債務人不得以自己與發票人間所存抗辯之事由對抗善意執票人，指票據債務人不得以自己與發票人間所存的個人特殊事由對抗善意執票人。票據抗辯之限制，參見圖 3-16：

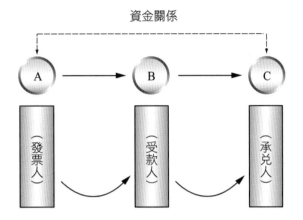

此時 B 向 C 請求匯票權利時，C 不能以與 A（發票人）間所存的抗辯事由對抗 B。

📝 圖 3-16　票據抗辯之限制

（二）票據債務人不得以自己與執票人之前手間所存抗辯之事由對抗善意執票人，指票據債務人不得以自己與執票人之前手間間所存的個人特殊事由對抗善意執票人。不得抗辯之情形，參見圖 3-17：

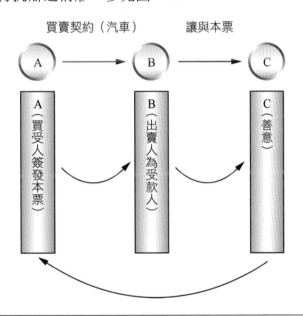

因汽車引擎故障有問題，A 解約要求 B 退還票據此時 C 向 A 請求本票權利時，A 原本不能以與 B（C 前手）間所存的抗辯事由對抗 C。

📝 圖 3-17　不得抗辯之情形

第八節　票據喪失

一、票據喪失之意義

　　票據喪失又分絕對喪失與相對喪失，前者指執票人因票據損毀而失去票據占有之情形；後者指執票人因票據遺失、被盜而失去票據占有之情形。

二、票據喪失之補救

　　票權喪失之救濟流程圖，參見圖 3-18：

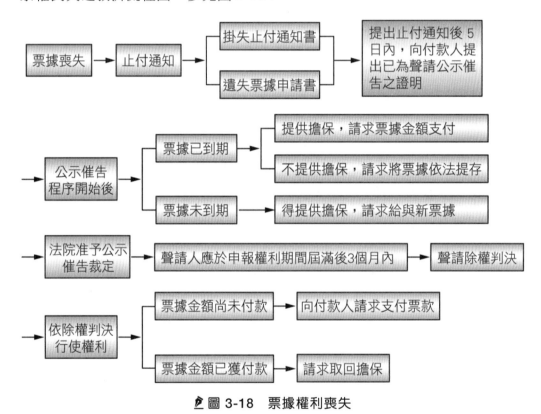

圖 3-18　票據權利喪失

（一）止付通知

　　第 18 條第 1 項規定：「票據喪失時，票據權利人得為止付之通知。」所稱「止付通知」，乃指將票據喪失之情形通知付款人（銀行），使其停止付款，以防止他人冒領。防止他人冒領之方式，除止付外，尚可依本法施行細則第 4 條規定：「票據為不得享有票據上權利或票據權利應受限制之人獲得時，原票據權利人得依假處分程序，聲請法院為禁止占有票據之人向付款人請求付款之處分。」方式辦理。

（二）公示催告

　　第 19 條第 1 項規定：「票據喪失時，票據權利人，得為公示催告之聲請。」所謂公示催告，乃法院依當事人之聲請，以公示的方法，催告不明的利害關係人，於一定期間內申報權利，如逾期不為申報，即生失權效果。依民事訴訟法第 540 條規定：「法院應就公示催告之聲請為裁定。法院准許聲請者，應為公示催告。」公示催告，應記載聲請人、申報權利之期間及在期間內應為申報之催告、因不申報權利而生之失權效果及法院等事項（民訴§541）。法院應將公示催告之公告，黏貼於法院之公告處，並登載於公報、新聞紙或其他相類之傳播工具（民訴§542），如法院所在地有交易所者，公示催告之公告，並應黏貼於該交易所（民訴§561）。持票人申報權利之期間，自公示催告之公告最後登載公報、新聞紙或其他相類之傳播工具之日起，應有 3 個月以上，9 個月以下（民訴§562）。公示催告程序開始後，其經到期之票據，聲請人得提供擔保，請求票據金額之支付；不能提供擔保時，得請求將票據金額依法提存。其尚未到期之票據，聲請人得提供擔保，請求給與新票據(§19 Ⅱ)。

（三）提出已為聲請公示催告證明

　　第 18 條第 1 項但書規定，票據喪失時，票據權利人得為止付之通知。但應於提出止付通知後 5 日內，向付款人提出已為聲請公示催告之證明，否則止付通知失其效力(§18Ⅱ)，嗣後同一人對同一票據，不得再為止付通知（票施§7）。

（四）除權判決

　　除權判決乃指法院因當事人之聲請，所為消滅權利之判決。除權判決須經公示催告程序，始得聲請（民訴§545）。喪失票據之人於取得除權判決後，即恢復與持有票據相同之地位，可「對於依證券負義務之人，得主張證券上權利」（民訴§565 Ⅰ），亦即得請求依票據法行使付款請求權或進行追索，而不須提示票據。

第九節　票據時效

一、票據時效之意義

　　票據之時效，乃指票據上權利之消滅時效，即票據權利人因一定期間之不行使權利，而使票據債務人嗣後對其行使權利得主張抗辯之制度。因票據權利較一般權

利更受保護，以致票據債務人所受之拘束較一般債務人為多，且票據行使重在流通，票據人權利之行使不宜拖延過久。故本法規定時效期間，比民法時效期間之規定為短，目的使票據債務人得以早日因時效經過而免除其責任。

二、票據時效之內容

關於票據權利時效之內容，包括票據上之付款請求權或追索權，因一定之期間的經過而失其存在，有關時效之規定在第 22 條，各種票據時效，參見表 3-8：

⚖ 表 3-8　票據時效

權利	票據	權利人	義務人	時效期間	起算點	法條
付款請求權	匯票	執票人	承兌人	3 年	到期日	§22 I
	本票		發票人		見票即付 → 發票日 其他 → 到期日	
	支票			1 年	發票日	
追索權	匯票 本票	執票人	前手	1 年	1. 作成拒絕證書日 2. 免除作成拒絕證書 → 到期日	§22 II
	支票		發票人以外之前手	4 月	1. 作成拒絕證書日 2. 免除作成拒絕證書 → 提示日	
	匯票 本票	背書人	前手	6 月	為清償之日或被訴之日	§22 III
	支票			2 月		

第十節　利益償還請求權

一、意義

　　利益償還請求權，亦稱受益償還請求權或利得返還請求權，指票據上的債權，雖依票據法因時效或手續的欠缺而消滅，但執票人對於發票人或承兌人，於其所受利益的限度內，仍得請求償還其所受利益的權利(§22Ⅳ)。惟其並非票據上的權利，而是一般債權，故有認其性質為票據法上之「非票據關係」，亦即非票據本身所生，但與票據有關之法律關係，其與票據本身所生法律關係（票據關係）不同，因此其權利的行使，不以提示票據為必要，時效消滅期間應適用民法第 125 條所定的 15 年期間之規定。

二、當事人

（一）　權利人：利益償還請求權的權利人為執票人、受追索權的行使而履行票據債務之背書人或保證人，亦得行使利益償還請求權。

（二）　義務人：利益償還請求權的義務人，以 3 種票據之發票人或承兌人為限，不包括背書人及保證人。

三、要件

（一）　執票人執有票據必須合法有效。

（二）　執票人須得享有票據上權利。

（三）　票據上的債權依本法因時效或手續之欠缺而消滅。

（四）　發票人或承兌人因而受有利益。

（五）　請求償還者必須是執票人。

（六）　請求償還的範圍，以發票人或承兌人所受的利益為限。

第二章　匯　票

第一節　匯票之概念

一、匯票的意義

依本法第 2 條規定，匯票指發票人簽發一定之金額，委託付款人於指定之到期日，無條件支付與受款人或執票人之票據。匯票為委託他人支付之票據，匯票之發票人並非票據之付款人，而須另行委託他人為付款人，至於匯票之付款人則無資格之限制，無論個人或商號都可以作為匯票之付款人，此為與支票不同之處。此外，匯票須於指定之到期日無條件支付票據金額予受款人，因其到期日通常在於未到來之日期，故匯票具有信用票據之功能。

二、匯票之種類

（一）依權利人記載方式

匯票依權利人記載方式，可分 3 種：記名匯票、指示式匯票及無記名匯票，其意義及轉讓方式，參見表 3-9：

⚖️ 表 3-9　匯票之種類

種類	意義	區別：轉讓方法不同
記名匯票	發票人載明受款人姓名之匯票，發票後應將該匯票交付所記載受款人	須依背書及交付之方法轉讓
指示匯票	除在匯票記載受款人姓名或商號外，並記載「或其指定人」字樣匯票	須依背書及交付之方法轉讓
無記名匯票	匯票上未載受款人之姓名或商號，或僅記載「來人」字樣之匯票。執票人亦得記載自己或他人為受款人，變更為記名匯票	僅依交付轉讓

（二）依其指定到期日方式之不同

匯票依到期日之方式，有不同之種類(§65 I)，並可利用分期付款方式指定到期日(§65 II)，到期日不同之匯票，參見表 3-10：

表 3-10　到期日不同之匯票一覽

種類	意義	舉例
定期匯票	指定期日付款之匯票	匯票載明某年 12 月 11 日付款之匯票
計期匯票	發票日後定期付款之匯票	匯票載明發票後 3 個月付款之匯票
即期匯票	見票即付之匯票	見票即付
註期匯票	見票後定期付款之匯票	匯票載明見票後 3 個月付款，見票指承兌時之見票，到期日以承兌日起算
分期付款匯票	發票人預將匯票金額區分為數部分，並分別指定到期日	匯票載明票面金額為 60 萬元，自某年 7 月起至 12 月止，分 6 期付款，每期於每月 15 日支付 10 萬元

三、發票

（一）意義：指發票人依票據法所規定之事項作成票據，並將票據交付與受款人之基本票據行為。至於背書、保證、承兌、參加承兌則稱為附屬票據行為。

（二）款式：指票據所需記載之事項(§24)

1. 應記載事項

　　(1) 絕對必要記載事項，欠缺票據上應記載事項之一者，除票據法別有規定者外，其票據無效(§11I)：

　　　　A. 簽名（§24 I 本文）。

　　　　B. 表明其為匯票之文字(§24 I ①)。

　　　　C. 一定之金額(§24 I ②)。

　　　　D. 無條件支付之委託(§24 I ⑤)，指發票人委託付款人支付匯票金額之意思表示。

　　　　E. 發票年月日(§24 I ⑦)。

(2) 相對必要記載事項

A. 付款人之姓名或商號(§24Ⅰ③)；未載付款人者，以發票人為付款人(§24Ⅲ)。

B. 受款人之姓名或商號(§24Ⅰ④)；未載受款人者，以執票人為受款人(§24Ⅳ)。

C. 發票地(§24Ⅰ⑥)；未載發票地者，以發票人之營業所、住所或居所所在地為發票地(§24Ⅴ)。

D. 付款地(§24Ⅰ⑧)；未載付款地者，以付款人之營業所、住所或居所所在地為付款地(§24Ⅵ)。

E. 到期日(§24Ⅰ⑨)；未載到期日者，視為見票即付(§24Ⅱ)。

2. 得記載事項

(1) 擔當付款人

A. 擔當付款人為代付款人實際付款之人，發票人於付款人外，得記載一人為擔當付款人(§26Ⅰ)。

B. 匯票上有擔當付款人記載時，付款之提示，應向擔當付款人為之(§69Ⅱ)。

C. 擔當付款人如拒絕付款時，與付款人自行拒絕付款有同一之效力(§69)。

(2) 預備付款人

A. 預備付款人乃發票人於付款人外記載位於付款地之任一人，預備將來於付款人拒絕承兌或拒絕付款時，為參加承兌或參加付款之人(§26Ⅱ)。

B. 此為匯票專有之制度，本票及支票均無。

(3) 付款處所

付款處所乃發票人所記載於付款地內之付款地點(§27)，匯票上如有付款處所之記載，則執票人為行使或保全票據上權利，應在該處所為之。

(4) 利息及利率

發票人得記載對於票據金額支付利息及其利率，利率未經載明時，定為年利 6 釐，利息自發票日起算，但有特約者，不在此限(§28)。

(5) 免除擔保承兌之特約

　　　發票人得依特約免除擔保承兌責任(§29Ⅰ)。

3. 不得記載事項

(1) 免除擔保付款之記載：匯票上有免除擔保付款之記載者，其記載無效 (§29Ⅲ)。

(2) 本法所不規定或與匯票本質相牴觸之事項，一經記載，則匯票無效。

（三）效力

　　　發票人簽發匯票後，對發票人、受款人及執票人或付款人產生一定之法律上效力，參見表 3-11：

⚖ 表 3-11　發票之效力

對象	效力	意義
發票人	擔保承兌	擔保承兌，即匯票於到期日前，不獲承兌時，發票人應負償還責任，執票人於作成拒絕承兌證書後，向發票人行使追索權。但此項擔保責任，發票人得依特約免除，惟應載明於匯票（§29Ⅰ但書）
	擔保付款	擔保付款，即匯票於到期日前，不獲付款時，發票人應負償還責任，執票人於作成拒絕證書後，向發票人行使追索權。此種責任，發票人應絕對負責，如有有免除擔保付款之記載者，其記載無效(§29Ⅱ)
付款人	付款人承兌後為匯票主債務人	受款人接受票據後，僅取得付款請求權，於付款人承兌後，應負付款之責(§52Ⅰ)
執票人或受款人	經付款人承兌後取得付款請求權	匯票未經付款人承兌前，付款人不負付款之責，僅具請求承兌之資格，付款人於承兌後，執票人或受款人對承兌人得請求直接支付(§52Ⅱ)

第二節　背書

一、背書的意義

　　背書係執票人為讓與票據權利或為其他之目的，簽名於票據背面，並將票據交付他人所為的附屬票據行為。

二、背書的款式

（一）應記載事項

背書以其記載方式不同，可分為記名背書及無記名背書，其應記載事項，參見表 3-12：

⚖ **表 3-12　背書之記載**

種類	應記載事項	法條
記名背書	背書人簽名	背書人記載被背書人之姓名及商號，並由背書人簽名於匯票背面(§31Ⅱ)
無記名背書	背書人簽名	背書人不記載被背書人之姓名及商號，僅由背書人簽名於匯票背面(§31Ⅲ)

（二）得記載事項

背書得記載之項包括：禁止轉讓之記載(§30Ⅲ)、背書年月日(§31Ⅳ)、預備付款人之記載(§35)、免除擔保承兌之記載（§39準用§29）、應請求承兌，並指定其期限之記載(§44Ⅰ)、住所之記載、免除拒絕事由通知之記載(§89Ⅰ)、免除作成拒絕證書之記載(§94Ⅰ)。

（三）不得記載事項

背書不得記載事項有四，參見表 3-13：

⚖ **表 3-13　背書不得記載事項**

不得記載事項	法條
1. 就金額一部分轉讓所為之背書	§36前段
2. 票據金額分別轉讓數人之背書	§36前段
3. 附條件背書	§36後段
4. 免除擔保付款轉讓背書	§39準用§29Ⅲ

三、背書的種類

　　背書依其是否轉讓票據之權利，而可區分轉讓背書與非轉讓背書，其中轉讓背書又分為一般轉讓背書與特殊轉讓背書，其分類，參見圖 3-19：

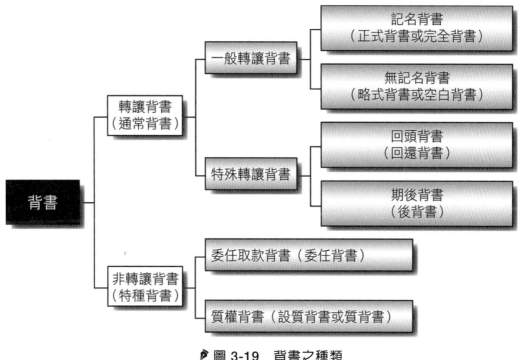

圖 3-19　背書之種類

（一）轉讓背書，乃指以轉讓票據權利為目的所為之背書，所稱票據權利，主要係指付款請求權及追索權因背書而轉讓。又以有無特殊情事為標準，尚可分為：

　　1. 一般轉讓背書，依其記載方式之不同，又可分為：

　　　　(1) 記名背書：亦稱正式背書或完全背書，背書由背書人在匯票之背面或其黏單上為之，記載背書之意旨及被背書人，並簽名於匯票。

　　　　(2) 無記名背書：亦稱略式背書或空白背書，背書人不記載被背書人之姓名及商號，僅由背書人簽名於匯票背面。

　　2. 特殊轉讓背書，依所具有特殊情形，又可分為：

　　　　(1) 回頭背書：指以匯票之原票據債務人為被背書人，屬於被背書人特殊之背書。由於被背書人，係票據上債務人，其得「再背書」之時間及追索權之行使，均受限制。回頭背書之執票人，其行使追索權所受限制，參見表 3-14：

⚖ 表 3-14 回頭背書追索權之限制

執票人	限制	法條
為發票人	執票人為發票人時，對其前手無追索權，所謂前手，並不以直接前手為限	§99 I
為背書人	執票人為背書人時，對該背書之後手無追索權	§99 II
為承兌人	執票人為承兌人時，其追索權之效力，本法未規定。惟因其係主債務人，應負絕對付款之責	無明文規定
為保證人或參加承兌人	執票人為保證人或參加承兌人，追索權如何，本法無規定，應解為對於被保證人或被參加承兌人之後手，不得行使票據上之權利	無明文規定
為匯票未經承兌之付款人、擔當付款人、或未經參加承兌之預備付款人	執票人為匯票未經承兌之付款人、擔當付款人、或未經參加承兌之預備付款人時，因僅為票據關係人，而非票據債務人，故如為回頭背書執票人時，得對任何背書人行使追索權	無明文規定

(2) 期後背書：亦稱後背書，指到期日後所為之背書，屬於背書時期特殊之背書；到期日後之背書，僅有通常債權轉讓之效力，背書未記明日期者，推定其作成於到期日前(§41III)。

（二）非轉讓背書（特種背書）

1. 委任取款背書：亦稱委任背書，以委任他人代為取款為目的，執票人以委任取款之目的，而為背書時，應於匯票上記載之(§40 I)。其效力如下：
   (1) 被背書人受委任後得行使匯票上一切權利（§40II前）。
   (2) 被背書人並得以同一目的，更為背書（§40II後）。
   (3) 被背書人，所得行使之權利，與第一被背書人同。票據債務人對於受任人所得提出之抗辯，以得對抗委任人者為限(§40 III IV)。

2. 質權背書：亦稱設質背書、質背書，為債務之擔保而設定質權為目的，其效力票據法無明文，解釋上應適用民法權利質權之規定（民法§908、§909）。

四、背書轉讓禁止

（一）意義

背書轉讓禁止，亦稱禁止背書，即發票人或背書人，在票據上記載禁止轉讓票據之權利之文字。

（二）種類

1. 發票人禁止轉讓之背書

記名匯票發票人有禁止轉讓之記載者，不得轉讓(§30Ⅱ)。匯票原則上得自由轉讓，但記名匯票發票人可能因保留抗辯權、防止追索金額擴大或不欲與受款人以外之人發生關係，得為禁止轉讓之記載。至於禁止背書轉讓之記載，只要將禁止轉讓之意思敘述明白即可。

2. 背書人禁止轉讓之背書

背書人亦得於匯票上為禁止轉讓，稱為「禁轉背書」或「禁止背書之背書」。其記載須於匯票背面成黏單上記載禁止轉讓之文句。背書人於票據上記載禁止轉讓者，仍得依背書而轉讓之。但禁止轉讓者，對於禁止後再由背書取得匯票之人，不負責任(§30Ⅲ)。

五、背書轉讓的連續

（一）意義

背書連續，指匯票上所記載之背書，自受款人至最後被背書人之執票人，在形式上均相連續無間斷。依本法第 37 條第 1 項規定，執票人應以背書之連續，證明其權利，背書不連續，執票人即不得主張票據權利。

（二）認定

有關背書連續之認定，有下列要件：

1. 須為有效背書之連續。
2. 須為轉讓背書之連續。
3. 須在票據上記載之順序有連續。記名背書須以前背書之被背書人為後背書之背書人；至於連續之背書中有空白背書時，其次之背書人，視為前空白背書之被背書人(§37Ⅰ)。

六、背書轉讓的效力

（一）權利移轉效力

匯票依背書及交付而轉讓(§30 I)，故背書成立後，票據上之一切權利，即由背書人移轉於被背書人，被背書人因此取代背書人而成為票據權利人。依背書所移轉之權利，包括票據上之付款請求權及追索權，對於票據保證人之權利，亦隨同移轉。

（二）權利擔保效力

依本法第 39 條準用第 29 條規定，背書人應照匯票文義擔保承兌及付款，亦即執票人如不獲承兌或不獲付款時，於完成保全追索權之行為後，便可向原背書人（或其前手）追索，而原背書人（或其前手）即負有償還責任。

（三）權利證明效力

依第 37 條第 1 項規定，執票人應以背書之連續，證明其權利。是以只要背書連續執票人不必另行提出證明，即得當然可以行使票據上權利，票據債務人亦當然應向其付款，而不得要求其他證明，票據債務人出於善意對背書連續之執票人付款後，即可免責，但如付款人對於背書不連續之匯票而付款者，應自負其責(§71 I)。

七、背書轉讓的塗銷

（一）意義

指執票人故意塗銷背書，匯票之執票人，故意將背書塗銷，使被塗銷人免除其背書責任。

（二）效力

1. 塗銷之背書，不影響背書之連續者，對於背書之連續，視為無記載(§37 II)。

2. 塗銷之背書，影響背書之連續者，對於背書之連續，視為未塗銷(§37 III)。

3. 執票人故意塗銷背書者，其被塗銷之背書人及其被塗銷背書人名次之後，而於未塗銷以前為背書者，均免其責任(§38)。

4. 執票人塗銷背書，非由其故意為之者，不影響於票據上之效力(§17)。

第三節　承兌

一、承兌的意義

　　承兌指匯票付款人於到期日前表示接受付款委託，承諾兌付的一種附屬票據行為，為匯票所獨有之制度。

二、承兌的種類

（一）依是否記載承兌文字，分為正式與略式承兌兩種：

　　1. 正式承兌：指在匯票正面記載承兌字樣，並由付款人簽名(§43 I)。

　　2. 略式承兌：付款人僅在票面簽名者，而不記載任何文字(§43 II)。

其說明參見表 3-15：

表 3-15　匯票承兌應記載事項

種類	應記載事項	法條
正式承兌	承兌文字 付款人簽名	§43 I
略式承兌	付款人簽名	§43 II

（二）依承兌時是否完全承諾付款委託，或有所限制，分為完全承兌與不完全承兌兩種：

　　1. 完全承兌：係指付款人完全照票載文義予以承兌之情形。

　　2. 不完全承兌：付款人將票據文義變更或加以限制而後承兌之情形：

　　　(1) 一部承兌：付款人僅就匯票金額一部分所為之承兌。付款人承兌時，經執票人之同意，得就匯票金額之一部分為之。但執票人應將事由通知其前手(§47 I)。

　　　(2) 附條件承兌：付款人於承兌時附加條件之承兌。承兌承兌附條件者，視為承兌之拒絕。但承兌人仍依所附條件負其責任(§47II)，對執票人而言，其可視為承兌之拒絕，而於到期日前行使追索權，或者依付款人所附之條件，行使付款請求權。

第四節　保證

一、意義

保證乃票據債務人以外之第三人，為擔保特定之票據債務人履行票據債務，所為之一種附屬票據行為。

二、種類

（一）依金額全部區分為

1. 全部保證：就匯票金額之全部所為之保證。

2. 一部保證：就匯票金額之一部所為之保證。保證得就匯票金額之部分為之(§63)。

（二）依人數區分為

1. 單獨保證：僅有一人為保證。

2. 共同保證：有二人以上之保證人。二人以上為保證時，均應連帶負責(§62)。

三、當事人

（一）保證人：匯票之債務之保證，除票據債務人外，不問何人，均得為之(§58)，無論自然人或法人均可。

（二）被保證人：被保證人以票據債務人為限，如承兌人、發票人、背書人及參加承兌人等，均得為票據保證之被保證人。

四、保證人之責任

（一）票據保證人責任之從屬性

依本法第 61 條第 1 項規定，保證人與被保證人負同一責任。所謂同一責任係指保證人之債務與被保證人之債務在種類、數量與性質上完全相同。

（二）票據保證人責任之獨立性

依第 61 條第 2 項規定，被保證人之債務縱為無效，保證人仍負擔其義務。即被保證人之債務因欠缺行為能力或簽名被偽造事由而歸於無效時，保證人仍不得免除票據上責任，究其原因在於實質上之事由，單依票據外觀上無法查知，為維護交易

安全，保障善意執票人，仍使保證人仍負擔責任。但自票據外觀上可察知，如方式之欠缺，保證人自無負責之必要，依但書規定，但被保證人之債務，因方式之欠缺，而為無效者，不在此限。

五、保證人之權利

依第 64 條規定，保證人清償債務後，得行使執票人對承兌人、被保證人及其前手之追索權，對被保證人之後手不得行使追索權。

第五節　到期日

一、到期日之意義及作用

指匯票上所記載之應為付款之時期，與民法上之「清償期」相當。亦即票據債債權人依照票據文義履行付款義務及票據債權人得請求付款之日期。到期日須有確定性，故必須於匯票上記載，如未記載，視為見票即付(§24Ⅱ)。其作用為判斷何時應為付款提示(§69Ⅰ)及消滅時效之起算點之一(§22)。

二、到期日之種類及計算

匯票之到期日，依本法第 65 條規定，參見表 3-16：

表 3-16　匯票到期日之種類

種類	名稱	到期日	舉例
指定期日付款之匯票	定期匯票	到期日已確定	匯票載明特定年月日為到期日，如 105 年 12 月 11 日付款之匯票
發票日後定期付款之匯票	計期匯票	到期日已確定	匯票載明以發票日為起算點，經過一定期間計算到期日，如發票後 3 個月付款之匯票
見票即付之匯票	即期匯票	到期日未確定	見票即付，見票即為到期日，發票人如未載見票即付，亦未載到期日者，視為見票即付(§24Ⅱ)
見票後定期付款之匯票	註期匯票	到期日未確定	匯票載明見票後 3 個月付款，見票指承兌時之見票，到期日以承兌日起算

表 3-16 匯票到期日之種類（續）

種類	名稱	到期日	舉例
發票人預將匯票金額區分為數部分，並分別指定到期日	分期付款匯票	到期日已確定	分期付款之匯票，其中任何一期，到期不獲付款時，未到期部份，視為全部到期；如匯票載明票面金額為 60 萬元，自 105 年 7 月起至 12 月止，分 6 期付款，每期於每月 15 日支付 10 萬元，任何一期利息到期不獲付款時，全部匯票金額視為均已到期

第六節　付款

一、意義

指付款人、承兌人或擔當付款人支付票據金額，以消滅票據關係之行為。

二、標的

匯票表示金額之標的為貨幣，如為付款地不通用者，得依付款日行市，以付款地通用之貨幣支付之，如有特約者，不以貨幣為限，至於貨幣如在發票地與付款地，名同價異者，推定其為付款地之貨幣。

三、提示

（一）意義

票據為流通證券，非由執票人向付款人提示票據，付款人無從得知何人為票據權利人，故須由執票人向付款人提示票據。

（二）當事人

1. 提示人：執票人
2. 受提示人：
   (1) 原則：原則上為受提示人為付款人
   (2) 例外：
   　　A. 擔當付款人：匯票上載有擔當付款人者，其付款之提示，應向擔當付款人為之(§69II)。

B. 票據交換所：為交換票據，向票據交換所提示者，與付款之提示，有同一效力(§69Ⅲ)，向票據交換所提示，限於加入交換之金融業者。

C. 參加承兌人：付款人或擔當付款人不於本法第 69 條及第 70 條所定期限內付款，若有參加承兌人時，執票人應向參加承兌人為付款之提示（§79Ⅰ前）。

D. 預備付款人：付款人或擔當付款人不於第 69 條及第 70 條所定期限內付款，若無參加承兌人而有預備付款人時，應向預備付款人為付款之提示（§79Ⅰ後）。

（三）期限

不同匯票之提示期限不同，參見表 3-17：

表 3-17　匯票之提示期限

種類	名稱	提示期限
指定期日付款之匯票	定期匯票	執票人應於到期日或其後 2 日內為付款之提示(§69Ⅰ)
發票日後定期付款之匯票	計期匯票	同上
見票即付之匯票	即期匯票	執票人應於發票日起 6 個月內為付款之提示，但得以特約縮短或延長
見票後定期付款之匯票	註期匯票	同定期匯票

（四）例外

執票人原則上應為付款之提示，但有下列情形，無須為之：

1. 執票人喪失票據，自然無法提示票據，只得依公示催告程序，取得除權判決後主張票據權利。

2. 執票人已作成拒絕承兌證書，依本法第 88 條規定，拒絕承兌證書作成後，無須再為付款提示，亦無須再請求作成付拒絕證書，即可行使追索權。

3. 執票人因不可抗力之事變，依第 105 條規定，不能於所定期限內為承兌或付款之提示，應將其事由從速通知發票人、背書人及其他票據債務人。不可抗力之事變終止後，執票人應即對付款人提示。如事變延至到期日後 30 日以外時，執票人

得逕行使追索權,無須提示或作成拒絕證書。匯票為見票即付或見票後定期付款者,前項 30 日之期限自執票人通知其前手之日起算。

(五) 效力

1. 保全追索權:執票人依期限為付款提示並作成拒絕證書者,對前手之追索權得以保全,反之,執票人不於所定期限內為付款提示並作成拒絕證書者,對於前手喪失追索權,執票人不於約定期限內為付款提示並作成拒絕證書者,對該約定之前手,喪失追索權(§104)。

2. 票據債務人遲延責任:執票人依期限為付款提示,如未獲付款,票據債務人將負遲延責任,執票人除得請求票面金額外,尚得請求遲延利息。

四、時期

(一) 到期日前付款

不同匯票有不同之付款日期,其中以「到期日前付款」之匯票,其付款日期亦可期前付款之情形,參見表 3-18:

⚖ 表 3-18　到期日前付款之匯票

種類	名稱	期前付款
指定期日付款之匯票 (§65 I ①)	定期匯票	票據為流通證券,於到期日前,執票人雖仍得將票據背書轉讓,但到期日前之付款,執票人得拒絕之(§72 I);若執票人若拒絕,付款人自得為期前付款,惟付款人於到期日前付款者,應自負其責(§72 II),即由付款人自行承擔責任,付款人付款之對象如非真正權利人,付款人縱無過失,亦不得因已付款而主張免責
發票日後定期付款之匯票 (§65 I ②)	計期匯票	定期匯票
見票即付之匯票 (§65 I ③)	即期匯票	以提示日為到期日,無到期日前付款情形
見票後定期付款之匯票 (§65 I ④)	註期匯票	定期匯票

（二）到期日付款

執票人於到期日為付款之提示，付款人應即付款；但付款經執票人之同意，得延期為之。但以提示後 3 日為限(§70)。

（三）到期日後付款

指付款人在到期日後所為之付款，到期日後付款因付款人是否承兌而有不同：

1. 付款人承兌：付款人一經承兌，即成匯票之主債務人，除消滅時效完成外，應絕對負責，故執票人縱未依期限為付款提示且作成拒絕付款證書，承兌人之付款義務仍不免除。且執票人不在本法第 69 條所定期限內為付款之提示時，票據債務人亦得將匯票金額提存，其提存費用，由執票人負擔之(§76)。

2. 付款人未承兌：匯票之付款人未承兌，則匯票尚欠缺主債務人，執票人又未依期限為付款提示並作成拒絕證書者，對前手之追索權已喪失(§104 I)，執票人既已喪失票據追索權，付款人對之付款，不發生付款之效力。

五、責任

（一）付款人於付款時，應審查匯票是否具備應記載事項中之絕對必要記載事項：因絕對必要記載事項欠缺，其票據無效(§11I)，付款人自不得對無效之匯票付款。

（二）付款人於付款時，應審查匯票背書是否連續：付款人對於背書不連續之匯票而付款者，應自負其責(§71I)。故付款人僅得對背書連續之匯票付款，背書於外觀上如屬連續，付款人即可付款，惟如付款人有惡意及重大過失者，不發生付款之效力。

六、權利

（一）付款人為全部付款時，得要求執票人記載收訖字樣，簽名為證，並交出匯票，此時票據權利因全部付款而全部消滅，承兌人與償還義務人均免責(§74I)。

（二）付款人為一部付款時，因部分付款，執票人不得拒絕，若拒絕對該部分喪失追索權(§73)；付款人為一部付款時，得要求執票人在票上記載所收金額，並另給收據(§74II)。

第七節 參加付款

一、意義

　　付款人或擔當付款人不為付款時，為防止追索權之行使，由付款人或擔當付款人以外之人，為維護特定票據債務人利益，所為之付款。

二、當事人

（一）參加付款人

1. 當然參加人：付款人或擔當付款人不於本法第69條及第70條所定期限內付款者，有參加承兌人時，執票人應向參加承兌人為付款之提示；無參加承兌人而有預備付款人時，應向預備付款人為付款之提示(§79ⅠⅡ)。是參加承兌人及預備付款人為當然參加人，參加承兌人或預備付款人，不於付款提示時為清償者，執票人應請作成拒絕付款證書之機關，於拒絕證書上載明之，執票人違反前開規定時，對於被參加人與指定預備付款人之人及其後手，喪失追索權(§79Ⅲ)。

2. 任意參加人：任意參加人參加付款，不論何人均得為之，執票人拒絕參加付款者，對於被參加人及其後手喪失追索權(§78)。

3. 優先參加人：請為參加付款者，有數人時，其能免除最多數之債務者，有優先權；故意違反前項規定為參加付款者，對於因之未能免除債務之人，喪失追索權。能免除最多數之債務者有數人時，應由受被參加人之委託者或預備付款人參加之(§80)。

（二）被參加付款人

　　參加承兌人付款，以被參加承兌人為被參加付款人，預備付款人付款，以指定預備付款人之人為被參加付款人。無參加承兌人或預備付款人，而匯票上未記載被參加付款人者，以發票人為被參加付款人，理由在於能免除最多人之債務(§82ⅡⅢ)。

三、到期日

（一）原則：參加付款，應於執票人得行使追索權時為之。

（二）　例外：至遲不得逾拒絕證書作成期限之末日

　　1. 如係因拒絕承兌而參加付款，參加付款至遲不得逾拒絕承兌證書作成期限之末日為之(§87Ⅰ)。

　　2. 因拒絕付款而參加付款，至遲應於以拒絕付款日或其後 5 日內為之。但執票人允許延期付款，應於延期之末日，或其後 5 日內作成之(§87Ⅱ)。

四、金額

　　參加付款應就被參加人應支付金額之全部為之(§81)。

五、效力

（一）對參加付款人

　　參加付款人對於承兌人、被參加付款人及其前手取得執票人之權利（取得對承兌人之付款請求權及對被參加付款人及其前手之追索權），但不得以背書更為轉讓(§84Ⅰ)。參加付款，如參加人非受被參加人之委託而為參加，應於參加後 4 日內，將參加事由通知被參加人。參加人如怠於為前項通知，因而發生損害時，應負賠償之責(§82Ⅳ)。

（二）對執票人

　　參加付款後，執票人應將匯票及收款清單交付參加付款人，有拒絕證書者，應一併交付之。違反規定者，對於參加付款人，應負損害賠償之責(§83)。

（三）對被參加付款人之後手

　　參加付款人參加付款後，僅得對被參加付款人及其前手行使追索權，對被參加付款人之後手不得行使追索權(§84Ⅱ)。

第八節　追索權

一、意義

　　乃匯票到期不獲承兌、不獲付款或有其他法定原因時，執票人於行使或保全票據上權利之行為後，對於發票人、背書人或其他票據債務人請求清償票據債權之票據權利。

二、當事人

（一）追索權人

1. 執票人：執票人得不依負擔債務之先後，對於發票人、承兌人、背書人及其他票據債務人之一人或數人或全體行使追索權(§96Ⅱ)。

2. 因清償而取得票據之人：被追索者，已為清償時，與執票人有同一權利(§96Ⅳ)。

3. 保證人：保證人清償債務後，得行使執票人對承兌人、被保證人及其前手之追索權(§64)。

4. 參加付款人：參加付款人對於承兌人、被參加付款人及其前手取得執票人之權利（§84Ⅰ前），得行使追索權。

（二）償還義務人

1. 發票人：發票人應照匯票文義擔保承兌及付款(§29)。

2. 背書人：第 29 條之規定，於背書人準用之(§39)。

3. 保證人：保證人與被保證人，負同一責任(§61Ⅰ)。

4. 參加承兌人：付款人或擔當付款人，不於第 69 條及第 70 條所定期限內付款時，參加承兌人，應負支付第 97 條所定金額之責(§57)。

5. 承兌人：承兌人與發票人、背書人同，均對於執票人連帶負責(§52)。

三、金額

（一）最後執票人向匯票債務人行使追索權時，所得請求之金額(§97)：

　　1. 被拒絕承兌或付款之匯票金額，如有約定利息者，其利息。

　　2. 自到期日起如無約定利率者，依年利 6 釐計算之利息。

　　3. 作成拒絕證書與通知及其他必要費用。

　　4. 於到期日前付款者，自付款日至到期日前之利息，應由匯票金額內扣除。無約定利率者，依年利 6 釐計算。

（二）被追索人清償後，得向承兌人或前手，所得請求之金額(§98)：

　　1. 所求付之總金額。

　　2. 前款金額之利息。

　　3. 所支出之必要費用。

　　4. 發票人為第 97 條之清償者，向承兌人要求之金額同。

四、原因

（一）到期日行使

匯票到期不獲付款時，執票人於行使或保全匯票上權利之行為後，對於背書人、發票人及匯票上其他債務人得行使追索權(§85Ⅰ)。

（二）到期日前期前行使

匯票到期日前有下列情形之一者，雖在到期日前，執票人亦得行使前項權利(§85Ⅱ)：

1. 匯票不獲承兌時。

2. 付款人或承兌人死亡、逃避或其他原因無從為承兌或付款提示時。

3. 付款人或承兌人受破產宣告時。

五、要件

（一）遵期提示匯票

1. 原則：執票人須於法定或約定期限內為承兌提示或付款提示，又匯票上縱有免除作成拒絕證書的記載，執票人仍應於所定期限內為承兌或付款的提示(§95)。

2. 例外：有下列情形，則不必提示：

   (1) 執票人於法定或約定期限內為承兌的提示，遭付款人拒絕，經作成拒絕承兌證書者，無須再為付款的提示(§88)。

   (2) 付款人或承兌人死亡、逃避、或其他原因，無從為承兌提示時(§85Ⅰ②)。

   (3) 付款人或承兌人受破產宣告時(§85Ⅱ③)。

   (4) 執票人因不可抗力的事變，不能於期限內為承兌或付款的提示，應將其事由從速通知發票人、背書人及其他票據債務人。不可抗力的事變終止後，執票人應即對付款人提示。如事變延至到期日後 30 日以外時，執票人得逕行使追索權，無須提示或作成拒絕證書。匯票為見票即付或見票後定期付款者，上述 30 日的期限，自執票人通知其前手之日起算(§105)。

（二）作成拒絕證書

追索權的行使，除須遵期提示外，尚須請求作成拒絕證書(§86 I)，拒絕證書是證明執票人已於所定期限內行使或保全匯票上權利而未獲結果，或無從為行保全行為的要式證書。

六、效力

（一）對追索權人的效力

1. 選擇追索：執票人得不依負擔債務的先後，對於票據債務人中的一人，或數人或全體行使追索權(§96 II)。

2. 變更追索：即執票人對於債務人的一人或數人已為追索時，對於其他票據債務人，仍得行使追索權(§96 III)。

3. 代位追索：被追索者已為清償時，與執票人有同一的權利(§96 IV)。

（二）對償還義務人的效力

1. 連帶責任：發票人、承兌人、背書人及其他票據債務人對執票人連帶負責(§96 I)。

2. 償還義務人的權利
   (1) 全部追索，全部償還：匯票上債務人為清償時，執票人應交出匯票，有拒絕證書時，應一併交出；如有利息及費用者，執票人應出具收據及償還計算書(§100 I II)。
   (2) 一部追索，一部償還：匯票金額一部分獲承兌時，清償未獲承兌部分之人，得要求執票人在匯票上記載其事由，另行出具收據，並交出匯票之謄本及拒絕承兌證書(§101)。
   (3) 背書塗銷權：背書人為清償時，得塗銷自己及其後手之背書(§100 III)。

七、喪失

（一）意義：指因法定原因之發生，票據權利人喪失其追索權。

（二）事由：
   1. 執票人不於票據法所定期限或約定期限內行使或保全匯票上權利，對於前手喪失追索權（§104 I；法定期限§45 I、§48、§66、§69、§70、§87、§122、§131；約定期限§44、§45 II、§66 II、§124）。

2. 票據權利之消滅時效完成(§22)。

3. 執票人拒絕參加付款(§78Ⅱ)。

4. 執票人怠於向參加承兌人或預備付款人為付款之提示或執票人未請求作成拒絕證書之機關於拒絕證書上載明未清償之事實(§79Ⅲ)。

5. 故意違反優先參加付款之規定(§80Ⅱ)。

6. 拋棄追索權。

第九節　拒絕證書

一、意義

證明執票人已在法定或約定期限內行使或保全匯票上權利，而未獲實現，或無從為行使或保全行為的要式證書。

二、拒絕證書的種類

（一）依是否有法定記載事項而分

1. 正式拒絕證書：依第 107 條所列事項記載的拒絕證書。

2. 略式拒絕證書：未記載第 107 條所列事項，而以較簡略方式，代替正式拒絕證書的簡略證書，如依第 86 條第 2 項規定：「付款人或承兌人在匯票上記載提示日期，及全部或一部承兌或付款之拒絕，經其簽名後，與作成拒絕證書，有同一效力。」

（二）內容不同

包括拒絕付款證書、拒絕承兌證書、拒絕見票證書、拒絕交還複本證書及拒絕交還原本證書等。

（三）作成

1. 作成義務人：拒絕證書由執票人請求作成(§106)。

2. 作成機關：拒絕承兌地或拒絕付款地的法院公證處、商會、或銀行公會(§106)。

第三章　本　票

第一節　本票之意義及種類

一、意義

　　稱本票者，謂發票人簽發一定之金額，於指定之到期日，由自己無條件支付與受款人或執票人之票據。大多數立法例均以匯票為中心，本票於性質許可範圍內，準用匯票之規定，因而本法對於本票的規定相當簡單。本票屬於「自付證券」，係由發票人自己付款，故無付款人存在，其當事人只有二人，即發票人與受款人。

二、種類

（一）依權利人記載方式：本票可分為記名本票、指示式本票及無記名本票三種，其意義及區別，參見表 3-19：

⚖ 表 3-19　本票之種類

種類	意義	區別實益：轉讓方法不同
記名本票	同匯票	同匯票說明
指示本票	同匯票	同匯票說明
無記名本票	見票即付，並不記載受款人之本票，其金額須在 500 元以上（為銀元，折合新臺幣為 1,500 元）（§120Ⅵ）	依交付轉讓

（二）依其指定到期日方式之不同：可分定期本票、計期本票、即期本票及註期本票四種，其意義，參見表 3-20：

⚖ 表 3-20　不同到期日之本票

種類	意義
定期本票	同匯票說明
計期本票	同匯票說明
即期本票	同匯票說明
註期本票	見票後定期付款之本票，應由執票人向發票人為見票之提示，請其簽名，並記載見票字樣及日期(§122Ⅰ)

第二節　發票

一、款式

應記載事項分述如下：

1. 絕對必要記載事項

(1) 簽名。

(2) 表明其為本票之文字(§120 I ①)。

(3) 一定之金額(§120 I ②)。

(4) 無條件擔任支付(§120 I ④)。

(5) 發票年月日(§120 I ⑥)。

2. 相對必要記載事項

(1) 受款人之姓名或商號(§120 I ③)；未載受款人者，以執票人為受款人(§120 Ⅲ)。

(2) 發票地(§120 I ⑤)；未載發票地者，以發票人之營業所、住所或居所所在地為發票地(§120Ⅳ)

(3) 付款地(§120 I ⑦)；未載付款地者，以發票地為付款地(§120Ⅴ)。

(4) 到期日(§120 I ⑧)；未載到期日者，視為見票即付(§120Ⅱ)，其金額須在 500 元以上(§120Ⅵ)。

3. 得記載事項

(1) 擔當付款人（§124 準用§26 I）。

(2) 利息及利率（§124 準用§28）。

(3) 禁止背書轉讓之記載（§124 準用§30）。

(4) 見票提示期限縮短或延長之特約（§122 I 準用§45Ⅱ）。

(5) 付款提示期限縮短或延長之特約（§124 準用§66Ⅱ）。

(6) 禁止以付款地通用貨幣給付之特約（§124 準用§75 I）。

(7) 免除拒絕事實通知之記載（§124 準用§90）。

(8) 免除作成拒絕證書之記載（§124 準用§94 I）。

(9) 禁止發行回頭本票之記載（§124 準用§102 I 但）。

4. 不得記載事項

(1) 為票據法所不規定之事項

例如本票上劃平行線，該平行線即不生票據上之效力，因為本票並無準用支票平行線之規定。

(2) 與本票性質相牴觸之事項

例如在本票上對付款附記條件，則與無條件擔保支付規定牴觸，本票無效。

二、效力

發票之效力，在本票為發票人之責任問題，依第 121 條規定，本票發票人所負責任與匯票承兌人同，即本票之發票人於發票後應負付款之責任，其為主債務人，應負絕對付款責任。縱令有執票人不於付款提示期間遵期為付款之提示，或不於見票提示期間遵期為見票之提示，或不於法定期間作成拒絕證書，消滅時效（3 年）未完成等原因者，本票之發票人仍不能免除付款之責任。

第三節　見票

一、意義

見票即執票人為確定本票之到期日，向本票發票人提示本票，發票人於本票上記載「見票」字樣及日期，並簽名於本票之行為。

見票制度僅適用於見票後定期付款之本票；此乃因本票無承兌制度，但為確定見票後定期付款本票之到期日，故第 122 條設有見票制度，以代替承兌制度之功能。

二、程序

見票之程序，包括見票提示之期限、見票日及請求作成拒絕證書等，說明如下：

（一）見票提示之期限

見票後定期付款之本票，應自發票日起 6 個月內為見票之提示，此項期限，發票人得以特約縮短或延長之。但延長之期限以 6 個月為限（§122 I 準用§45）。例如有一記載「憑票准於見票後一個月付款」之本票，執票人於 1 月 15 日提示，經發票人於是日為見票之記載後，則 2 月 15 日為該本票之到期日。6 個月一般為「法定見票提示期限」，經特約縮短或延長者，則稱為「約定見票提示期限」。

（二）見票日之認定

發票人記載見票日期者，則見票日為發票人記載日期。發票人未記載見票日期者，應以所定提示見票期限之末日為見票日（§122Ⅱ）。例如本票若於 1 月 20 日發票，而於 1 月 26 日見票時，發票人並未記載日期者，則應以 7 月 20 日（法定見票提示期限之末日）為見票日，若屬於見票後一個月付款之本票，則到期日為 8 月 20 日。但若有特約縮短或延長其見票提示期限者，則以該約定見票提示期限之末日為見票日，資以計算到期日。

（三）執票人請求作成拒絕證書

執票人提示見票時，發票人簽名同意見票，固無問題；惟如發票人拒絕簽名者，執票人應於提示見票期限內，請求作成拒絕證書（§122Ⅲ）；見票後定期付款之本票，即得依見票拒絕證書作成日，計算到期日（§124 準用§67）；執票人依前規定作成見票拒絕證書後，無須再為付款之提示，亦無須再請求作成付款拒絕證書（§122Ⅳ）。

三、效力

見票之效力有兩部分，一為確定到期日，一為行使追索權。執票人不於本法所定之法定期限或約定期限內為見票之提示，或作成拒絕證書者，對於發票人以外之前手喪失追索權（§122Ⅴ）。

第四節　強制執行

一、起源

對於本票債權特別規定之執行程序，當年有鑑於空頭支票氾濫，形成嚴重社會問題，鼓勵工商業及社會大眾使用本票，49 年修正票據法時，增訂第 123 條規定，執票人向本票發票人行使追索權時，得聲請法院裁定後強制執行。立法特別保護執票人，以加強本票之獲償性，藉便捷之非訟程序，達到求償票款之目的。蓋在一般債務，須經法院之審判程序，有確定之勝訴判決，取得執行名義後，才能獲清償，但訴訟及執行程序耗費時間長外，票據債權人在精神上及金錢上可能均遭受極大損失。本票一經法院裁定，即可強制執行，減輕執票人之訟累，增加本票之信用，可助長票據之流通。

二、要件

適用本票強制執行之要件如下：

（一）　須執票人係行使追索權。

（二）　行使權人為本票執票人。

（三）　須向發票人行使追索權。

（四）　須向有管轄權之法院聲請（非訟事件法§194）。

（五）　發票人須未受破產之宣告（破產法§75）。

第五節　準用規定

有關本票原則上準用匯票相關條文。

 # 第四章　支　票

第一節　支票之意義與種類

一、意義

指發票人簽發一定之金額，委託金融業者於見票時，無條件支付與受款人或執票人之票據。至所稱金融業者，係指經財政部核准辦理支票存款業務之銀行、信用合作社、農會及漁會。最主要的特徵是委託金融業者支付，性質上為委託證券、支付證券。

一般發票人簽發支票時，必須在其金融業者有可處分之資金，並基於使其得依支票處分資金之明示或默示之契約為之。倘無資金時，則須有付款人允許墊借之契約。實務上，發票人於簽發支票前，依銀行公會全國聯合會通過「支票存款戶處理規範」（98 年修正）之規定，銀行對於申請開戶之自然人或公司、行號及其他團體，應與存戶簽定「支票存款往來約定書」（規範第 3、4 點）。該約定書之法律性質係以消費寄託契約及委任契約為內容之混合契約。該規範係 92 年財政部廢止原「支票存款戶處理辦法」後由銀行公司通過發布。

二、種類

（一）　記名支票、指示支票、無記名支票。

（二）　對己支票、指己支票、受付支票。其意義，參見表 3-21：

⚖ **表 3-21　支票之種類**

種類(§125Ⅳ)	意義
對己支票	發票人得以自己為付款人
指己支票	發票人得以自己為受款人
受付支票	發票人得以付款人為受款人

（三）　依其提示過程是否特殊，付款人（即金融機構）是否保證票面金額一定給付，分為普通支票、保付支票、平行線支票。

（四）　支票發票日與實際發票日是否一致，分為即期支票、遠期支票。

第二節　發票

一、款式

應記載事項分述如下：

1. 絕對必要記載事項

(1) 簽名(§125①～⑧)。

(2) 表明其為支票之文字。

(3) 一定之金額。

(4) 付款人之商號。

(5) 無條件支付之委託。

(6) 發票年月日。

(7) 付款地。

2. 相對必要記載事項

(1) 受款人之姓名或商號；未載受款人者，以執票人為受款人(§125Ⅱ)。

(2) 發票地；未載發票地者，以發票人之營業所、住所或居所所在地為發票地(§125Ⅲ)。

3. 得記載事項

(1) 平行線(§139)。

(2) 禁止背書轉讓之記載（§144準用§30）。

(3) 禁止以付款地通用貨幣給付之特約（§144準用§75Ⅰ）。

(4) 免除拒絕事實通知之記載（§144準用§90）。

(5) 免除作成拒絕證書之記載（§144準用§94Ⅰ）。

(6) 禁止發行回頭支票之記載（§144準用§102Ⅰ但）。

(7) 自付款提示日起之利息及利率(§133)。

4. 不得記載事項

(1) 不生票據上效力事項：例如在支票上背書並記載「連帶保證人」，背書仍然有效，惟不生保證效力。

(2) 記載無益事項：第128條第1項規定，支票限於見票即付，有相反的記載者，其記載無效。

(3) 記載有害事項：支票上對付款附記條件，則與支票無條件擔保支付委託牴觸，將導致支票無效。

二、效力

（一） 發票人擔保付款責任：發票人應照支票文義擔保支票之支付(§126)。所謂擔保支票的支付，指擔保付款人必定付款，倘付款人未為付款，發票人應負償還責任（§144準用§29Ⅲ）。但支票如經付款人保付後，發票人的責任，因而免除(§138Ⅱ)。

（二） 提示期限經過後之責任：發票人雖於提示期限經過後，對於執票人仍負責任。但執票人怠於提示，致使發票人受損失時，應負賠償之責，其賠償金額，不得超過票面金額(§134)。

（三） 付款提示期限內不得撤銷付款委託之責任：發票人於第130條所定期限內，不得撤銷付款之委託。

第三節　付款提示

一、意義

　　支票為支付證券，重在付款，故付款問題在支票最為重要。同時支票有保付與平行線之問題，與一般支票不同之處，即在付款上。支票之付款，以執票人「付款之提示」為前提，付款人始得付款。

二、當事人

（一）　提示人：執票人。

（二）　受提示人：付款人，即金融業者。

三、提示期限

（一）　支票之執票人，應於下列期限內，為付款之提示(§130)：

　　　1. 發票地與付款地在同一省（市）區內者，發票日後 7 日內。

　　　2. 發票地與付款地不在同一省（市）區內者，發票日後 15 日內。

　　　3. 發票地在國外，付款地在國內者，發票日後 2 個月內。

　　有關支票提示之期限及舉例，參見表 3-22：

⚖ 表 3-22　支票提示之期限

提示期限	地區	舉例
7 日	發票地與付款地在同一省（市）區內者	發票地在臺北，付款地亦在臺北，發票日後 7 日內應提示
15 日	發票地與付款地不在同一省（市）區內者	發票地在高雄，付款地在臺南，發票日後 15 日內應提示
2 個月	發票地在國外，付款地在國內者	發票地在美國紐約，付款地在臺北，提示期間為 2 個月

四、提示及未遵提示之效力

（一）　遵期為付款之提示，執票人有受領票款之權利。

（二）　執票人未於期限內為付款之提示被拒絕時，對前手行使追索權(§131)。

1. 執票人於提示期限內，為付款之提示而被拒絕時，應於拒絕付款日或其後5日內，請求作成拒絕證書。

2. 付款人於支票或黏單上記載拒絕文義及其年、月、日並簽名者，與作成拒絕證書，有同一效力。

（三）執票人不於期限內為付款之提示，或不於拒絕付款日或其後5日內，請求作成拒絕證書者(§132)：

1. 對於發票人以外之前手，喪失追索權。

2. 對於發票人，不喪失追索權。

第四節　付款

一、意義

　　付款人於發票人之存款或信用契約所約定之數，足敷支付支票金額時，應負支付之責。但收到發票人受破產宣告之通知者，不在此限，亦無如支票「延期付款」及「期前付款」等情形。

二、時期

（一）付款提示期限內：執票人於付款提示期限內，提示請求付款，付款人應付款。

（二）提示期限經過後，有兩種情形：

1. 原則：付款人於提示期限經過後，提示請求付款，付款人仍得付款。

2. 例外：有下列情事之一者，付款人不得再行付款。

(1) 發票人撤銷付款之委託時：發票人於第130條所定期限內，不得撤銷付款之委託；但在提示期限經過後，則得撤銷付款之委託，付款人得不再行付款；此處所謂撤銷付款委託，應係指對特定之支票而言。撤銷付款委託與止付通知之比較，請參見表3-23。

(2) 發行滿1年支票：因支票上之權利對支票發票人而言，其消滅時效最長為1年，發行滿1年支票，其權利可能已罹於消滅時效；至計算時效之期間起算點，應自「發票日之翌日」起算（參見66年6月11日第5次民庭決議）。

⚖ 表 3-23　撤銷付款委託與止付通知

異同	撤銷付款委託	止付通知
條　　文	§135	§18
性　　質	意思表示	觀念通知
主　　體	撤銷付款委託限於發票人	凡票據權利人均得為之
客　　體	支票（甲存本票類推適用）	匯票、本票、支票
原　　因	無限制	限於票據喪失
限　　制	1. 須於法定提示期限後始得為之 2. 無須充足存款	1. 無法定期限 2. 為止付通知時，須有充足存款
效　　力	1. 撤銷付款委託後，僅就特定支票撤銷原先對付款人之付款事務委託，於到達付款人時，即確定發生效力 2. 支票本身仍有效	1. 應於止付通知後 5 日內，提出公示催告之證明，止付通知有效力 2. 支票經由公示催告，除權判決使票據歸於無效

第五節　付款人責任

一、意義

　　為執票人之直接訴權，付款人於發票人之存款或信用契約所約定之數，足敷支付支票金額時，應負支付之責。但收到發票人受破產宣告之通知者，不在此限（§143）。

二、要件

（一）須發票人之存款或信用契約所約定之數額，足敷支付支票金額。

（二）須執票人於付款提示期間為付款提示而被拒絕。

（三）須付款人無正當理由而拒絕付款。

（四）須未收到發票人受破產宣告之通知。

第六節　特殊支票

　　依票據法及市場上流通之支票，特殊種類之支票有下列種類：

一、平行線支票

（一）意義

平行線支票，又稱「劃線支票」，支票正面左上角劃二道平行線。付款僅得由金融業者支付(§139Ⅰ)，一般執票人委託金融業者代收。對於受領人之資格加以限制，目的在防止支票遺失或被竊時遭人冒領，因此平行線支票之執票人於領款時雖感不便，但在交易上卻比較安全，各國立法例均採之，目前金融業所提供之制式支票亦印有平行線，僅得由金融業者支付。

（二）種類

1. 普通平行線支票：支票經在正面劃平行線二道者；劃平行線支票之執票人，如非金融業者，應將該項支票存入其在金融業者之帳戶，委託其代為取款(§139ⅠⅢ)。

2. 特別平行線支票：支票上平行線內記載特定金融業者，支票上平行線內，記載特定金融業者，應存入其在該特定金融業者之帳戶，委託其代為取款(§139ⅡⅣ)。

（三）記載權人

發票人、背書人或執票人均得為之，因無須由劃線人簽名，故無論由何人所劃，其效力均屬相同。

（四）撤銷

1. 意義：劃平行線之支票，得由發票人於平行線內記載照付現款或同義字樣，由發票人簽名或蓋章於其旁，支票上有此記載者，視為平行線之撤銷，但支票經背書轉讓者，不在此限(§139Ⅴ)。

2. 要件
   (1) 須由發票人於平行線旁簽名或蓋章。
   (2) 須由發票人於平行線內記載照付現款或同義字樣。
   (3) 須未經背書轉讓。

（五）付款人責任

平行線支票之付款人，僅得對金融業者支付票據金額，故付款人受平行線之拘束，付款人誤向非金融業者付款者，應負賠償損害之責，但賠償金額不得超過支票金額(§140)。

二、保付支票

（一）意義

付款人於支票上記載照付或保付或其他同義字樣並簽名後，其付款責任，與匯票承兌人同(§138 I)；是保付支票乃付款人於支票上記載照付或保付或其他同義字樣，並因而負擔絕對付款責任之支票。

（二）記載方式

記載位置於票據「正面」或「背面」皆可，方式則需有「保付之同意字樣」加上「簽名」。

（三）效力

1. 對付款人之效力

付款人於支票上記載照付或保付或其他同義字樣並簽名後，其付款責任，與匯票承兌人同。因匯票之承兌人為匯票之主債務人，對匯票應負付款之責，但支票原無主債務人，然付款人一旦於支票上為保付，即成為支票之主債務人，對支票應負付款之責，縱支票發行滿 1 年，付款人仍付款之責(§138 IV)。

2. 對發票人及背書人之效力

付款人於支票上記載照付或保付或其他同義字樣之記載時，發票人及背書人免除其責任(§138 II)，支票一旦經付款人保付，發票人及背書人之償還責任，即告免除，縱保付人不為付款，執票人亦不得對發票人及背書人行使追索權。

3. 對執票人之效力

經付款人保付之支票，因不適用第 18 條有關止付通知之規定、第 130 條及 136 條有關提示期限之規定，此即保付支票如有被盜、遺失、滅失之情事，執票人不得為止付之通知，且付款提示期限經過後，執票人向付款人提示，付款人仍應付款。

三、遠期支票

（一）意義

支票須為「見票即付」，支票發票後執票人即得提示請求付款，但實際上發票人於發票時，往往不記載實際之發票日，而以將來屆至之日期為發票日，此種以將來屆至之日期為發票日之支票，一般稱「為遠期支票」。又按票據法第 128 條第 2 項規

定：「支票在票載發票日前，執票人不得為付款之提示。」反面來看亦承認遠期支票之存在。

（二）合法性

目前實務及通說均承認遠期支票，社會習慣已行之久遠，本法對遠期支票未明文規定，但認為遠期支票事實上有存在之必要，並未與第 128 條第 1 項見票即付之原則相違背。

第二篇 案例解析

BUSINESS LAW

案例一

　　公司為保證人之效力為何？公司為下列之行為，發生法律上的效力如何？

1. 公司章程關於營業項目列有「有關業務上對外保證」，該公司為其經銷商之保證人。

2. 公司章程營業項目亦列有「為同業公司行號向政府機關或金融機關之保證業務」，該公司擔任其他公司行號之納稅保證人。

3. 因票據法第 58 條第 2 項及第 128 條準用之規定，公司於匯票或本票上為保證人。

4. 公司於支票背面載明「連帶保證人」，由公司負責人蓋用公司及負責人印章。

5. 公司提供公司財產為他人設定擔保物權。

 解析

　　依公司法第 16 條規定：「公司除依其他法律或公司章程規定得為保證者外，不得為任何保證人。」公司負責人違反前項，以公司名義為人保證，既不能認為公司之行為，對公司自不發生效力，而應由公司負責人自負保證責任。但票據行為依票據法另有規定，不能因公司法規定「如公司受有損害時，亦一律負賠償責任」而謂公司一律負保證責任。問題解析如下：

1. 公司章程之營業項目列有「有關業務上對外保證」，則以與其經營之業務有關為限，自可為其經銷商之保證人。

2. 按納稅保證，係屬私法上之保證契約，如公司章程關於營業項目訂有「為同業公司行號向政府機關或金融機關之保證業務」項目，該公司為其他公司行號之納稅保證人，應屬合法有效。

3. 公司法第 16 條除外之規定，係以「依其他法律或公司章程規定得為保證業務者」為要件，公司如不得保證為業務，即無適用票據法第 58 條第 2 項得為匯票保證之規定，本票準用之，公司不得為本票之保證人。本票應優先適用公司法第 16 條（最高法院 43 臺上 83 號判例）。

4. 票據之背書，為票據行為，支票之背書人應照支票文義負票據法規定之責任，與民法所指保證契約之保證人，於主債務人不履行債務時，由其代負履行責任之情形不同，且依票據法第 144 條關於保證之規定，不準用於支票，故在支票上背書不涉及保證問題，以公司名義在支票背書，自屬合法。票據上記載票據法所不規定之事項，不生票據上之效力，為票據法第 12 條所明定，而支票既無保證之規定，則於支票上加寫「連帶保證人」之背書，僅生背書之效力（最高法院 52 臺上 2286 號、53 臺上 1930 號判例。但有採反對說）。

5. 公司法禁止為保證人之規定，旨在穩定公司財務，公司提供財產為他人設定擔保物權，雖與公司為他人保證人之情形未盡相同，但就其對於公司財務之影響而言，與為他人保證人之情形並無不同，自應予以禁止（72 年 5 月 2 日司法院第 3 期司法業務研究會）。

案例二

甲向乙借款新臺幣（下同）50 萬元，並於同日簽發其為發票人、面額 50 萬元、到期日為民國 101 年 12 月 31 日，並載明免除作成拒絕證書之本票乙紙（下稱系爭本票）交付予乙供擔保，然甲於簽發系爭本票時除於發票人欄簽名，復於指定受款人欄填載自己之姓名，嗣乙屆期提示未獲付款，乃依票據法第 123 條規定向法院聲請裁定准許強制執行，應否准許？

解析

按票據為一設權證券，即票據權利之發生必須作成證券，而為使法律關係明確化，票據行為莫不有一定之方式（要式性），又發票為各種票據之基本票據行為，其方式之要求最為嚴格。而所謂發票行為之絕對必要記載事項，係指票據若不記載此事項時，票據即屬無效，例如發票日、一定金額之記載（票據法第 120 條第 1 項參照）。而相對必要記載事項係指雖為法定應記載事項，但不記載時，本法另設有補充規定，而擬制其效力，票據不因之而無效，例如：本票未載受款人，以執票人為受

款人（同 120 條第 2 項）。次按第 11 條第 1 項：「欠缺本法所規定票據上應記載事項之一者，其票據無效。但本法別有規定者，不在此限。」該條本文之規定即屬欠缺絕對必要記載事項之效力，而該條但書之規定，係指欠缺相對必要記載事項，票據不因之而無效，而另有規定擬制其效力。應注意的是，票據發票行為會因為欠缺絕對必要記載事項而使票據無效，係指在「交付」於相對人之時點，尚欠缺絕對必要記載事項。

本例甲在交付系爭本票予乙時，系爭本票絕對必要記載事項均記載完成（表明其為本票之文字、一定之金額、無條件擔任支付及發票年、月、日），此時應認系爭本票已屬有效票據。至甲簽發系爭本票時，固於受款人欄填載自己之姓名，而受款人之姓名既屬相對必要記載事項，應無票據法第 11 條第 1 項本文之適用。至同法第 25 條第 1 項有關匯票發票人得以自己或付款人為受款人（即指己匯票）之規定，於本票雖無準用，然此規定要非明示有此記載將使票據無效之規定，亦非屬如在支票上記載違反無條件付款委託或委託非金融業者付款之有害記載事項，要難解為無效票據。再基於票據法立法意旨在助長票據流通並保障交易安全，復依票據有效解釋之原則，於此情形應適用同法第 12 條規定，認甲於系爭本票受款人欄填載自己之姓名係屬無益記載事項，不生票據法上之效力，亦即應視系爭本票為無記名票據，而應予准許（臺灣高等法院暨所屬法院 102 年法律座談會）。

案例三

> 甲執有乙簽發之支票 1 紙，於發票日後提示，竟遭退票，即訴請乙給付票款及利息，乙則抗辯：乙為丙公司之員工，負責人丁借其名義當人頭負責人開設連鎖店，該支票帳戶雖係由乙申請開戶，但印鑑及支票簿均係交付丙公司之負責人保管，於開戶當初乙與丙公司負責人丁約定，乙之支票僅能作為該連鎖店房租、水電、貨款及其他雜項營業費用使用，甲執有之系爭支票係丁逾越授權範圍，擅自簽發而持向甲借款者，係屬偽造之票據，乙依法不必負發票人之責等語，丁亦自承擅自簽發系爭支票用作借款之用，乙是否應負發票人之責任？

解析

　　按支票為無因證券，執票人行使票據上權利，就支票之取得，有無正當原因，或有無對價關係，自不負證明之責。又發票人欄之印文如為真正，即應推定該支票亦屬真正。亦即應推定該支票係為發票人所作成。乙既不爭執系爭支票發票人欄之印文與自己印章之印文相同，縱乙之上述抗辯屬實，乙亦係將代理權授予丁，至丁乘機擅自簽發系爭支票用以借款，亦屬乙與丁間之侵權行為損害賠償之問題，倘乙無法證明甲取得系爭支票出於惡意或重大過失，即難以此事由，對抗善意第三人之甲（依民法第 107 條前段規定，代理權之限制，不得以之對抗善意第三人），乙仍應負授權人之責任，依支票上文義負發票人之責任，以保障票據之流通與交易之安全。（臺灣高等法院暨所屬法院 96 年法律座談會）。

案例四

　　張三原為王子股份有限公司之董事長，該公司於某年 6 月 1 日改選由李四接任，並向主管機關登記。王五因重大過失而不知此事，仍於同年 7 月 1 日收受由張三以王子公司負責人名義簽發之支票，後向付款人提示獲付款，乃向張三請求給付票款，問王五之請求有無理由？

解析

　　有謂本法第 14 條第 1 項所謂以惡意或有重大過失取得票據者，係指明知或可得而知轉讓票據之人，就該票據無權處分而仍予取得者而言（參照最高法院 52 臺上 1987 號判例）。張三已非王子公司之董事長，無權代理王子公司簽發支票。王五因重大過失而不知，其取得張三以王子公司負責人名義簽發之支票，依本法第 14 條第 1 項之規定，自不得享有票據上之權利。又第 10 條第 1 項係為保護善意第三人之特別規定，執票人於取得票據時明知或因重大過失而不知行為人無代理權者，自不受本條項之保護，故張三不負給付票款之責任，王五之請求為無理由。但本件張三卸任王子公司董事長職位後，猶以王子公司負責人名義簽發支票，觀其代理簽發支票之方式，係以王子公司名義蓋公司圖章，並自行簽章於票據，要屬無疑。按第 10 條第 1 項規定：「無代理權而以代理人名義簽名於票據者，應自負票據上之責任」，即基於票據為文義證券之本旨而規定。張三既有為公司之代理關係而簽署自己之姓

名或蓋章於支票上，依上規定自應負票據上之責任。雖王五自張三之手受讓票據時，因重大過失而不知張三已非王子公司董事長，亦非張三依本法第 13 條但書規定所得對抗（67 臺上 1666 號判例），執票人王五享有票據上權利（67 年臺上 1862 號判例）。至本件王五向原董事長張三請求，而非向王子公司請求，王子公司應否負責，有無本法第 14 條、民法第 107 條之情形，係另外之法律問題，在本題即無討論之必要（83 年 8 月 3 日司法院(83)廳民四字第 14339 號）。

 案例五

> A 與 B 銀行訂立週轉金契約，約定借款人 A 辦理借款時，如提供票據，均願「由借款人背書轉讓予 B 銀行」，並為方便銀行帳務處理，同意以借款人名義設立「放款備償專戶」（即活期存款第○○號帳戶）於票據到期兌收時先行存入，再憑銀行轉帳手續分次或一次抵償借款人 A 在 B 銀行之一切債務，令 A 背書轉讓 B 銀行之「支票」屆期提示不獲兌現，B 銀行基於執票人之地位對 A 及前手行使票款請求權，有無理由？

解 析

該支票業經 A 背書轉讓予 B 銀行，性質上係屬週轉金貸款之還款來源，基於支票乃係一支付工具，依第 5 條及第 13 條之規定，當然具有票據之文義性及無因性，票據債務人應依票上所載文義負責，故 B 可對 A 及其前手行使票款請求權（臺灣高等法院暨所屬法院 88 年法律座談會）。

第三篇 實用 Q&A

BUSINESS LAW

Q1

票據法規定之票據種類為何？

A 本法規定匯票、本票及支票 3 種票據。匯票，指發票人簽發一定之金額，委託付款人於指定之到期日，無條件支付與受款人或執票人之票據。本票，指發票人簽發一定之金額，於指定之到期日，由自己無條件支付與受款人或執票人之票據。支票，指發票人簽發一定之金額，委託金融業者（經金管會核准辦理支票存款業務之銀行、信用合作社、農會及漁會）於見票時，無條件支付與受款人或執票人之票據。

Q2

在坊間廣告常見「票貼」，係何所指？

A 坊間有為服務客戶，對其正常營運往來的應收帳款之票期在 180 天之內之未到期支票，辦理客票對轉，以增加營運資金活用，讓應收帳款之客票快速變現，此種借款方式也就是俗稱的「票貼」或「調現」，其貸款額度通常為票款 8 成，且以客票為擔保品，以票期到期回收的票款，作為還款來源。

Q3

販賣或使用「人頭支票」，應負何種法律責任？

A 人頭支票，又稱「空頭支票」或「芭樂票」，係指支票經持票人提示後，銀行帳號中存款不足，致持票人無法兌現，在 75 年票據法修正前支票不能兌現處以刑

罰，自 76 年 1 月起，以簽發空頭支票為手段之詐欺，屬於刑法第 339 條詐欺罪，除此之外，單純的支票不獲兌現，僅民事債權債務問題，並不受刑罰制裁。

Q4

票據行為之意義與種類？

 所謂票據行為，是以發生或移轉票據債權、債務為目的，在票據上所為的要式法律行為，通常票據行為指發票、背書、承兌、參加承兌以及保證等 5 種票據行為，其中發票為「基本票據行為」，而其他 4 種為「附屬票據行為」。

Q5

票據上之簽名，未簽全名者，是否生簽名之效力？

 所謂簽名，法律上並未規定必須簽全名依現行法第 6 條規定，簽名得以蓋章代之。惟本法並未規定是否簽全名，僅簽姓或名，亦生簽名之效力。至於所簽之姓或名，是否確係該人所簽，發生爭執者，應屬舉證責任問題。

Q6

公司董事長以私人名義簽發本票，並以公司名義背書（加蓋公司印章及董事長印章）後，將本票交付他人，公司應否負背書人之責任？

 董事長以私人名義簽發本票交付公司，對公司有利，就公司法第 223 條規定「董事為自己或他人與公司為買賣、借貸或其他法律行為時，由監察人為公司之代表。」觀其立法精神就本題而言，毋須由監察人代表公司收受。且董事長於代表公司背書後，將支票交付第三人，因此項轉讓行為時，並非董事長為自己或他人與公司有所交涉，自亦毋須由監察人代表公司為之。董事長既有代表公司背書之權限，該背書之責任自應由公司承擔。

Q7

票據法有無規定「空白票據」？第 11 條第 2 項規定，是否即係空白票據之規定？

票據法對於空白票據並無明文規定，而實務認為票據法第 11 條第 2 項雖規定「執票人善意取得已具備本法規定應記載事項之票據者，得依票據文義行使權利；票據債務人不得以票據原係欠缺應記載事項為理由，對於執票人主張票據無效」，但亦僅係關於善意執票人得為權利之行使及債務人抗辯權之限制之規定，尚難認為票據法有空白票據之規定。故空白票據不能被認為票據法上之票據。惟學說有認為空白授權票據在實務操作中有其方便處，為謀求交易安全與促進票據流通，或可承認空白授權票據。

Q8

本法第 14 條所謂以惡意取得票據者，不得享有票據上之權利所指為何？

舉例而言，從無權處分人之手，受讓票據，於受讓當時有惡意之情形而言，如從有正當處分權人之手，受讓票據，係出於惡意時，僅生第 13 條但書所規定，票據債務人得以自己與發票人或執票人之前手間所存人的抗辯之事由對抗執票人而已，尚不生執票人不得享有票據上權利之問題。

Q9

遺失保付支票可否聲請公示催告？

保付支票本身仍屬有價證券之一種，依「票據掛失止付處理規範」規定，「支票經付款行庫保付者，依法不得掛失止付。」但遺失持有人僅因此而無法掛失止付通知書以為釋明方法，仍得以其他方法釋明遺失之事實以聲請公示催告，並於公示催告期滿後申請除權判決，宣告該保付支票無效，並憑除權判決向依保付支票負義務人主張票據權利。

Q10

　　記名支票發票人為「禁止轉讓」之記載後，於禁止轉讓四字上劃刪除兩條橫槓，如「＝」之記號者，該禁止轉讓之記載，是否失效？

🅰 本法並無塗銷禁止轉讓之規定，也未明文禁止塗銷。發票人於記載禁止轉讓後，將之塗銷，與其於簽發支票時未記載禁止轉讓之情形相同，似無禁止其塗銷之必要。惟為使法律關係單純化及助長票據之流通，應使第三人易於辨識塗銷係何人所為，較為允當。易言之，發票人須於塗銷處簽名或蓋章，始生塗銷之效力。發票人係在禁止轉讓四字上劃「＝」之記號，第三人無從辨別係發票人或他人所為，恐不敢接受票據。又僅劃「＝」記號即可生塗銷之效力，則惡意之執票人亦可於「禁止轉讓」四個字上劃「＝」記號，而使認定時滋生困擾。故應認禁止轉讓之記載仍為有效。

Q11

　　利益償還請求權，其時效期間如何？起算點如何計算？

🅰 利益償還請求權並非票據上權利，而為本法第 22 條第 4 項所定之特別權利，其消滅時效期間，因本法未另設規定，自應適用民法第 125 條所定 15 年之時效規定；至於其時效期間之起算點，原則上應解為自票據權利消滅之日，即票據債權罹於時效或權利保全手續之欠缺，而無法對發票人或承兌人行使追索權之翌日開始計算。

Q12

　　支票發票人是否為主債務人？

🅰 依本法第 126 條規定，發票人應照支票文義擔保支票之支付。故支票發票人為償還義務人而非主債務人。支票發票人不負絕對付款責任，其責任僅在執票人向付款人提示而不獲付款後，始負擔保付款之責任。

Q13

執票人向本票發票人行使追索權時，得聲請法院裁定強制執行，如本票發票人對於簽章之真正有爭執時，法院是否亦應依執票人之聲請而為准許強制執行之裁定？

A 依本法第 123 條執票人向本票發票人行使追索權時，得聲請法院裁定強制執行，該裁定僅形式認定，並未實質審查。故本票發票人縱對於簽章之真正有所爭執，法院仍應為准許強制執行之裁定。

Q14

票據行為之代理、代行與空白授權票據有何區別？

A 說明參見表 3-24：

 表 3-24 票據行為之代理、代行與空白授權票據比較表

比較	票據行為的代理	票據行為代行	空白授權票據
簽章不同	本人無須簽名，代理人只要記載本人名義代理之旨並簽名	僅簽本人的姓名或押蓋本人印章	空白授權票據行為人需簽名於票據，補充權人無須簽名
律關係不同	須有代理關係存在	代行人的行為屬本人的行為，代行者只是使者或工具	須授與補充權
作成票據者不同	代理人作成	代行人作成	由被授權人記載授權事項的全部或一部
效果不同	分有權代理、無權代理、表見代理	有權代行，則與有權代理有相同的法律效果 無權代行，即為偽造	因補充權的行使，會使票據成為完全有效票據。若被授權人濫用補充權，則發票人亦不能對抗善意第三人

Q15

匯票、本票、支票有何差別？

Ⓐ

⚖ 表 3-25　匯票、本票、支票比較表

比較	匯票	本票	支票
法律關係	法律關係由發票人、付款人及受款人三方面構成	法律關係由發票人及受款人二方面構成，惟發票人可指定擔當付款人	法律關係由發票人、付款人及受款人三方面構成
性質	委託證券 信用證券	自付證券 信用證券	委託證券 支付證券
資金關係	發票人與付款人間不必先有資金關係	本票因係由發票人自己擔任付款，故無資金關係可言，隨時可簽發本票，但若發票人付款時，則另依委任關係之規定辦理	發票人於付款人處，存款或信用契約始可簽發支票，但如有發票人與付款人無委任契約而簽發支票時，依文義證券及無因證券之本質，票據關係仍成立
主債務人	承兌人（付款人）	發票人	發票人
發票人責任	應照匯票文義擔保承兌及擔保付款	自負付款之責	應照支票文義擔保支票的支付
付款人付款地	得不記載之	得不記載之	法定絕對記載事項，有欠缺無效
承兌、參加承兌	有	無	無
參加付款	有	有	無
記載預備付款人	可	可	否
擔當付款人之指定	發票人或承兌人得指定擔當付款人	發票人亦得指定擔當付款人	付款人限於金融機關
保證之適用	有	有	無

⚖ 表 3-25　匯票、本票、支票比較表（續）

比較	匯票	本票	支票
票據時效	行使票據權利時效較長，3 年、1 年及 6 個月	行使票據權利時效較長，3 年、1 年及 6 個月	行使票據權利時效 1 年、4 個月及 2 個月
提示期限	到期日或其後 2 日內付款提示	付款提示期間，為到期日或其後 2 日內	付款提示間，有 7 日、15 日及 2 個月內者
欠缺保全手續	對於前手喪失追索權；實務上不包括匯票承兌人	對於前手喪失追索權；實務上不包括本票發票人	僅對發票人以外之前手喪失追索權
強制執行	無	本票發票人行使追索權，可聲請法院裁定後強制執行	無
平行線	無	無	可劃平行線，限制付款人僅能對金融業等支付票據金額

BUSINESS LAW

| 第四編 |

保險法

第一篇　法律導覽

第一章　概　說

第一節　立法目的

　　保險法者，係為規範當事人間，就不可抗力或不可預料之危險，約定損害賠償之法律關係。於 18 年由國民政府制定公布，歷經多次修正，共 6 章，178 條。歷次修正為應經濟情勢及社會結構的變動，配合金融自由化及國際化，加強對保險業的業務管理、保險業之財務監督及整頓金融紀律。保險法可以稱為以規範保險法律關係及保險業組織為對象的一種商事法，具有社會性、強行性、倫理性和技術性等特性。

　　為因應保險市場之發展，處理問題保險公司（如國華人壽、幸福人壽及國寶人壽等），強化保險業財務業務監督管理，健全保險業財務結構，強化公司承受風險能力，歷年來對第五章「保險業」大幅度修正，將自有資本與風險資本之比率及淨值比率納為監理指標，主管機關依保險業資本等級採取監理措施，如等級為「嚴重不足」，主管機關應為監管、接管、勒令停業清理或命令解散(§143-4、§149)。

　　為了降低道德風險，解決存在已久的「兒童死亡保單」爭議，第 107 條規定，以未滿 15 歲人投保人壽保險，除喪葬費用之給付外，須待年滿 15 歲才可請領死亡給付。

　　有關保險業退場機制之建立，為主管機關介入問題保險業之重要處理程序，說明其重要內容：

（一）「財團法人安定基金」之定位：為保障被保險人之基本權益，維護金融之安定，由財產保險業及人身保險業應分別提撥資金。其業務範圍，如對經營困難保險業之貸款，受主管機關委託擔任接管人、清理人或清算人等職務外，必要時並得承接保險契約。(§143-1、§143-3)

（二）接管或停業之程序：保險業違反法令、章程或有礙健全經營之虞時，在資本等級為嚴重不足等情況，主管機關應依規定監管、接管、勒令停業清理或命令解散之處分。原有股東會、董事會、董事、監察人、審計委員會或類似機構之職權即行停止。(§149、§149-1)

（三）保險業之清理：資產仍有大於負債之可能，參考公司法關於清算人職務規定，分派賸餘財產為保險業清理人職務(§149-8)。

　　此外為因應保險犯罪之專業性、技術性，使保險案件之審理能符合社會公平及法律正義之期待，本法第 174-1 條規定，法院為審理違反本法之犯罪案件，得設立專業法庭或指定專人辦理。

　　有關保險業公司治理新趨勢，基於證券交易法規定公開發行公司設置獨立董事及審計委員會，保險業對保戶係擔負起履行保險契約內容之義務，為促使保險業落實公司治理，引進獨立董事與審計委員會制度，明文增訂未辦理公開發行股票保險業，應設置獨立董事及審計委員會，並以審計委員會替代監察人(§136Ⅵ)。

　　為健全保險費催告機制，111 年 11 月 30 日修正公布第 116 條第 2 項，明定保險人對要保人或負有交付保險費義務之人催告，應一併通知被保險人，以確保其權益，同時配合現行實務修正經催告後保險費，應依與保險人約定之交付方法交付之。

　　本法雖名為保險法，具有普通法之性質，對於具有特別屬性之保險，如「社會保險」、「汽車強制責任險」等，另以其他法律定之。社會保險特別立法，法源為憲法第 155 條規定，國家為謀社會福利，應實施社會保險制度。而社會保險常係基於社會公平、社會互助之目的，具有強制性，與本法之商業保險屬性不同，因此本法第 174 條亦規定，社會保險另以法律定之。

特別保險法律

- 強制汽車責任保險法
- 簡易人壽保險法
- 全民健康保險法
- 就業保險法
- 軍人保險條例
- 農民健康保險條例
- 勞工保險條例
- 公教人員保險法
- 國民年金法
- 存款保險條例
- 學校法人及其所屬私立學校教職員退休撫卹離職資遣條例

圖 4-1　特別保險法律一覽

第二節　主管機關與適用對象

第一項　主管機關

　　鑑於國內原金融集團跨行合併或與異業結盟者日漸增多，為避免保險、證券、金融等多元監理制度，所可能產生疊床架屋的管理問題，金融監理制度由原來的多元化改變成垂直整合的一元化監理，以健全金融機構業務經營，維持金融穩定與促進金融市場發展，「金融監督管理委員會組織法」於 92 年公布施行。並於 93 年 7 月 1 日成立「金融監督管理委員會」，下設銀行局、證券期貨局、保險局及檢查局等。復配合行政院組織改造，金融監督管理委員會組織法亦經 100 年修正公布，自 101 年施行。

　　依保險法第 12 條規定，本法所稱主管機關為金融監督管理委員會。

第二項　適用對象

　　本法之適用對象包括保險契約之當事人，即保險人（保險業）、要保人、受益人、被保險人及保險輔助人（代理人、經紀人、公證人及業務員）。

第二章　主要內容

第一節　總則

第一項　保險的定義及分類

第一款　保險的定義

　　保險，謂當事人約定，一方交付保險費於他方，他方對於因不可預料，或不可抗力之事故所致之損害，負擔賠償財物之行為。而根據前項所訂之契約，稱為保險契約。為保險法第 1 條開宗明義之定義。有關保險法律關係，參見圖 4-2：

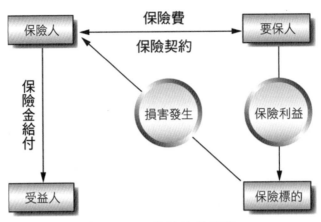

圖 4-2　保險法律關係

　　保險之目的，在於分擔危險與消化損失。因此通說均認為保險之要件包括：有眾多保戶、要具有危險分擔之功能及有保險組織從事危險分配的運作。至於保險在經濟上的作用，就個人經濟言，是未雨綢繆，有備無患；就社會經濟言，是分散風險，達到集體安全的目的。且由於保險業可以聚集資金，在工商發達的國家，保險公司往往成為社會上長期資金的主要來源，其對金融產業和經濟發展方面具有重大的影響，為重要的金融機構之一。

　　而保險上所稱之「危險」(risk)，可就下列 4 項要件評估：

1. 危險之發生須確實存在，可能發生但不一定發生：例如投保死亡險。

2. 危險之發生須不確定，並屬偶然：保險契約本屬「射倖契約」，重在保險事故之發生與發生時間是否繫於偶然，例如傷害保險。

3. 危險之發生須屬未來，且其範圍應經約定：例如汽車投保汽車竊盜險，卻遇水災損失時，保險人則以未經約定水災險而拒絕理賠。

4. 危險之發生須適法：若由被保險人或受益人之非法行為所招致，則不屬之。

　　保險所擔當者為危險，在客觀上係「不可預料或不可抗力之事故」，在主觀上為「對災害所懷之恐懼，及因災害而受之損失」，故危險之發生不僅須不確定，非故意，且危險及其發生須為適法。而保險契約乃「最大善意(utmost good faith)契約」，也是保險具有倫理性的特性。其首重善意，以避免「道德危機」(moral hazard)之發生。

　　1906 年英國海上保險法第 17 條即規定：「海上保險契約係基於最大善意之契約；若當事人之一方不遵守時，他方當事人得解除契的。」就是強制最大善意契約的特性。在我國保險法第 64 條所規定據實說明義務，第 33 條及第 98 條規定被保險

人對於損害防止之規定，第 109 條第 1 項所規定被保險人故意自殺，保險人不負給付保險金額之規定，同條第 3 項規定被保險人因犯罪處死或拒捕或越獄致死者，保險人不負給付保險金額之規定等，均屬排除道德危險的規定，也充分呈現保險法所具有「倫理性」特性。司法實務亦採之，凡契約之訂立及保險事故之發生，有違背最大善意原則者，保險人即得據以拒卻責任或解除契約（86 台上 2141 號判決）。

由於保險人所承擔者為不可預料或不可抗力之危險，保險業（即保險公司）之資力就顯得重要，為支付保險金額之準備應設責任準備金。而所謂各種責任準備金，包括責任準備金、未滿期保費準備金、特別準備金、賠款準備金及其他經主管機關規定之準備金(§11)。而且保險業應聘用精算人員，並指派其中一人為簽證精算人員，且應聘請外部複核精算人員辦理主管機關指定之精算簽證報告複核項目，以健全保險業務之經營(§144)，於營業年度屆滿時，應分別保險種類，計算其應提存之各種責任準備金，記載於特設之帳簿(§145Ⅰ)。所稱各種準備金之提存比率、計算方式及其他應行事項之辦法，由主管機關定之(§145Ⅱ)。保險業違反第 144 條第 1 項至第 4 項、第 145 條規定者，處 60 萬元以上 6 百萬元以下罰鍰，並得令其令其撤換其核保或精算人員(§171)。

第二款　保險的當事人及關係人

保險為一種法律關係，法律關係必有行為主體，以享受權利和負擔義務，保險主體屬於人的問題，保險係由當事人約定，一方交付保險費於他方，他方對於因不可預料，或不可抗力之事故所致之損害，負擔賠償財物之行為，其保險主體包括當事人、關係人及輔助人三種。茲說明保險相關當事人及關係人，參見表 4-1：

⚖ 表 4-1　保險當事人及關係人

當事人／關係人	意義	條文
保險人	指經營保險事業之各種組織，在保險契約成立時，有保險費之請求權；在承保危險事故發生時，依其承保之責任，負擔賠償之義務	§2
要保人	指對保險標的具有保險利益，向保險人申請訂立保險契約，並負有交付保險費義務之人	§3
被保險人	指於保險事故發生時，遭受損害，享有賠償請求權之人；要保人亦得為被保險人	§4

⚖ 表 4-1　保險當事人及關係人（續）

當事人／關係人	意義	條文
受益人	指被保險人或要保人約定享有賠償請求權之人，要保人或被保險人均得為受益人	§5
保險業	指依本法組織登記，以經營保險為業之機構 外國保險業，指依外國法律組織登記，並經主管機關許可，在中華民國境內經營保險為業之機構 保險業及外國保險業，包括依第 6 條規定設立，專以經營第 39 條所稱再保險為業之專業再保險業	§6、施行細則§2
保險業負責人	指依公司法或合作社法應負責之人	§7
保險代理人	指根據代理契約或授權書，向保險人收取費用，並代理經營業務之人	§8
保險業務員	指為保險業、保險經紀人公司、保險代理人公司或兼營保險代理人或保險經紀人業務之銀行，從事保險招攬之人	§8-1
保險經紀人	指基於被保險人之利益，洽訂保險契約或提供相關服務，而收取佣金或報酬之人	§9
公證人	指向保險人或被保險人收取費用，為其辦理保險標的之查勘，鑑定及估價與賠款之理算、洽商，而予證明之人	§10

　　依本法第 5 章對保險業的管理，保險輔助人違規經營的處罰一併說明之。

　　保險業服務大眾投保或協助投資理財，專業知識與技術層面亦高，就購買各種不同保單的投保人或被保險而言，常需多種類型之保險輔助人，包括代理人、經紀人、公證人及業務員。在金融控股公司潮流之下，銀行業得經許可擇一兼營保險代理人或保險經紀人業務。

　　保險業之代理人、經紀人、公證人應經主管機關許可，繳存保證金並投保相關保險，領有執業證照後，始得經營或執行業務(§163Ⅰ)。且為因應金融科技之發展，促進「行動投保」與「網路投保」等保險電子商務，增訂第 163-1 條，保險代理人、保險經紀人得配合保險業電子商務發展辦理相關業務，並得以電子系統執行業務。

　　第 163 條第 6 項及第 7 項規定保險經紀人之「注意義務與忠實義務」，明定其收取報酬之標準，規定「保險經紀人應以善良管理人之注意義務，為被保險人洽訂保險契約或提供相關服務，並負忠實義務。保險經紀人為被保險人洽訂保險契約前，

於主管機關指定之適用範圍內，應主動提供書面之分析報告，向要保人或被保險人收取報酬者，應明確告知其報酬收取標準。」

保險代理人公司、經紀人公司為公開發行公司或具一定規模者，應建立內部控制、稽核制度與招攬管理制度程序(§165 III)。此為新增公開發行公司強化保險金融業的內控內稽。

為非本法之保險業或外國保險業代理、經紀或招攬保險業務者，屬於刑事犯罪，處 3 年以下有期徒刑，得併科 3 百萬元以上 2 千萬元以下罰金，情節重大者，得由主管機關對保險代理人、經紀人、公證人或兼營保險代理人或保險經紀人業務之銀行停止一部或全部業務，業或廢止許可，並註銷執業證照。法人之代表人、代理人、受僱人或其他從業人員，因執行業務犯前項之罪者，除處罰其行為人外，對該法人亦科該項之罰金。對未領有執業證照者而經營或執行保險代理人、經紀人、公證人業務者，處 90 萬元以上 9 百萬元以下罰鍰(§167-1 I II)。

保險代理人、經紀人、公證人違反法令或有礙健全經營之虞時，主管機關除得予以糾正或令其限期改善，並為必要之處分(§164-1)。違反者，依「保險代理人管理規則」處罰。

有關保險法授權訂定法規命令，亦漸符合法治原則。如代理人、經紀人、公證人之資格取得、申請許可應具備之條件、程序、應檢附之文件、董事、監察人與經理人應具備之資格條件、解任事由、設立分支機構之條件、財務與業務管理、教育訓練、廢止許可及其他應遵行事項之管理規則，由主管機關定之(§163IV)。保險業務員之資格取得、登錄、撤銷或廢止登錄、教育訓練、懲處及其他應遵行事項之管理規則，由主管機關定之(§177)。違反保險代理人管理規則者，應限期改正，或併處 10 萬元以上 3 百萬元以下罰鍰；情節重大者，廢止其許可，並註銷執業證照(§167-2)。

第三款　保險的分類

市面上銷售的保單推陳出新，惟保險法規定係以「保險對象」或「保險標的」而加以分類，分為「財產保險」及「人身保險」(§13 I)。茲分述如下：

第一目　財產保險

財產保險，亦稱「產物保險」，係以動產、不動產或其他財產利益為保險標的，包括火災保險、海上保險、陸空保險、責任保險、保證保險及經主管機關核准之其他保險(§13 II)。參見表 4-2：

⚖ 表 4-2　財產保險之類型

類型	意義	條文
火災保險	指火災保險人，對於由火災所致保險標的物之毀損或滅失，除契約另有訂定外，負賠償之責	§70 I
海上保險	指海上保險人對於保險標的物，除契約另有規定外，因海上一切事變及災害所生之毀損、滅失及費用，負賠償之責	§83 海商法§129
陸空保險	指陸上、內河及航空保險人，對於保險標的物，除契約另有訂定外，因陸上、內河及航空一切事變及災害所致之毀損、滅失及費用，負賠償之責	§85
責任保險	指責任保險人於被保險人對於第三人，依法應負賠償責任，而受賠償之請求時，負賠償之責	§90
保證保險	指保證保險人於被保險人因其受僱人之不誠實行為或其債務人之不履行債務所致損失，負賠償之責	§95-1
其他保險	為不屬於火災保險、海上保險、陸空保險、責任保險及保證保險之範圍，而以財物或無形利益為保險標的之各種保險（例如汽車保險、颱風險等）	§96

第二目　人身保險

　　人身保險，即「對人保險」，以自然人為保險標的，包括人壽保險、健康保險、傷害保險及年金保險(§13Ⅲ)。參見表 4-3：

⚖ 表 4-3　人身保險之類型

類型	意義	條文
人壽保險	人壽保險人於被保險人在契約規定年限內死亡，或屆契約規定年限而仍生存時，依照契約負給付保險金額之責（可分為死亡保險、生存保險及生死兩合險）。	§101
健康保險	健康保險人於被保險人疾病、分娩及其所致失能或死亡時，負給付保險金額之責	§125

表 4-3　人身保險之類型（續）

類型	意義	條文
傷害保險[1]	傷害保險人於被保險人遭受意外傷害及其所致失能或死亡時，負給付保險金額之責。前項意外傷害，指非由疾病引起之外來突發事故所致者	§131 I 、II
年金保險	年金保險人於被保險人生存期間或特定期間內，依照契約負一次或分期給付一定金額之責	§135-1

第二項　保險利益

保險利益者，亦稱「保險契約之標的」，係指要保人或被保險人對於保險標的（包括財產保險與人身保險）須具有利害關係。換言之，要保人或被保險人因保險事故之發生，致保險標的之不安全而受損；因保險事故之不發生，致保險標的之安全而受益，此種損益關係，便是保險利益。

對於保險標的缺乏保險利益所訂定之保險契約，失其效力(§17)，此亦即法諺所言「無保險利益者無保險」之旨，保險利益對保險契約之效力有決定性的影響。財產上保險利益為金錢可得估計之經濟利益；人身上保險利益縱使基於經濟上切身利害關係或債務關係而得，亦僅能作主觀上之估定，而不能以金錢作精確之計算。訂立保險契約，固以有保險利益為前提，但保險利益之有無，應就要保人或被保險人而為判斷，而非就受益人為判斷（參見 87 台上 2417 號判決）。依保險法上之分類說明保險利益，參見表 4-4：

表 4-4　保險利益一覽

類型	保險利益	條文
共通性	要保人或被保險人，對於保險標的物無保險利益者，保險契約失其效力	§17
	被保險人死亡或保險標的物所有權移轉時，保險契約除另有訂定外，仍為繼承人或受讓人之利益而存在	§18
	凡基於有效契約而生之利益，亦得為保險利益。	§20

---

[1] 國外早有就名人之身體部分投保名人險之先例，而國內保險業的第一張「名人傷害險」保單，據報導，94 年 3 月有內衣業者為國際名模的「美胸」投保 1000 萬的保險。在保險期間內，倘其胸部遭受意外傷害，無法繼續從事原模特兒工作或代言，保險公司依約理賠。

表 4-4 保險利益一覽（續）

類型	保險利益	條文
財產保險	要保人對於財產上之現有利益，或因財產上之現有利益而生之期待利益，有保險利益	§14
	運送人或保管人對於所運送或保管之貨物，以其所負之責任為限，有保險利益	§15
	合夥人或共有人聯合為被保險人時，其中一人或數人讓與保險利益於他人者，保險契約不因之而失效	§19
人身保險	要保人對於下列各人之生命或身體，有保險利益： 1. 本人或其家屬 2. 生活費或教育費所仰給之人 3. 債務人 4. 為本人管理財產或利益之人	§16

第一款　財產保險之保險利益

　　要保人對於財產上之現有利益，或因財產上之現有利益而生之期待利益，有保險利益(§14)。運送人或保管人對於所運送或保管之貨物，以其所負之責任為限，有保險利益(§15)。合夥人或共有人聯合為被保險人時，其中一人或數人讓與保險利益於他人者，保險契約不因之而失效(§19)。

　　被保險人死亡或保險標的物所有權移轉時，保險契約除另有訂定外，仍為繼承人或受讓人之利益而存在(§18)。要保人亦得為被保險人，則保險之目的在填補具體的損害，損害的反面即利益，故保險賠償請求係歸屬人於保險事故發生時保險利益之持有人，即保險事故發生時持有保險利益之人，才是保險單上權利之擁有人，而於保險事故發生時因損害得合法受保險人之保險賠償。故若要保人（即被保險人）將其標的（物）讓與他人，則依第 18 條之規定，於所有權人保險利益移轉於受讓人之後，受讓人即成為該保險契約之被保險人，於保險事故發生後，新被保險人雖仍未占有保險單，依然得向保險人請求保險賠償，蓋其為真正受損害之人（臺灣高等法院 86 保險上 48 號判決）。

　　凡基於有效契約而生之利益，亦得為保險利益(§20)。故基於當事人所締結之有效契約，係以某種財產為履行之對象，而該財產之毀損滅失影響當事人一方因契

約而生之利益者，契約當事人即得就該財產投保。例如甲承租乙所有之建物作為賣場，乙則據以收取租金，兩造基於有效之租賃契約各獲利益，該租賃物之毀損滅失，勢將影響兩造因租賃契約而生之利益，自得為保險利益（92 台上 1403 號判決）。

保險為對人契約，保險契約上之權利，除人壽保險契約之利益歸屬於自身外，不得由被保險人任意轉讓。惟財產保險契約如為指示或無記名式，自可隨同保險標的而轉移（76 台上 2317 號判決）。

因此凡對於特定財產有法律上之權利或利益，或因特定之法律關係而有可期待之利益，或因其損失或事故之發生將受損害者，均有財產上之保險利益。例如以分期付款方式購買之汽車，買方與賣方所訂之附條件買賣契約，雖汽車之所有權尚屬於賣方，惟買方仍得占有使用汽車，買方於支付完畢全部價金時，即可取得其所有權，且買方因汽車之毀損、滅失或遭竊，將受到損害，其以該汽車為保險標的物向保險公司投保竊盜損失險，自有保險利益（參見 88 台上 1362 號判決）。又，保險標的雖已出售，在未交付前，所有權仍屬出賣人，則此時出賣人對於保險仍有保險利益（73 台上 834 號判決）。

第二款　人身保險之保險利益

在人身保險中，要保人對於下列各人之生命或身體，有保險利益(§16)：

1. 本人或其家屬。

2. 生活費或教育費所仰給之人。

3. 債務人。

4. 為本人管理財產或利益之人。

惟旅行社對其旅客不具第 16 條之保險利益，故財政部解釋，壽險業不得辦理以旅行社為要保人，旅客為被保險人之旅行平安險業務（財政部 83 年 11 月 17 日臺財保字第 832062022 號函釋）。

第 16 條中所稱之家屬，應係指民法第 1123 條所規定，以永久共同生活為目的而同居一家之人。以下列出在實務所發生之解釋上爭議，以及司法院意見可供參酌：

· 法律問題：要保人為已出嫁獨立生活之女兒，訂立人壽保險契約，其保險契約有無效力？要保人與被保險人女兒之間是否有保險利益存在？

甲說：要保人或被保險人對保險標的無保險利益者，保險契約失其效力，於人身保險，必要保人與被保人間，具有保險法第 16 條所列舉之關係，始具有保險利益。已出嫁獨立生活之女兒，並非要保人之家屬。又無該條所列其他各款之情形，應無保險利益。故此項保險契約應失效力。

乙說：人身保險難以金錢估定其利益，故依保險通例凡有特定親屬關係者，即推定為有保險利益之存在。而保險法第 16 條規定「家屬」固係指民法第 1123 條所規定，以永久共同生活為目的而同居一家之人。惟按要保人與其已出嫁獨立生活之女兒相互間，依民法第 1114 條規定負法定扶養義務，未失為一種法律上利益，應認有保險利益，至是否同居一家可不計，是要保人為已出嫁獨立生活之女兒，訂立人壽保險契約，應認有效。

司法院第一廳研究意見：要保人以他人之生命或身體為保險標的者，必須對被保險人有合法之保險利益，保險法第 16 條所定人身保險之保險利益。其第 1 款所謂「家屬」，係指民法第 1123 條所定，以永久共同生活為目的而同居一家之人而言。其第 2 款所謂「生活費或教育費所仰給之人」，係指現實負有扶養義務之人，及其他實際供給生活費或教育費之人。已出嫁獨立生活之女兒，並非該條所稱「家屬」或「生活費或教育費所仰給之人」。亦與該條第 3 款、第 4 款所定情形不合。故要保人對已出嫁獨立生活之女兒，並無保險利益。雖民法第 1114 條第 1 款規定，直系血親相互間、互負扶養義務，但民法所定法定扶養義務，與保險利益，本質上並不相同，保險利益，旨在確保險標的之安全，減少道德危險發生，故除法律有明文規定外，不能以有法定扶養義務，即遽認有保險利益，研討意見，多數採甲說，並無不合（參見 72.5.20 司法院第三期司法業務研究會）。

第三項　保險費

要保人最主要的義務是交付保險費，繳納保險費目的為分擔危險，在具備保險利益而契約有效之情況下，要保人負有繳納保險費之義務。信託業依信託契約有交付保險費義務者，保險費應由信託業代為交付之(§22)。信託業法通過後，以金錢型信託購買保險並無立法規範，一旦發生爭議將缺乏完整之法律結構作為依據；且信託業依信託契約指示購買之保險屬於信託財產，保險人依保險契約應給付之保險金額屬於信託財產，為避免保險契約未繳保險費而失效，信託業依信託指示購買保險並支付保險費，應依保險契約內容之約定，確實履行繳交保險費之義務。

又依金管會解釋，信託業者依信託本旨有交付保險費之義務，惟不因此取得保險契約當事人之地位，又其對於財產信託人並無保險利益，故不得擔任信託客戶人身保險契約之要保人，使保險契約成為信託財產險（保險局 102 年函[2]）。

第一款　保險費繳納方式

（一）　保險費分「一次交付」及「分期交付」兩種。保險契約規定一次交付，或分期交付之第一期保險費，應於契約生效前交付之，但保險契約簽訂時，保險費未能確定者，不在此限(§21)。而依本法施行細則第 3 條規定，保險人收取保險費，應由其總公司（社）或分公司（分社）簽發正式收據。

（二）　保險費之繳納與否會影響保險契約之效力，在實務上常發生爭議。依最高法院判決有認為，保險費之交付，為保險契約之生效要件，尚未繳納保險費，保險契難已生效（70 年台上 2818 號）。但有判決採反對說，認為保險契約應以保險單或暫保單為之。然保險契約仍為諾成契約且屬不要物契約，各該條文均僅訓示而非強制規定，非一經交付保險費，保險契約即為生效，仍應由保險人同意要保人聲請（承諾承保），經當事人就要保及承保之意思表示一致，方告成立（97 台上 1950 號）。

（三）　繳納義務人：保險費應由要保人依契約規定交付。信託業依信託契約有交付保險費義務者，保險費應由信託業代為交付之(§22I)。按本法所稱之受益人，係指被保險人或要保人約定享有賠償請求權之人，第 5 條定有明文。而依第 3 條及第 22 條規定，要保人始負有交付保險費之義務。

（四）　要保人為他人利益訂立之保險契約，保險人對於要保人所得為之抗辯，亦得以之對抗受益人(§22Ⅲ)。

第二款　保險費之返還

保險契約既是雙務契約，保險費之高低即與危險有相當之對價關係，倘危險有所變動，則保險費即應隨之變動，以符公平。倘危險不復存在，保險費即應予以返還。

---

[2]　金融監督管理委員會保險局 102 年 1 月 23 日保局（壽）字第 10102140090 號書函。

第一目　保險費應返還

保險費一經交付，就屬於保險人所有，但可能發生返還的問題，屬於保險人之義務，保險費返還情形如下：

（一）超額保險：以同一保險利益，同一保險事故，善意訂立數個保險契約，其保險金額之總額超過保險標的之價值者，在危險發生前，要保人得依超過部分，要求比例返還保險費(§23 I)。

（二）危險已消滅：保險契約因第 51 條第 3 項[3]之情事而要保人不受拘束時，保險人不得請求保險費及償還費用。其已收受者，應返還之(§24 II)。

（三）契約終止：保險契約因第 60 條[4]或第 81 條[5]之情事而終止，或部分終止時，除保險費非以時間為計算基礎者外，終止後之保險費已交付者，應返還之(§24 III)。

（四）保險人不同意減少保險費：保險費依保險契約所載增加危險之特別情形計算者，其情形在契約存續期內消滅時，要保人得按訂約時保險費率，自其情形消滅時起算，請求比例減少保險費。保險人對於前項減少保險費不同意時，要保人得終止契約。其終止後之保險費已交付者，應返還之(§26 I II)。

（五）保險人破產：保險人破產時，保險契約於破產宣告之日終止，其終止後之保險費，已交付者，保險人應返還之(§27)。

（六）要保人破產：要保人破產時，保險契約仍為破產債權人之利益而存在，但破產管理人或保險人得於破產宣告 3 個月內終止契約。其終止後之保險費已交付者，應返還之(§28)。

（七）特殊保險類型：保險期間為 1 年期以下之人身保險終止契約時，其已交付未到期之保險費，應返還之（施行細則 §13）。

第二目　保險費無須返還

無須返還保險費之情形如下：

---

[3] 即訂約時僅保險人知危險已消滅者，要保人不受契約之拘束。

[4] 保險遇有前條（即第 59 條危險增加或減少）情形，得終止契約，或提議另定保險費。要保人對於另定保險費不同意者，其契約即為終止。但因前條第 2 項（即危險增加，不由於要保人或被保險人之行為所致者）情形終止契約時，保險人如有損失，並得請求賠償。

[5] 保險標的物非因保險契約所載之保險事故而完全減失時，保險契約即為終止。

（一）惡意複保險：保險契約因第 37 條之情事[6]而無效時，保險人於不知情之時期內，仍取得保險費(§23Ⅱ)。

（二）危險已發生：保險契約因第 51 條第 2 項[7]之情事，而保險人不受拘束時，保險人得請求償還費用。其已收受之保險費，無須返還(§24Ⅰ)。

（三）故意隱匿影響危險估計：保險契約因第 64 條第 2 項[8]之情事而解除時，保險人無須返還其已收受之保險費(§25)。

第四項　保險人之責任

保險契約一旦有效成立，保險人應依契約內容，負擔賠償責任，此即保險人之責任，亦屬保險契約所發生的直接效力，基於此一效力，保險人有給付保險金的義務。保險人的責任包括法定責任範圍與約定責任範圍兩種，相關責任係依保險契約所議定之內容規範，惟保險法就若干事項有補充或強制規定。

第一款　賠償責任之範圍

一、由不可預料及不可抗力事故所致之損害

保險人對於由不可預料或不可抗力之事故所致之損害，負賠償責任。但保險契約內有明文限制者，不在此限(§29Ⅰ)。保險所擔當者為危險，在客觀上係「不可預料或不可抗力之事故」，在主觀上為「對災害所懷之恐懼及因災害而受之損失」，故危險之發生不僅須不確定，非故意，且危險及其發生須為適法（86 台上 2141 號判決）。

二、由要保人或被保險人之過失所致之損害

保險人對於由要保人或被保險人之過失所致之損害，負賠償責任。但出於要保人或被保險人之故意者，不在此限(§29Ⅱ)。保險事故以具有偶發性為要件，是以危險非直接因被保險人之故意行為所致者，保險人即應負賠償責任，例如在車禍保險案，被保險人故意騎機車闖越平交道，但並未故意騎車與火車相撞，而相撞始係發生保險事故之直接原因。又騎機車闖越平交道係屬違反道路交通管理處罰條例第 75 條規定之違規行為，尚與刑法第 184 條第 1 項之構成要件有間，保險業不得主張該行為是故意及犯罪行為，依系爭傷害保險附約

---

[6] 要保人故意不為複保險之通知，或意圖不當得利而為複保險者，其契約無效。

[7] 訂約時僅要保人知危險已發生者，保險人不受契約之拘束。

[8] 要保人有為隱匿或遺漏不為說明，或為不實之說明，足以變更或減少保險人對於危險之估計者，保險人得解除契約；其危險發生後亦同。

約定不負給付保險金之責任（91 台上 341 號判決）。另保險人尚不得主張要保人或被保險人過失相抵（91 台上 321 號判決）。本項為強制規定，不得以契約限制之。有關被保險人死亡事故之通知，保險人應基於「當事人利益」負忠實義務，增訂第 29 條第 3 項「被保險人之死亡保險事故發生時，要保人或受益人應通知保險人。保險人接獲通知後，應依要保人最後所留於保險人之所有受益人住所或聯絡方式，主動為通知。」

三、 因履行道德上之義務所致之損害

保險人對於因履行道德上之義務所致之損害，應負賠償責任(§30)。本項為強制規定，不得以契約限制之。因履行道德上義務，動機善良，縱屬出於故意，保險人亦應負賠償責任。例如人壽保險，為拯救他人之溺水，而自己淹斃，保險人仍應理賠。

四、 因受僱人或其所有之物或動物所致之損害

保險人對於因要保人，或被保險人之受僱人，或其所有之物或動物所致之損害，應負賠償責任(§31)。本項不限於故意或過失行為，亦屬強制規定。例如火災保險，要保人之受僱人失火；或傷害保險，被保險人被自己之犬所咬傷，保險人均應理賠。

五、 因戰爭所致之損害

保險人對於因戰爭所致之損害，除契約有相反之訂定外，應負賠償責任(§32)。戰爭屬不可抗力，其所致之損害，保險人原則自應負責，但亦可為不負責之約定，一般稱「兵險除外條款」(Free of war risk clause)，有此約款，則對於戰爭所致之損害，保險人即可不負賠償責任。

六、 為避免或減輕損害之必要行為所生之費用

保險人對於要保人或被保險人，為避免或減輕損害之必要行為所生之費用，負償還之責。其償還數額與賠償金額，合計雖超過保險金額，仍應償還(§33 I)。保險人對於前項費用之償還，以保險金額對於保險標的之價值比例定之(§33 II)。因避免或減輕損害之發生係對保險人有利，所生之費用自應由保險人負責償還。舉例而言，房屋 1 棟，價值 1 千萬元，投保火險 1 千萬元，因鄰居失火，為避免其延燒，乃以 1 百萬元僱人救火，不過火勢過猛，無法阻止，對於救火之費用 1 百萬元也應償還（雖二者合計，已超過保險金額 1 千萬元）。因為此種支出，純為避免或減輕保險標的之損害，以減輕保險人之負擔，縱保險人在現場，亦採取同樣措施，故保險人應負責償還。

第二款　給付之期限

一、　有約定依約定，無約定則於通知後 15 日：保險人應於要保人或被保險人交齊證明文件後，於約定期限內給付賠償金額。無約定期限者，應於接到通知後 15 日內給付之(§34 I)。以促使保險人儘速履行理賠義務。

二、　遲延利息：保險人因可歸責於自己之事由致未在前項規定期限內為給付者，應給付遲延利息年利 1 分(§34 II)。此規定之目的在於保障被險人之利益，並避免保險人藉故拖延。

三、　爭議時之處理：保險人與被保險人或受益人，對於賠款金額或給付金額有爭議時，保險人應就其已認定賠付或給付部分，依照契約規定期限，先行賠付或給付；契約內無期限規定者，應自證明文件交齊之日起 15 日內先行賠付或給付（施行細則§7）。

第五項　複保險

第一款　複保險之定義

　　複保險係指要保人對於同一保險利益、同一保險事故，與數保險人分別訂立數個保險契約之行為(§35)，因此要成立複保險之前提為「同一保險利益」、「同一保險事故」、「與數保險人」分別訂立「數個」保險契約。例如，A 所有之房屋價值 200 萬，分別向 B1、B2 等 2 家產物保險公司同時或先後投保總計達 500 萬之火災險，即屬之；若 A 分別向 B1 公司投保 200 萬火險，向 B2 公司投保 200 萬之水險，因投保險種不同，則非屬複保險。複保險法律關係，可參見圖 4-3。複保險常與「共保條款」(§48)發生混淆，茲列表區別之，參見表 4-3：

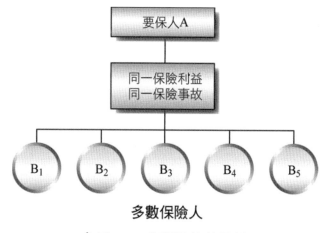

圖 4-3　複保險法律關係

⚖ 表 4-5　複保險與共保條款之區別

類型	複保險	共保條款
意義	要保人對於同一保險利益、同一保險事故，與數保險人分別訂立數個保險契約之行為(§35)	保險人得於約定保險標的物之一部分，應由要保人自行負擔由危險而生之損失(§48)
保險人數	數保險人	單一保險人
保險契約數	數保險契約	單一保險契約，且不再另向他保險人投保
保險金額	1. 得足額投保但不得超額保險 2. 如為惡意超額保險情形，得解除契約。如有損失，並得請求賠償（§76Ⅰ前段）	1. 可以不足額投保 2. 若不足額投保，不足額部分自行負擔危險
通知義務及效果	1. 要保人通知義務：複保險，除另有約定外，要保人應將他保險人之名稱及保險金額通知各保險人(§36) 2. 故意不通知之效果：契約無效(§37)	因僅單一保險人，無通知義務

　　複保險對於保險標的價額高者，有危險分擔實益，惟執行上常有涉及隱匿、不當得利之情形，因此保險法設有相當之限制。本項複保險規定於總則章，是否對財產保險及人身保險均有適用？迭有爭議，經大法官第 576 號解釋，認定複保險僅適用於財產保險，不得適用於人身保險。

第二款　複保險通知義務

　　複保險因為有隱匿事實而受有不當利益之可能，因此課予要保人有通知之義務，說明如下：

一、　要保人通知義務：複保險，除另有約定外，要保人應將他保險人之名稱及保險金額通知各保險人(§36)。

二、　故意不通知之效果：要保人故意不為前條之通知，或意圖不當得利而為複保險者，其契約無效(§37)。

第三款　複保險損害賠償計算方式

　　善意之複保險，其保險金額之總額超過保險標的之價值者，除另有約定外，各保險人對於保險標的之全部價值，僅就其所保金額負比例分擔之責。但賠償總額，不得超過保險標的之價值(§38)。例如：價值 1000 萬元之房屋，分別各向二家公司 B1、B2 投保 1000 萬火災險，若該房屋失火毀損時，該二家公司應賠償之金額應各就比例各自分擔 500 萬元，以免要保人因此而獲得超過房屋價值之利益。本條所稱之另有約定，係指各保險人不依比例分擔之約定，非謂賠償總額得超過保險標的價值而言。

　　有關複保險損害總額之公式，參見圖 4-4：

$$損失 \times \frac{特定保險人承保金額}{各保險人承保之保險金額總額} = 特定保險人應負責之賠償金額$$

$$1000萬 \times \frac{1000萬（B_1承保金額）}{1000萬（B_1承保金額）+1000萬（B_2承保金額）}$$
$$=500萬（B_1應負擔之賠償金額）$$

圖 4-4　複保險損害總額之公式

　　至於複保險的效力，依要保人是否為善意而有不同，參見表 4-6：

表 4-6　惡意與善意複保險之區別

區別	惡意複保險	善意複保險
原因	1. 要保人故意不為複保險之通知 2. 意圖不當得利	無惡意之情形
效力	複保險契約無效	複保險契約有效
責任	各保險人不負責	各保險人對於保險本文的之全部價值（指損失）依其保險金額之比例分擔
保險費	保險人於不知情之時期內仍取得保險費	在危險發生之前，要保得依超過部分要求比例返還之

第六項　再保險

第一款　再保險之定義

所稱再保險者，亦稱為「轉保險」，謂保險人以其所承保之危險，轉向他保險人為保險之契約行為(§39)，再保險契約之存在必以原保險契約存在為前提，但再保險契約本身係獨立之保險契約。因此，再保險係以本身所承擔之危險移轉於他保險人，為保險業間分擔損失之制度。再保險法律關係，參見圖 4-5：

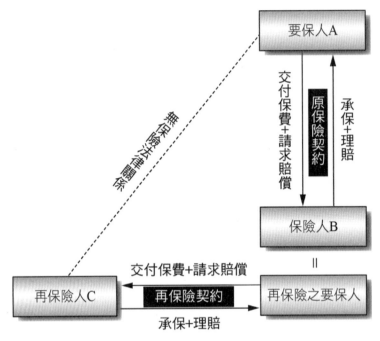

圖 4-5　再保險法律關係

第二款　再保險契約與原保險契約之關係

再保險與原保險間均為獨立之保險契約，原則上原保險契約之被保險人，對於再保險人無賠償請求權。但原保險契約及再保險契約另有約定者，不在此限(§40)。再保險人亦不得向原保險契約之要保人請求交付保險費(§41)。原保險人也不得以再保險人不履行再保險金額給付之義務為理由，拒絕或延遲履行其對於被保險人之義務(§42)。

第 39 條規定之再保險，乃保險人以其所承保之危險，轉向他保險人為保險之契約行為，性質上原屬於分擔危險之責任保險契約，即再保險人（再保險契約之保險人）於再保險契約所約定之危險（原保險人依其與原被保險人間之保險契約而生之

給付保險金義務）發生時，應負給付保險金予原保險人（再保險契約之被保險人）之義務。是除另有約定或習慣外，再保險契約仍有本法第 53 條第 1 項規定之適用。申言之，原保險人於依原保險契約給付保險金與被保險人而依法受移轉賠償金額範圍內之被保險人對於第三人之損失賠償請求權，因再保險人依再保險契約給付保險金與原保險人後，亦於該賠償金額範圍內，當然移轉於再保險人。原保險人就再保險人賠償金額範圍內，自不得再代位被保險人向第三人行使已移轉予再保險人之損失賠償請求權（93 台上 2060 號判決）。

再保險與共同保險有其異同，參見表 4-7：

表 4-7　再保險與共同保險之異同

異同	再保險		共同保險
相同點	皆為保險人分散風險之手段及方法		
不同點	危險分擔之不同	第一次分擔，縱的分擔	第一次分擔，橫的分擔
	保險法關係之不同	要保人與一保險人有直接關係	要保人與保險人有直接且並立之關係

第二節　保險契約

第一項　通則

第一款　保險契約之性質

保險契約應從形式上及實質上加以探討，就性質上言，其為有名契約、雙務契約、有償契約、任意契約、誠意契約、射倖契約、附合契約、繼續性契約等特性；就實質上言，保險契約所記載事項包括基本條款及特約條款等。有關保險契約之性質，擇重要者說明如下：

一、雙務契約：保險契約約定一方有交付保險費之義務，另一方於保險事故發生時，有給付保險金額之義務，因此為雙務契約。

二、有償契約：保險契約以給付保險費為代價，故為有償契約。

三、任意契約：除本法之強制規定外，保險契約得依雙方當事人意思表示一致而約定特約條款，但如有解釋適用之疑義時，原則上應採有利於被保險人之解釋。

四、誠信契約：要保人對於保險人之詢問事項有據實說明的義務，另對於危險之增加亦有通知義務，以避免惡意不當得利之情事發生。

五、射倖契約：保險所承擔之危險係不可預料及不可抗力之事故，均非訂約時可預見，具射倖性。

六、附合契約：保險契約因技術化、定型化及團體化的關係，其內容均由保險公司一方所決定，要保人只有依契約條款同意訂立與否之自由，並無討價還價之餘地。故政府對於各種保險契約之條款加以管理，保險公司不得任意訂立不利於要保人之條款。

　　至於保險契約為要式或不要式契約，實務上有爭議。採肯定者謂，本法第 43 條規定，保險契約，應以保險單或暫保單為之，另第 55 條、第 87 條、第 108 條有保險契約法定應記載事項而認為保險契約為要式契約。亦有認為保險契約為不要式契約，僅需當事人雙方意思表示一致即可成立保險契約。此二者之觀點不同，亦會影響保險契約之效力及保險事故發生時之理賠認定。

第二款　保險契約之訂定

　　保險契約應經雙方當事人意思表示一致而訂定，一方（要保人）負有給付保險費之義務，另一方（保險人）則於保險事故發生時，負擔賠償責任。

一、保險契約，應以保險單或暫保單為之[9](§43)。依施行細則第 4 條規定，有關保險費之預收及其責任，說明如下：

（一）依本法第 43 條規定簽發保險單或暫保單，須與交付保險費全部或一部同時為之。

（二）財產保險之要保人在保險人簽發保險單或暫保單前，先交付保險費而發生應予賠償之保險事故時，保險人應負保險責任。

（三）人壽保險人於同意承保前，得預收相當於第一期保險費之金額。保險人應負之保險責任，以保險人同意承保時，溯自預收相當於第一期保險費金額時開始。

---

[9]　保險法施行細則第 5 條規定，保險業經營各種保險之保險單條款，應使用中文。但因業務需要，得使用外文，並附中文譯本或節譯本。

二、　於同意後訂定：保險契約，由保險人於同意要保人聲請後簽訂(§44 I)。利害
　　　關係人，均得向保險人請求保險契約之謄本(§44 II)。

三、　得為他人利益而訂立：要保人得不經委任，為他人之利益訂立保險契約。受益
　　　人有疑義時，推定要保人為自己之利益而訂立(§45)。為他人利益訂立之保險
　　　契約，於訂約時，該他人未確定者，由要保人或保險契約所載可得確定之受益
　　　人，享受其利益(§52)。

四、　由代理人訂定：保險契約為民事契約，自得由代理人為之。民法第 103 條第 1
　　　項規定，代理人於代理權限內，以本人名義所為之意思表示，直接對本人發生
　　　效力。依本法第 46 條規定，保險契約由代理人訂立者，應載明代訂之意旨，
　　　期使法律關係更臻明確。

五、　由合夥人或共有人訂定：保險契約由合夥人或共有人中之一人或數人訂立，而
　　　其利益及於全體合夥人或共有人者，應載明為全體合夥人或共有人訂立之意旨
　　　(§47)。

六、　共保條款：保險人得於約定保險標的物之一部分，應由要保人自行負擔由危險
　　　而生之損失。有前項約定時，要保人不得將未經保險之部分，另向他保險人訂
　　　立保險契約(§48)。此即所謂「自負額之約定」，通常適用於危險性較高之險種，
　　　例如海上保險、汽車竊盜險等。共保條款之法律關係，參見圖4-6。

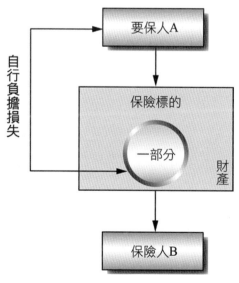

◢ 圖 4-6　共保條款法律關係

七、 保險契約之轉讓：保險契約除人身保險外，得為指示式或無記名式(§49 I)。因財產保險之保險標的為財產，所有權時有變動，應容許轉讓，以符經濟效益。如為指示式，得以背書方式轉轉之；如為無記名式，則得以交付轉讓之。惟一經轉讓，保險人對於要保人所得為之抗辯，亦得以之對抗保險契約之受讓人(§49 II)。

八、 賠償金額：保險契約依保險事故發生時，保險人支付之賠償金額是否已預定，可分為不定值保險契約及定值保險契約(§50 I)，茲說明如下：

（一） 不定值保險契約，為契約上載明保險標的之價值，須至危險發生後估計而訂之保險契約(§50 II)。

（二） 定值保險契約，為契約上載明保險標的一定價值之保險契約(§50 III)。

九、 保險契約解釋之原則：本法之強制規定，不得以契約變更之。但有利於被保險人者，不在此限。保險契約之解釋，應探求契約當事人之真意，不得拘泥於所用之文字；如有疑義時，以作有利於被保險人之解釋為原則(§54)。

第二項　基本條款

第一款　保險契約應記載事項

保險契約，除本法另有規定外，應記載下列各款事項(§55)：

1. 當事人之姓名及住所。
2. 保險之標的物。
3. 保險事故之種類。
4. 保險責任開始之日時及保險期間。
5. 保險金額。
6. 保險費。
7. 無效及失權之原因。
8. 訂約之年月日。

以上 8 款為一般保險契約應記載事項，但第 55 條規定「除本法另有規定外」，即指第 108 條人壽保險、第 129 條健康保險及第 132 條傷害保險所規定的記載事項。除了上述應記載事項外，亦得另以特約約定雙方之權利義務。

第二款　通知之義務

通知是指「危險的通知」，可包括兩種情形，一是危險發生之通知，一是危險增加的通知，本法有特別之規定，以符合保險是最大善意契約之性質。

第一目　保險事故發生之通知

要保人、被保險人或受益人，遇有保險人應負保險責任之事故發生，除本法另有規定，或契約另有訂定外，應於知悉後 5 日內通知保險人(§58)，以利保險人進行調查及理賠。

第二目　危險增加之通知

有關保險產生危險增加時，要保人有一定之義務通知保險人，茲說明如下：

一、　應通知之情形：危險之增加或減少將會影響保險之對價，因此第 59 條規定應通知保險人，其情形有下列 4 種：

（一）　要保人對於保險契約內所載增加危險之情形應通知者，應於知悉後通知保險人。

（二）　危險增加，由於要保人或被保險人之行為所致，其危險達於應增加保險費或終止契約之程度者，要保人或被保險人應先通知保險人。

（三）　危險增加，不由於要保人或被保險人之行為所致者，要保人或被保險人應於知悉後 10 日內通知保險人。

（四）　危險減少時，被保險人得請求保險人重新核定保費。
　　　　但危險之增加，如為下列情形：1.損害之發生不影響保險人之負擔者；2.為防護保險人之利益者；3.為履行道德上之義務者，不適用第 59 條之規定(§61)。

二、　無須通知之情形：當事人之一方對於下列各款，不負通知之義務(§62)：

（一）　為他方所知者。

（二）　依通常注意為他方所應知，或無法諉為不知者。

（三）　一方對於他方經聲明不必通知者。

三、　危險增加之處理(§60)：

（一）　保險遇有第 59 條情形，得終止契約，或提議另定保險費。要保人對於另定保險費不同意者，其契約即為終止。但因第 2 項情形終止契約時，保險人如有損失，並得請求賠償。

（二）　保險人知危險增加後，仍繼續收受保險費，或於危險發生後給付賠償金額，或其他維持契約之表示者，喪失前項之權利。

四、　未於期限內通知之效果：要保人或被保險人不於第 58 條（即 5 日），第 59 條第 3 項（即 10 日）所規定之限期內為通知者，對於保險人因此所受之損失，應負賠償責任(§63)。

第三目　複保險之通知

複保險因為有隱匿事實而受有不當利益之可能，因此課予要保人有通知之義務。複保險，除另有約定外，要保人應將他保險人之名稱及保險金額通知各保險人(§36)。要保人故意不為前條之通知，或意圖不當得利而為複保險者，其契約無效(§37)。

第四目　其他通知事項

除了人身保險以外，如有變更保險契約或恢復停止效力之保險契約時，保險人於接到通知後 10 日內不為拒絕者，視為承諾(§56)，以避免契約之不確定性。

第五目　怠於通知之效果

當事人之一方對於他方應通知之事項而怠於通知者，除不可抗力之事故外，不問是否故意，他方得據為解除保險契約之原因(§57)。

第三款　據實說明之義務

保險契約為最大善意契約，因此訂約時不得有詐術使人陷於錯誤之情形。本法有關據實說明義務之規定如下：

一、　要保人據實說明之義務：訂立契約時，要保人對於保險人之書面詢問，應據實說明(§64 I)。

二、　未履行說明義務之效果：要保人有為隱匿或遺漏不為說明，或為不實之說明，足以變更或減少保險人對於危險之估計者，保險人得解除契約；其危險發生後亦同。但要保人證明危險之發生未基於其說明或未說明之事實時，不在此限(§64 II)。前項解除契約權，自保險人知有解除之原因後，經過 1 個月不行使而消滅；或契約訂立後經過 2 年，即有可以解除之原因，亦不得解除契約(§64 III)。實務上頻傳有過失遺漏告知事項而遭保險人主張解約並沒收保險費者，對資訊較為缺乏之被保險人顯為不公，第 2 項明定「遺漏不為說明」，亦屬違反說明義務。

由於據實說明之義務將會影響保險契約中危險之估計，甚至造成解除契約之效果，因此實務上常發生此類爭議，例如已向業務員詳實告知，而業務員向保險人隱匿之爭議。

第四款　請求權時效

請求權者，因法律規定之期間經過而減損其效力。依民法規定，時效完成後，債務人得拒絕給付。一般請求權為 15 年，但法律所定期間較短者，依其規定（民法§125）。

本法第 65 條規定，由保險契約所生之權利，自得為請求之日起，經過 2 年不行使而消滅。有下列各款情形之一者，其期限之起算，依各該款之規定：

1. 要保人或被保險人對於危險之說明，有隱匿、遺漏或不實者，自保險人知情之日起算。

2. 危險發生後，利害關係人能證明其非因疏忽而不知情者，自其知情之日起算。

3. 要保人或被保險人對於保險人之請求，係由於第三人之請求而生者，自要保人或被保險人受請求之日起算。

除了請求權之短期時效特別規定之外，其餘仍依民法規定辦理。例如請求權已經時效消滅，債務人仍為履行之給付者，不得以不知時效為理由，請求返還；其以契約承認該債務或提出擔保者亦同（民法§144Ⅱ）。

第五款　代位求償權

第一目　意義

保險之目的在於填補損失，自不容許雙重得利，因此本法規定，被保險人因保險人應負保險責任之損失發生，而對於第三人有損失賠償請求權者，保險人得於給付賠償金額後，代位行使被保險人對於第三人之請求權（§53Ⅰ前段）。保險人之代位權屬於一種「賠償代位」，由保險人為行使權利的主體。其成立要件如下：

1. 須被保險人因保險事故對第三人有損失賠償請求權。

2. 須保險人於給付賠償金額後。

亦即被保險人因保險人應負保險責任之損失發生，而對於第三人有損失賠償請求權者，於保險人履行賠償之義務後，其損失賠償請求權於賠償金額範圍內，當然移轉於保險人，被保險人於受領保險金給付後，即不得再向第三人行使已移轉予保險人之損失賠償請求權（93 台上 2060 號判決）。保險代位之法律關係，參見圖 4-7：

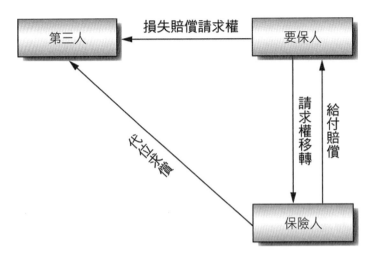

　圖 4-7　保險代位之法律關係

第二目　請求之限制

有關保險代位請求之限制，有兩種情形，一是金額的限制，一是對象的限制，說明如下：

一、金額限制

代位請求其所請求之數額，以不逾賠償金額為限（§53 I 但書）。按保險制度，旨在保護被保險人，非為減輕損害事故加害人之責任。保險給付請求權之發生，係以定有支付保險費之保險契約為基礎，與因侵權行為所生之損害賠償請求權，並非出於同一原因。後者之損害賠償請求權，殊不因受領前者之保險給付而喪失，兩者除有保險法第 53 條關於代位行使之關係外，並不生損益相抵問題（68 台上 42 號判例）。損害賠償祇應填補被害人實際損害，保險人代位被害人請求損害賠償時，依保險法第 53 條第 1 項規定，如其損害額超過或等於保險人已給付之賠償金額，固得就其賠償之範圍，代位請求賠償，如其損害額小於保險人已給付之賠償金額，則保險人所得代位請求者，應祇以該損害額為限（65 台上 2908 號判例）。

二、對象限制

第三人為被保險人之家屬或受僱人時，保險人無代位請求權。但損失係由其故意所致者，不在此限（§53）。保險人代位權，其行使之對象，不以侵權行為之第三人為限，苟被保險人因保險人應負保險責任之損失發生，而對於第三人有損失賠償請求權者，保險人即得於給付賠償金額後，代位行使被保險人對於第三人之請求權（76 台上 1493 號判例）。

第三項　特約條款

　　特約條款是保險契約重要內容，涉及當事人權利義務重大關係，其須具備兩個要件：一、須當事人承認履行特種義務：由當事人約定，而非由於法定，屬於任意記載事項。二、須在基本條款之外：所約定者非屬於基本條款之範圍。特約條款之定義、特約事項及效果，說明如下：

一、　定義：所謂特約條款，為當事人於保險契約基本條款外，承認履行特種義務之條款(§66)。例如在人身保險契約中特別約定被保險人不得從事某種工作，以避免增加危險。

二、　特約事項：與保險契約有關之一切事項，不問過去現在或將來，均得以特約條款定之(§67)。此三種特約條款屬於要保人方面所應具備者，其性質類似保證，故亦稱「保證條款」(warranties)。例如在火災保險契約中特別約定，在保險期間房屋不得做為餐廳用途。此種特約，載於契約中為契約之一部分，當事人自應遵守，但特約仍不得違反公序良俗或本法之強制規定。

三、　特約條款之效果：

（一）　保險契約當事人之一方違背特約條款時，他方得解除契約；其危險發生後亦同(§68 I)。第 64 條第 3 項之規定[10]，於前項情形準用之(§68 II)，目的在以避免契約之不確定性。

（二）　關於未來事項之特約條款，於未屆履行期前危險已發生，或其履行為不可能，或在訂約地為不合法而未履行者，保險契約不因之而失效(§69)。

第四項　保險契約瑕疵之效果

第一款　保險契約的無效

　　保險契約無效之情形如下：

一、　不為複保險之通知：要保人故意不為複保險之通知，或意圖不當得利而為複保險者，其契約無效(§37)。

---

[10] 要保人違反據實說明義務，保險人得解除契約；其危險發生後亦同。自保險人知有解除之原因後，經過 1 個月不行使而消滅；或契約訂立後經過 2 年，即有可以解除之原因，亦不得解除契約。

二、 保險標的之危險已發生或已消滅：保險契約訂立時，保險標的之危險已發生或已消滅者，其契約無效。但為當事人雙方所不知者，不在此限。但是訂約時，僅要保人知危險已發生者，保險人不受契約之拘束。或訂約時，僅保險人知危險已消滅者，要保人不受契約之拘束(§51)。

三、 死亡保險未經被保險人書面同意：由第三人訂立之死亡保險契約，未經被保險人書面同意，並約定保險金額，其契約無效(§105Ⅰ)。

四、 未滿 15 歲之未成人之人壽保險：訂立人壽保險契約時，以未滿 15 歲之未成年人為被保險人，除喪葬費用之給付外，其餘死亡給付之約定於被保險人滿 15 歲時始生效力。前項喪葬費用之保險金額，不得超過遺產及贈與稅法第 17 條有關遺產稅喪葬費扣除額之一半。此一規定在舊法屬於原則無效，為防止道德風險，修法後年齡提高為 15 歲，109 年再修法限額給付提供未滿 15 歲被保險人身故所需之喪葬費用(§107ⅠⅡ)。

五、 受監護人之人壽保險：訂立此種保險契約時，除喪葬費用之給付外，其餘死亡給付部分無效（§107-1）。

六、 年齡不實：原則上屬契約無效，法律效果屬回復原狀，明定因年齡不實之契約，有溢繳者，保險人退還，有少繳者，依真實年齡比例減少保險金額。第 122 條共分三項：「（第 1 項）被保險人年齡不實，而其真實年齡已超過保險人所定保險年齡限度者，其契約無效，保險人應退還所繳保險費。（第 2 項）因被保險人年齡不實，致所付之保險費少於應付數額者，要保人得補繳短繳之保險費或按照所付之保險費與被保險人之真實年齡比例減少保險金額。但保險事故發生後，且年齡不實之錯誤不可歸責於保險人者，要保人不得要求補繳短繳之保險費。（第 3 項）因被保險人年齡不實，致所付之保險費多於應付數額者，保險人應退還溢繳之保險費。且此條規定在健康保險準用(§130)。

七、 財產保險超額部分無效：保險金額超過保險標的價值之契約，無詐欺情事者，除定值保險外，其契約僅於保險標的價值之限度內為有效（§76Ⅰ後段）。

八、 顯失公平部分無效：保險契約中有下列情事之一，依訂約時情形顯失公平者，該部分之約定無效(§54-1)：

（一） 免除或減輕保險人依本法應負之義務者。

（二） 使要保人、受益人或被保險人拋棄或限制其依本法所享之權利者。

（三） 加重要保人或被保險人之義務者。

（四） 其他於要保人、受益人或被保險人有重大不利益者。

第二款　保險契約的解除

保險契約得解除之情形如下：

一、 應通知而怠於通知：當事人之一方對於他方應通知之事項而怠於通知者，除不可抗力之事故外，不問是否故意，他方得據為解除保險契約之原因(§57)。

二、 違反據實說明義務：保險人得解除契約；其危險發生後亦同。但要保人證明危險之發生未基於其說明或未說明之事實時，不在此限。前項解除契約權，自保險人知有解除之原因後，經過 1 個月不行使而消滅；或契約訂立後經過 2 年，即有可以解除之原因，亦不得解除契約(§64ⅡⅢ)。

三、 違背特約條款：保險契約當事人之一方違背特約條款時，他方得解除契約；其危險發生後亦同(§68Ⅰ)。

四、 財產保險之詐欺超額：保險金額超過保險標的價值之契約，係由當事人一方之詐欺而訂立者，他方得解除契約。如有損失，並得請求賠償（§76Ⅰ前段）。

第三款　保險契約的終止

保險契約得依當事人之意思而終止，亦得因保險法法定事由之發生而終止，保險契約之終止係向後發生效力，並不會產生追溯之結果。茲就本法規定之「法定終止事由」說明如下：

一、 保險人不同意比例減少保險費之請求時：因增加保險費之計算因素消滅時，要保人得請求比例減少保險費，保險人不同意時，要保人得終止契約。其終止後之保險費已交付者，應返還之(§26Ⅰ)。

二、 保險人破產時：保險人破產時，保險契約於破產宣告之日終止，其終止後之保險費，已交付者，保險人應返還之(§27)。

三、 要保人破產時：要保人破產時，保險契約仍為破產債權人之利益而存在，但破產管理人或保險人得於破產宣告 3 個月內終止契約。其終止後之保險費已交付者，應返還之(§28)。

四、　有危險增加之情事發生：保險遇有危險增加，除有第 61 條之情形外，得終止契約，或提議另定保險費。要保人對於另定保險費不同意者，其契約即為終止（§60）。

五、　非因保險事故之滅失：保險標的物非因保險契約所載之保險事故而完全滅失時，保險契約即為終止(§81)。

六、　火災保險保險標的物受部分之損失者：保險人與要保人均有終止契約之權。終止後，已交付未損失部分之保險費應返還之。前項終止契約權，於賠償金額給付後，經過 1 個月不行使而消滅。保險人終止契約時，應於 15 日前通知要保人(§82 I II III)。

七、　不接受修復建議者：保險人有隨時查勘保險標的物之權，如發現全部或一部分處於不正常狀態，經建議要保人或被保險人修復後，再行使用。如要保人或被保險人不接受建議時，得以書面通知終止保險契約或其有關部分(§97)。

八、　經被保險人書面撤銷同意之死亡保險契約：視為要保人終止保險契約(§105 III)。

九、　人壽保險保費到期未付：保險契約所定申請恢復效力之期限，自停止效力之日起不得低於 2 年，並不得遲於保險期間之屆滿日。保險人於前項所規定之期限屆滿後，有終止契約之權(§116 V VI)。

　　一般有關「保險契約之履行」，要保人義務包括複保險通知義務、據實說明義務、繳交保費義務及危險通知義務；而保險人義務包括保險金給付義務及保險費返還義務等，參見表 4-8：

⚖ 表 4-8　保險契約之履行

保險契約中當事人應履行之義務		條文
要保人之義務	複保險通知義務	§36、§37
	據實說明義務	§64
	繳交保險費義務	§3、§21~§28、§41、§115~§117
	危險通知義務	§58、§59、§61~§63
保險人之義務	保險金給付義務	§29~§34
	保險費返還之義務	§23、§25~§28、§82、§109、§116

第三節　財產保險

本法所稱之財產保險，包括火災保險、海上保險、陸空保險、責任保險、保證保險及其他財產保險，分述如下：

第一項　火災保險

一、意義

火災保險指對於由火災所致保險標的物的毀損或滅失，負賠償責任的一種保險。火災保險人，對於由火災所致保險標的物之毀損或滅失，除契約另有訂定外，負賠償之責。因救護保險標的物，致保險標的物發生損失者，視同所保危險所生之損失(§70)。

二、火災屬集合保險

就集合之物而總括為保險者，被保險人家屬、受僱人或同居人之物，亦得為保險標的，載明於保險契約，在危險發生時，就其損失享受賠償。前項保險契約，視同並為第三人利益而訂立(§71)。被保險人家屬、受僱人或同居人同居一處之財物，如個別承保則不符實益。此種保險契約兼具「為自己利益的保險契約」與「為他人利益的保險契約」雙重性質。

三、火災保險標的之價額

保險價額是保險標的物的價額，也就是保險標的物在某特定時期得以金錢合計之價額，保險金額不得超過保險價額，一般計算保險價額的方法有主觀說（由當事人自由約定）與客觀說（依市價評定），其估計之時期，在訂約時與損害發生時之區別，本法兼採之，茲說明如下：

（一）不得超額承保

保險金額為保險人在保險期內，所負責任之最高額度。保險人應於承保前，查明保險標的物之市價，不得超額承保(§72)。係對保險人所為之限制，惟如超額承保，效果如何，依第 76 條規定處理：

1. 保險金額超過保險標的價值之契約，係由當事人一方之詐欺而訂立者，他方得解除契約。如有損失，並得請求賠償。
2. 無詐欺情事者，除定值保險外，其契約僅於保險標的價值之限度內為有效。
3. 無詐欺情事之保險契約，經當事人一方將超過價值之事實通知他方後，保險金額及保險費，均應按照保險標的之價值比例減少。

4. 保險業違反第 72 條規定超額承保者,除違反部分無效外,處 45 萬元以上 450 萬元以下罰鍰(§169)。

（二）定值或不定值約定

　　保險標的,得由要保人,依主管機關核定之費率及條款,作定值或不定值約定之要保,其情形如下:

1. 定值約定:保險標的,以約定價值為保險金額者,發生全部損失或部分損失時,均按約定價值為標準計算賠償。所稱全部損失,係指保險標的全部滅失或毀損,達於不能修復或其修復之費用,超過保險標的恢復原狀所需者(§74)。

2. 不定值約定:保險標的未經約定價值者,發生損失時,按保險事故發生時實際價值為標準,計算賠償,其賠償金額,不得超過保險金額(§73)。

（三）無法以市價估計時之處理

　　保險標的物不能以市價估計者,得由當事人約定其價值。賠償時從其約定(§75)。要保人以其所有之藝術品、古玩品及不能依市價估定價值之物品要保者,應依本法第 73 條及第 75 條規定約定價值,為定值之保險（施行細則§6）。

（四）一部保險之約定

　　保險金額不及保險標的物之價值者,除契約另有訂定外,保險人之負擔,以保險金額對於保險標的物之價值比例定之(§77)。例如價值 300 萬元之房屋,僅投保 200 萬元之火災保險。有關一部保險賠償金額之計算公式,參見圖 4-8:

$$賠償金額 = \frac{保險金額 \times 損失額}{保險價額}$$

📖 圖 4-8　一部保險賠償金額之計算公式

四、 損失之估計

　　在保險事故發生時,如屬於定值保險則不會發生損失估計的問題,只有在不定值保險時,須按照事故發生時實際損失為賠償基準。

（一）　遲延估計之處理

損失之估計，因可歸責於保險人之事由而遲延者，應自被保險人交出損失清單 1 個月後加給利息。損失清單交出 2 個月後損失尚未完全估定者，被保險人得請求先行交付其所應得之最低賠償金額(§78)。

（二）　估計費用之負擔

保險人或被保險人為證明及估計損失所支出之必要費用，除契約另有訂定外，由保險人負擔之。如屬一部保險，保險人對於前項費用，依第 77 條規定比例負擔之(§79)。

（三）　標的物變更之禁止

損失未估定前，要保人或被保險人除為公共利益或避免擴大損失外，非經保險人同意，對於保險標的物不得加以變更(§80)。

五、　契約之終止

保險契約之終止有兩種情形，一為當然終止，一為合意終止，說明如下：

（一）　因全部損失的終止

即非因保險事故而全部滅失時，產生當然終止之情形。保險標的物非因保險契約所載之保險事故而完全滅失時，保險契約即為終止(§81)。因本法火災保險契約所載之原因，而終止之火災保險契約，自終止事故發生之日起，其已交付未到期之保險費，應返還之。前項保險費之返還，除契約另有約定者外，保險人得按短期保險費之規定扣除保險契約有效期間之保險費後返還之。但前項終止契約之原因不可歸責於被保險人者，應將自原因發生之日起至滿期日止之保險費，按日數比例返還之（施行細則§8）。

（二）　因部分損失的終止

即部分滅失時，合意終止之情形。保險標的物受部分之損失者，保險人與要保人均有終止契約之權。終止後，已交付未損失部分之保險費應返還之。前項終止契約權，於賠償金額給付後，經過 1 個月不行使而消滅。保險人終止契約時，應於 15 日前通知要保人。要保人與保險人均不終止契約時，除契約另有訂定外，保險人對於以後保險事故所致之損失，其責任以賠償保險金額之餘額為限(§82)。

六、　破產時責任準備金之請求

因要保人繳納保費達 1 年以上者，已提列有責任準備金，為保障要保人、被保險人及受益人之權益，1 年以上財產儲蓄性保單所提存之責任準備金，準用第 123 條、124 條之責任準備金之規定。即保險人破產時，受益人對於保險人得請求之保險金額之債權，以其保單價值準備金按訂約時之保險費率比例計算之。要保人破產時，保險契約訂有受益人者，仍為受益人之利益而存在。要保人、被保險人、受益人，對於被保險人之保單價值準備金，有優先受償之權（§82-1Ⅱ準用§123、§124）。

第二項　海上保險

海上保險者，係指海上保險人對於保險標的物，除契約另有規定外，因海上一切事變及災害所生之毀損、滅失及費用，負賠償之責(§83)。又因海商法就海上保險設有特別之規定，因此於本法第 84 條規定，關於海上保險，適用海商法海上保險章之規定。

第三項　陸空保險

一、　意義

陸空保險者，指陸上、內河及航空保險人，對於保險標的物，除契約另有訂定外，因陸上、內河及航空一切事變及災害所致之毀損、滅失及費用，負賠償之責(§85)。航行內河船舶運費及裝載貨物之保險，除本節另有規定外，準用海上保險有關條文之規定(§89)。

二、　貨物保險期間

關於貨物之保險，除契約另有訂定外，自交運之時以迄於其目的地收貨之時為其期間(§86)。

三、　保險契約之特約

保險契約，除記載第 55 條規定事項外，並應載明下列事項(§87)：

（一）　運送路線及方法。

（二）　運送人姓名及商號名稱。

（三）　交運及取貨地點。

（四）　運送有期限者，其期限。

四、停止或變更路線之效果

因運送上之必要，暫時停止或變更運送路線或方法時，保險契約除另有訂定外，仍繼續有效(§88)。

第四項　責任保險

一、意義

責任保險者，謂責任保險人於被保險人對於第三人，依法應負賠償責任，而受賠償之請求時，負賠償之責(§90)。究其目的在於補償被保險人於法定責任發生時所受之財產損失。例如汽車發生車禍，撞傷行人，車主對於行人應負侵權行為之損害賠償責任。在社會交往頻繁之際，每有對他人負損害賠償責任之事發生，如食品安全責任、醫療責任、飛安責任等，為使此等危險分散，不致於集中於該個人或企業，責任保險制度日益盛行。

一般責任保險可分為個人責任保險、事業責任保險；為自己的利益責任保險、為他人責任保險、為自己兼為他他人利益責任保險等類型。責任保險之要件有4：

（一）須被保險人對第三人應負之賠償責任。

（二）須屬民事責任。

（三）須為依法應負之責任。

（四）須為過失責任。

二、必要費用之負擔義務

被保險人因受第三人之請求而為抗辯，所支出之訴訟上或訴訟外之必要費用，除契約另有訂定外，由保險人負擔之。被保險人得請求保險人墊給前項費用(§91ⅠⅡ)。訴訟上必要費用，如訴訟費及證人到庭費。訴訟外必要費用，如損失估計費用。此等費用，除契約另有訂定外，原則上由保險人負擔。

三、對第三人之效力

保險契約係為被保險人所營事業之損失賠償責任而訂立者，被保險人之代理人、管理人或監督人所負之損失賠償責任，亦享受保險之利益，其契約視同並為第三人之利益而訂立(§92)。責任保險之法律關係，參見圖4-9：

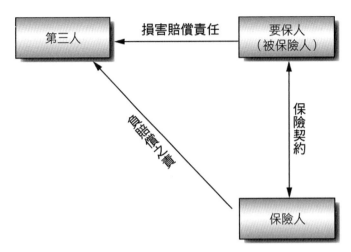

圖 4-9　責任保險之法律關係

四、 保險人參與之必要

　　保險人得約定被保險人對於第三人就其責任所為之承認、和解或賠償，未經其參與者，不受拘束。但經要保人或被保險人通知保險人參與而無正當理由拒絕或藉故遲延者，不在此限(§93)。

五、 保險之賠償

　　保險之賠償有所限制，可分下列 3 種情況：

（一） 未受賠償以前：保險人於第三人由被保險人應負責任事故所致之損失，未受賠償以前，不得以賠償金額之全部或一部給付被保險人(§94Ⅰ)。

（二） 依比例賠償：被保險人對第三人應負損失賠償責任確定時，第三人得在保險金額範圍內，依其應得之比例，直接向保險人請求給付賠償金額(§94Ⅱ)。第三人可直接向保險人請求給付賠償金額時，保險人基於保險契約所得對抗被保險人之事由，皆得以之對抗第三人（施行細則§9）。

（三） 直接向第三人賠償：保險人得經被保險人通知，直接對第三人為賠償金額之給付(§95)。

第五項　保證保險

一、 意義

　　保證保險指保證保險人於被保險人因其受僱人之不誠實行為，或其債務人之不履行債務所致損失，負賠償之責(§95-1)。保證保險於國外實施已久，性

質上與一般財產保險不盡相同，為推動工程保險制度、企業投保信用保證保險，員工保證保險契約，81 年增訂專節。保證保險之法律關係，參見圖 4-10：

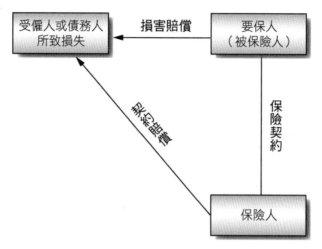

圖 4-10　保證保險之法律關係

二、　應記載事項

（一）　以受僱人之不誠實行為為保險事故之保證保險契約，除記載第 55 條規定事項外，並應載明下列事項(§95-2)：

1. 被保險人之姓名及住所。

2. 受僱人之姓名、職稱或其他得以認定為受僱人之方式。

（二）　以債務人之不履行債務為保險事故之保證保險契約，除記載第 55 條規定事項外，並應載明下列事項(§95-3)：

1. 被保險人之姓名及住所。

2. 債務人之姓名或其他得以認定為債務人之方式。

第六項　其他財產保險

一、　意義

所謂其他保險，係指不屬於火災保險、海上保險、陸空保險、責任保險及保證保險之範圍，而以財物或無形利益為保險標的之各種保險(§96)。例如車輛颱風險。

二、 其他財產保險的種類

其他財產保險的種類繁多，保險業針對社會的需求也不斷開發新的險種，有稱「新種保險」(new branch of insurance)，根據不同標準，區分其他財產保險的種類如下：

（一） 以保險標的為標準：分為玻璃保險、機械保險、汽車保險、財產壽命保險、信用保險等。

（二） 以保險事故為標準：分為原子保險、竊盜保險、天候保險、風害保險、洪水保險等。

最常見的其他財產保險的種類，如權利保險、信用保險等。所謂權利保險(title insurance)，指以不動產之權利瑕疵為保險標的的保險契約。所謂信用保險(credit insurance)，係以債務人不能履行債務，而受損失為標的之保險。信用保險係以金融機構為要保人，對於客戶或第三人的債信向信用保險公司投保，一旦客戶有積欠債務，信用不良者，符合保險條件者，由保險公司負責。信用保險之法律關係，參見圖 4-11：

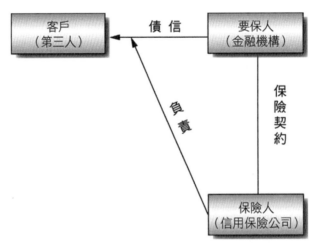

📖 圖 4-11　信用保險之法律關係

三、 保險人查勘標的物之權利

保險人有隨時查勘保險標的物之權，如發現全部或一部分處於不正常狀態，經建議要保人或被保險人修復後，再行使用。如要保人或被保險人不接受建議時，得以書面通知終止保險契約或其有關部分(§97)，目的在於避免財物之損失。

四、　保護標的物之責任

　　　　要保人或被保險人，對於保險標的物未盡約定保護責任所致之損失，保險人不負賠償之責。危險事故發生後，經鑑定係因要保人或被保險人未盡合理方法保護標的物，因而增加之損失，保險人不負賠償之責(§98)。

五、　部分損失之效果

　　　　保險標的物受部分之損失，經賠償或回復原狀後，保險契約繼續有效。但與原保險情況有異時，得增減其保險費(§99)。

第四節　人身保險

　　人身保險，包括人壽保險、健康保險、傷害保險及年金保險(§13Ⅲ)。

第一項　人壽保險

一、　意義

　　　　所謂人壽保險，簡稱「壽險」，係指人壽保險人於被保險人在契約規定年限內死亡，或屆契約規定年限而仍生存時，依照契約負給付保險金額之責(§101)。又可分為生存保險、死亡保險及生死兩合險等類型。

（一）　生存保險：被保險人於保險期間屆滿時仍生存，保險人即依約給付保險金額之保險，屬於儲蓄險之一種。

（二）　死亡保險：以被保險人的死亡為保險金額給付之條件。

（三）　生死兩合險：保險契約約定被保險人於保險期間內死亡或於保險期間屆滿時仍生存者，保險人均須依約給付保險金額。

二、　人壽保險契約之強制規定

（一）　保險金額之約定：人壽保險之保險金額，依保險契約之所定(§102)。

（二）　代位權之禁止：人壽保險之保險人，不得代位行使要保人或受益人因保險事故所生對於第三人之請求權(§103)。

（三）　訂定之主體：人壽保險契約，得由本人或第三人訂立之(§104)。

（四）　死亡保險契約第三人訂定經被保險人同意：為避免道德危險，如由第三人訂立之死亡保險契約，未經被保險人書面同意，並約定保險金額，其契約無效。

被保險人依前項所為之同意，得隨時撤銷之。其撤銷之方式應以書面通知保險人及要保人。被保險人依前項規定行使其撤銷權者，視為要保人終止保險契約(§105)。

（五） 權利移轉與設質之限制：由第三人訂立之人壽保險契約，其權利之移轉或出質，非經被保險人以書面承認者，不生效力(§106)。

（六） 未滿 15 歲之未成年人締結契約之限制：

以未滿 15 歲之未成年人為被保險人訂立之人壽保險契約，除喪葬費用之給付外，其餘死亡給付之約定於被保險人滿 15 歲時始生效力。前項喪葬費用之保險金額，不得超過遺產及贈與稅法第 17 條有關遺產稅喪葬費扣除額之一半。前 2 項於其他法律另有規定者，從其規定。(§107 I II III)。

（七） 以受監護宣告之人締結契約之限制

原規定為對精神障礙或其他心智缺陷之人投保，現一律稱「受監護宣告」，以符合身心障礙者權利公約健康權之保障。訂立人壽保險契約時，以受監護宣告尚未撤銷者為被保險人，除喪葬費用之給付外，其餘死亡給付部分無效。前項喪葬費用之保險金額，不得超過遺產及贈與稅法第 17 條有關遺產稅喪葬費扣除額之一半(§107-1)。

三、 人壽保險契約應記載事項

人壽保險契約，除記載第 55 條規定事項外，並應載明下列事項以求明確(§108)：

（一） 被保險人之姓名、性別、年齡及住所。

（二） 受益人姓名及與被保險人之關係或確定受益人之方法。

（三） 請求保險金額之保險事故及時期。

（四） 依第 118 條之規定，有減少保險金額之條件者，其條件。

四、 保險人免責事由

（一） 被保險人故意自殺

1. 原則：被保險人故意自殺者，保險人不負給付保險金額之責任。但應將保險之保單價值準備金返還於應得之人(§109 I)。保單價值準備金，係指人身保險業以計算保險契約簽單保險費之利率及危險發生率為基礎，並依主管機關規定方式計算之準備金（施行細則§11）。

2. 例外：保險契約載有被保險人故意自殺，保險人仍應給付保險金額之條款者，其條款於訂約 2 年後始生效力。恢復停止效力之保險契約，其 2 年期限應自恢復停止效力之日起算(§109Ⅱ)。

（二）犯罪處死或拒捕或越獄致死

　　被保險人因犯罪處死或拒捕或越獄致死者，保險人不負給付保險金額之責任。但保險費已付足 2 年以上者，保險人應將其保單價值準備金返還於應得之人(§109Ⅲ)。

五、　人壽保險之受益人指定

（一）要保人得通知保險人，以保險金額之全部或一部，給付其所指定之受益人一人或數人。前項指定之受益人，以於請求保險金額時生存者為限(§110)。

（二）受益人經指定後，要保人對其保險利益，除聲明放棄處分權者外，仍得以契約或遺囑處分之。要保人行使前項處分權，非經通知，不得對抗保險人(§111)。

（三）保險金額約定於被保險人死亡時給付於其所指定之受益人者，其金額不得作為被保險人之遺產(§112)。

（四）死亡保險契約未指定受益人者，其保險金額作為被保險人遺產(§113)。

（五）受益人非經要保人之同意，或保險契約載明允許轉讓者，不得將其利益轉讓他人(§114)。

（六）受益權之喪失：受益人故意致被保險人於死或雖未致死者，喪失其受益權。前項情形，如因該受益人喪失受益權，而致無受益人受領保險金額時，其保險金額作為被保險人遺產。要保人故意致被保險人於死者，保險人不負給付保險金額之責。保險費付足 2 年以上者，保險人應將其保單價值準備金給付與應得之人，無應得之人時，應解交國庫(§121)。

六、保險費之繳納

（一）繳納義務人：原則上保險費應由要保人或信託業依信託契約繳納(§22Ⅰ)，但利害關係人，均得代要保人交付保險費(§115)。

（二）到期未交付之效果：

1. 停止效力：人壽保險之保險費到期未交付者，除契約另有訂定外，經催告到達後屆 30 日，仍不交付時，保險契約之效力停止(§116Ⅰ)。催告應送

達於要保人，或負有交付保險費義務之人之最後住所或居所，保險費經催告後，應依與保險人約定之交付方法交付之；保險人並應將前開催告通知被保險人以確保其權益。對被保險人之通知，依最後留存於保險人之聯絡資料，以書面、電子郵件、簡訊或其他約定方式擇一發出通知者，視為已完成(§116Ⅱ)。

2. 恢復效力：

(1) 停止效力之保險契約，於停止效力之日起 6 個月內清償保險費、保險契約約定之利息及其他費用後，翌日上午零時起，開始恢復其效力。要保人於停止效力之日起 6 個月後申請恢復效力者，保險人得於要保人申請恢復效力之日起 5 日內要求要保人提供被保險人之可保證明，除被保險人之危險程度有重大變更已達拒絕承保外，保險人不得拒絕其恢復效力(§116Ⅲ)。

(2) 保險人未於前項規定期限內要求要保人提供可保證明或於收到前項可保證明後 15 日內不為拒絕者，視為同意恢復效力(§116Ⅳ)。

(3) 保險契約所定申請恢復效力之期限，自停止效力之日起不得低於 2 年，並不得遲於保險期間之屆滿日(§116Ⅴ)。

3. 終止契約：

(1) 保險人於第 5 項所規定之期限屆滿後，有終止契約之權(§116Ⅵ)。

(2) 保險契約終止時，保險費已付足 2 年以上，如有保單價值準備金者，保險人應返還其保單價值準備金(§116Ⅶ)。

4. 保險人墊繳保險費之準用：保險契約約定由保險人墊繳保險費者，於墊繳之本息超過保單價值準備金時，其停止效力及恢復效力之申請準用第 1 項至第 6 項規定(§116Ⅷ)。

（三）禁止以訴訟請求保險費：保險人對於保險費，不得以訴訟請求交付。以被保險人終身為期，不附生存條件之死亡保險契約，或契約訂定於若干年後給付保險金額或年金者，如保險費已付足 2 年以上而有不交付時，於第 116 條第 5 項所定之期限屆滿後，保險人僅得減少保險金額或年金(§117)。

七、保險金額或年金之減少(§118)

保險金額原則上由保險契約約定之，但在特殊情形，得經一定程序減少保險金額或年金，說明如下：

（一）　保險人依第 117 條規定，或因要保人請求，得減少保險金額或年金。其條件及可減少之數額，應載明於保險契約。

（二）　減少保險金額或年金，應以訂原約時之條件，訂立同類保險契約為計算標準。其減少後之金額，不得少於原契約終止時已有之保單價值準備金，減去營業費用，而以之作為保險費一次交付所能得之金額。

（三）　營業費用以原保險金額百分之一為限。

（四）　保險金額之一部，係因其保險費全數一次交付而訂定者，不因其他部分之分期交付保險費之不交付而受影響。

八、　解約金之償付

　　　　解約金亦稱「解約返還金」，乃於保險期間內，要保人中途終止契約時，保險人所應償付之金額，因人壽保險具有儲蓄的功能，故契約終止後，解約金必須償付。依規定，要保人終止保險契約，而保險費已付足 1 年以上者，保險人應於接到通知後 1 個月內償付解約金；其金額不得少於要保人應得保單價值準備金之四分之三。償付解約金之條件及金額，應載明於保險契約（§119）。保險期間為 1 年期以下之人身保險終止契約時，其已交付未到期之保險費，應返還之（施行細則§13）。

九、　保單質借

　　　　由於保單具有財產權性質，原則上亦可當作融資之用，依規定，保險費付足 1 年以上者，要保人得以保險契約為質，向保險人借款。保險人於接到要保人之借款通知後，得於 1 個月以內之期間，貸給可得質借之金額（§120）。此種貸款，有稱為「保險證券貸款或保險證券擔保貸款」。

　　　　以保險契約為質之借款，保險人應於借款本息超過保單價值準備金之日之 30 日前，以書面通知要保人返還借款本息，要保人未於該超過之日前返還者，保險契約之效力自借款本息超過保單價值準備金之日停止。保險人未依前項規定為通知時，於保險人以書面通知要保人返還借款本息之日起 30 日內要保人未返還者，保險契約之效力自該 30 日之次日起停止（§120ⅢⅣ）。

十、　人壽保險年齡的告知

　　　　人壽保險被保險人之年齡，對於危險之估計、保險費之多寡，影響重大，據實說明義務以據實告知年齡為主要，本法特設有契約無效之規定。被保險人年齡不實，而其真實年齡已超過保險人所定保險年齡限度者，其契約無效，保

險人應退還所繳保險費。因被保險人年齡不實，致所付之保險費少於應付數額者，要保人得補繳短繳之保險費或按照所付之保險費與被保險人之真實年齡比例減少保險金額。但保險事故發生後，且年齡不實之錯誤不可歸責於保險人者，要保人不得要求補繳短繳之保險費。因被保險人年齡不實，致所付之保險費多於應付數額者，保險人應退還溢繳之保險費(§122)。

十一、 人壽保險保險人破產之處理

保險人破產時，受益人對於保險人得請求之保險金額之債權，以其保單價值準備金按訂約時之保險費率比例計算之。要保人破產時，保險契約訂有受益人者，仍為受益人之利益而存在。投資型保險[11]契約之投資資產，非各該投資型保險之受益人不得主張，亦不得請求扣押或行使其他權利(§123)。

十二、 保單價值準備金之優先受償權

人壽保險之要保人、被保險人、受益人，對於被保險人之保單價值準備金，有優先受償之權(§124)。

第二項　健康保險

一、 意義

健康保險者，又稱疾病保險，謂健康保險人於被保險人疾病、分娩及其所致失能或死亡時，負給付保險金額之責(§125)。健康保險以事故為區別標準，可分為疾病保險和生育保險等種類。

二、 健康檢查之要求

保險人於訂立保險契約前，對於被保險人得施以健康檢查。檢查費用由保險人負擔(§126)。

三、 法定免責事由

健康保險人有給付保險金額的責任，但有下列情形，不給付保險責任：

（一） 帶病投保：保險契約訂立時，被保險人已在疾病或妊娠情況中者，保險人對是項疾病或分娩，不負給付保險金額之責(§127)。

---

[11] 所稱投資型保險，指保險人將要保人所繳保險費，依約定方式扣除保險人各項費用，並依其同意或指定之投資分配方式，置於專設帳簿中，而由要保人承擔全部或部分投資風險之人身保險（施行細則§14）。

（二）自招行為：被保險人故意自殺或墮胎所致疾病、失能、流產或死亡，保險人不負給付保險金額之責(§128)。

四、健康保險契約應記載事項

被保險人不與要保人為同一人時，保險契約除載明第 55 條規定事項外，並應載明下列各款事項(§129)：

（一）被保險人之姓名、年齡及住所。

（二）被保險人與要保人之關係。

五、準用人壽保險條款

第 102 條至第 105 條、第 115 條、第 116 條、第 122 條至 124 條，於健康保險準用之(§130)。其中重要者，包括年齡不實之規定，於健康保險準用；健康保險人不得代位行使要保人或受益人因保險事故，所生對於第三人之請求權。

第三項　傷害保險

一、意義

所謂傷害保險者，指傷害保險人於被保險人遭受意外傷害及其所致失能或死亡時，負給付保險金額之責。前項意外傷害，指非由疾病引起之外來突發事故所致者(§131)。一般實務上之傷害保險有普通傷害保險、團體傷害保險、旅行傷害保險及交通傷害保險等種類。

二、傷害保險契約應記載事項

傷害保險契約，除記載第 55 條規定事項外，並應載明下列事項(§132)：

（一）被保險人之姓名、年齡、住所及與要保人之關係。

（二）受益人之姓名及與被保險人之關係或確定受益人之方法。

（三）請求保險金額之事故及時期。

三、法定免責事由

（一）自招行為：被保險人故意自殺，或因犯罪行為，所致傷害、失能或死亡，保險人不負給付保險金額之責任(§133)。

（二） 受益人故意傷害被保險人：受益人故意傷害被保險人者，無請求保險金額之權。受益人故意傷害被保險人未遂時，被保險人得撤銷其受益權利(§134)。

四、 準用人壽保險條款

　　　　第 102 條至第 105 條、第 107 條、第 107 條之 1、第 110 條至第 116 條、第 123 條、第 124 條及第 125 條第 2 項，於傷害保險準用之(§135)。傷害保險之保險人不得代位行使要保人或受益人因保險事故生對於第三人之請求權（§135 準用§103）。

第四項　年金保險

一、 意義

　　　　所謂年金保險者，指年金保險人於被保險人生存期間或特定期間內，依照契約負一次或分期給付一定金額之責(§135-1)。為因應老年人口逐漸增加，鼓勵及健全國內保險業對於年金險之推動，以維持民眾生活穩定與保障社會安定，並符合世界潮流，81 年新增「年金保險」專節規定。依不同之分類標準，年金保險之種類如下：

（一） 依期限區分，有終身年金保險、定期年金保險。

（二） 依年金給付始期區分，有即期年金保險、延期年金保險。

（三） 依保險費之繳付方法區分，有一次繳費年金保險、分期繳付年金保險。

（四） 依年金給付金額是否固定區分，有定額年金保險、變額年金保險。

二、 年金保險契約應記載事項

　　　　年金保險契約，除記載第 55 條規定事項外，並應載明下列事項(§135-2)：

（一） 被保險人之姓名、性別、年齡及住所。

（二） 年金金額或確定年金金額之方法。

（三） 受益人之姓名及與被保險人之關係。

（四） 請求年金之期間、日期及給付方法。

（五） 依第 118 條規定，有減少年金之條件者，其條件。

三、 法定受益人

　　　　受益人於被保險人生存期間為被保險人本人。保險契約載有於被保險人死亡後給付年金者，其受益人準用第 110 條至第 113 條規定(§135-3)。

四、　準用人壽保險條款

　　　　第 103 條、第 104 條、第 106 條、第 114 條至第 124 條規定，於年金保險準用之。但於年金給付期間，要保人不得終止契約或以保險契約為質，向保險人借款(§135-4)。

第五節　保險業

第一項　通則

　　保險業者，指依本法組織登記，以經營保險為業之機構(§6Ⅰ)。在保險契約成立時，有保險費之請求權；在承保危險事故發生時，依其承保之責任，負擔賠償之義務(§2)。實務上保險業包括保險股份有限公司及保險合作社等。本法亦容許外國保險業經許可程序者，在我國境內經營保險為業務(§6Ⅱ)。為強化保險業管理，多次修正保險法，嚴格取締違法之保險業。但另一方面在金融科技發展趨勢之下，也提供創新金融實驗的空間。以下說明保險業經營之限制，包括組織限制、營業限制、經營限制。

第一款　保險業之組織限制

一、　以股份有限公司或合作社為限：保險業之組織，以股份有限公司或合作社為限。但經主管機關核准者，不在此限(§136Ⅰ)。保險業之組織為股份有限公司者，除其他法律另有規定或經主管機關許可外，其股票應辦理公開發行(§136Ⅴ)。

二、　非保險業不得兼營保險業務：違反規定者，由主管機關或目的事業主管機關會同司法警察機關取締，並移送法辦；如屬法人組織，其負責人對有關債務，應負連帶清償責任。執行前項任務時，得依法搜索扣押被取締者之會計帳簿及文件，並得撤除其標誌等設施或為其他必要之處置(§136ⅡⅢⅣ)。

三、　公司治理：鑑於保險業對保戶係擔負起履行保險契約內容之義務，為促使保險業皆得落實公司治理，引進獨立董事與審計委員會制度，原則應設置獨立董事及審計委員會，並以審計委員會替代監察人（§136Ⅵ）。

第二款　營業之限制

　　保險業之經營成敗影響社會重大，故法律上對於其營業範圍加以相當之限制，包括業核准採許可主義及負責人資格有嚴格規定。說明如下：

一、 營業之核准

（一） 設立程序：

1. 許可主義：保險業非經主管機關許可，並依法為設立登記，繳存保證金，領得營業執照後，不得開始營業。保險業申請設立許可應具備之條件、程序、應檢附之文件、發起人、董事、監察人與經理人應具備之資格條件、廢止許可、分支機構之設立、遷移或裁撤、保險契約轉讓、解散及其他應遵行事項之辦法，由主管機關定之（§137ⅠⅡ）。

2. 外國保險業之許可主義：外國保險業非經主管機關許可，並依法為設立登記，繳存保證金，領得營業執照後，不得開始營業。外國保險業，除本法另有規定外，準用本法有關保險業之規定。外國保險業申請設立許可應具備之條件、程序、應檢附之文件、廢止許可、營業執照核發、增設分公司之條件、營業項目變更、撤換負責人之情事、資金運用及其他應遵行事項

（二） 未經核准而營業之處罰：未經主管機關核准經營保險業務者，應勒令停業，並處3百萬元以上3千萬元以下罰鍰（§166）。為遏止未經主管機關核准經營保險業務者經營保險業務，罰鍰額度上限提高。

（三） 併罰行為人及法人：非保險業經營保險業務者，處3年以上10年以下有期徒刑，得併科1千萬元以上2億元以下罰金。其因犯罪獲取之財物或財產上利益達1億元以上者，處7年以上有期徒刑，得併科2千5百萬元以上5億元以下罰金。法人之代表人、代理人、受僱人或其他從業人員，因執行業務犯前項之罪者，除處罰其行為人外，對該法人亦科該項之罰金（§167）。

（四） 刑罰之減免與加重：犯第167條（非保險業經營）或第168條之2（背信罪）之罪，於犯罪後自首，如自動繳交全部犯罪所得財物者，減輕或免除其刑；並因而查獲其他正犯或共犯者，免除其刑。在偵查中自白，如自動繳交全部犯罪所得財物者，減輕其刑；並因而查獲其他正犯或共犯者，減輕其刑至二分之一。其因犯罪獲取之財物或財產上利益超過罰金最高額時，得於犯罪獲取之財物或財產上利益之範圍內加重罰金；如損及保險市場穩定者，加重其刑至二分之一（§168-3）。

二、 負責人之資格

保險業負責人應具備之資格條件、兼職限制、利益衝突之禁止及其他應遵行事項之準則，由主管機關定之。保險業負責人未具備前項準則所定資格條件

者，主管機關應予解任；違反兼職限制或利益衝突之禁止者，主管機關得限期令其調整，無正當理由屆期未調整者，應予解任(§137-1)。「保險業負責人應具備資格條件兼職限制及應遵行事項準則」明定，有一定情事不得充任保險業之負責人。

第三款　經營之限制

保險業由於吸收大量社會大眾資金，其業務經營和財務報表自應有「防火牆」之觀念，以免因非本業之經營投資而影響保險業務，但經歷次保險法修正，有放寬之趨勢。

一、　兼營保險之禁止：財產保險業經營財產保險，人身保險業經營人身保險，同一保險業不得兼營財產保險及人身保險業務。但財產保險業經主管機關核准經營傷害保險及健康保險者，不在此限(§138 I)。

二、　兼營事業之禁止：保險業不得兼營本法規定以外之業務。但經主管機關核准辦理其他與保險有關業務者，不在此限。保險業辦理前項與保險有關業務，涉及外匯業務之經營者，須經中央銀行之許可(§138 III IV)，以適度擴大保險之營業範圍，因應消費者之需求。

三、　營業對象之限制：保險合作社不得經營非社員之業務(§138 V)。

四、　違法之處罰：保險業違反第138條第1項、第3項、第5項或第2項所定辦法中有關業務範圍之規定者，處90萬元以上900萬元以下罰鍰(§168 I)。

第二項　保險業之資金及會計

保險業持有之資金屬中長期資金，本法明定其資金運用與會計，並嚴格處分違法運用。

一、　最低資本額限制：各種保險業資本或基金之最低額，由主管機關，審酌各地經濟實況，及各種保險業務之需要，分別呈請行政院核定之(§139)。

二、　繳存保證金：

（一）　保險業應按資本或基金實收總額百分之十五，繳存保證金於國庫(§141)。

（二）　保證金之繳存應以現金為之。但經主管機關之核准，得以公債或庫券代繳之。前項繳存保證金原則上不予發還，有接管情事者報經核准得發還。以有價證券抵繳保證金者，其息票部分，在宣告停業依法清算時，得准移充清算費用(§142)。

三、　借款限制：保險業不得向外借款、為保證人或以其財產提供為他人債務之擔保；違反者，處 90 萬元以上 900 萬元以下罰鍰。但保險業有下列情形之一，報經主管機關核准向外借款者，不在此限(§143；§168)：

（一）　為給付鉅額保險金、大量解約或大量保單貸款之週轉需要。

（二）　因合併或承受經營不善同業之有效契約。

（三）　為強化財務結構，發行具有資本性質之債券。

四、　自有資本與風險資本之比率及淨值比率：保險業自有資本與風險資本之比率及淨值比率，不得低於一定比率。保險業依自有資本與風險資本之比率及淨值比率，劃分為下列資本等級(§143-4)：

（一）　資本適足。

（二）　資本不足。

（三）　資本顯著不足。

（四）　資本嚴重不足：指自有資本與風險資本之比率低於第一項所定一定比率之百分之二十五或保險業淨值低於零。

　　對資本等級不足、顯著不足或嚴重不足者，所採取措施包括：禁止分配盈餘、買回股份或退還股金等(§143-5)。並可令其增資、提出財務或業務改善計畫、令其停售保險商品、限制資金運用範圍、限制負責人酬勞、解除負責人職務、令取得或處分一定資產、限制或禁止與利害關係人授信或交易。對資本嚴重不足者，應採取監管處分(§143-6)。

　　違反 143-5 條或主管機關依 143-6 條所為措施者，處 2 百萬以上 2 千萬以下罰鍰(§168Ⅳ)。

五、　法定盈餘公積之提列：保險業於完納一切稅捐後，分派盈餘時，應先提百分之二十為法定盈餘公積。但法定盈餘公積，已達其資本總額或基金總額時，不在此限。保險業得以章程規定或經股東會或社員大會決議，另提特別盈餘公積。主管機關於必要時，亦得命其提列(§145-1)。

六、　保險業資金運用之限制：保險業資金之運用，除存款外，以下列各款為限：1.有價證券。2.不動產。3.放款。4.辦理經主管機關核准之專案運用、公共及社

會福利事業投資。5.國外投資。6.投資保險相關事業[12]。7.從事衍生性商品交易。8.其他經主管機關核准之資金運用。所定資金，包括業主權益及各種準備金(§146Ⅰ Ⅱ)。

（一）存款：其存放於每一金融機構之金額，不得超過該保險業資金百分之十。但經主管機關核准者，不在此限(§146Ⅲ)。

（二）有價證券：

1. 保險業資金得購買下列有價證券(§146-1Ⅰ)：

(1) 公債、國庫券。

(2) 金融債券、可轉讓定期存單、銀行承兌匯票、金融機構保證商業本票；其總額不得超過該保險業資金百分之三十五。

(3) 經依法核准公開發行之公司股票；其購買每一公司之股票，加計其他經主管機關核准購買之具有股權性質之有價證券總額及股份總數，分別不得超過該保險業資金百分之五及該發行股票之公司已發行股份總數百分之十。

(4) 經依法核准公開發行之有擔保公司債，或經評等機構評定為相當等級以上之公司所發行之公司債及免保證商業本票；其購買每一公司之公司債及免保證商業本票總額，不得超過該保險業資金百分之五及該發行公司債之公司業主權益百分之十。

(5) 經依法核准公開發行之證券投資信託基金及共同信託基金受益憑證；其投資總額不得超過該保險業資金百分之十及每一基金已發行之受益憑證總額百分之十。

(6) 證券化商品及其他經主管機關核准保險業購買之有價證券，其總額不得超過該保險業資金百分之十。

2. 股票及公司債之投資總額，合計不得超過該保險業資金百分之三十五(§146-1Ⅱ)。

3. 股票及有價證券之投資，不得有下列情事之一(§146-1Ⅲ)：

(1) 以保險業或其代表人擔任被投資公司董事、監察人。

---

[12] 所稱保險相關事業，指保險、金融控股、銀行、票券、信託、信用卡、融資性租賃、證券、期貨、證券投資信託、證券投資顧問事業及其他經主管機關認定之保險相關事業(§146Ⅳ)。

(2) 行使對被投資公司董事、監察人選舉之表決權。

(3) 指派人員獲聘為被投資公司經理人。

(4) 擔任被投資證券化商品之信託監察人。

(5) 與第三人以信託、委任或其他契約約定或以協議、授權或其他方法參與對被投資公司之經營、被投資不動產投資信託基金之經營、管理。但不包括該基金之清算。

保險業有前項各款情事之一者，其或代表人擔任董事、監察人、行使表決權、指派人員獲聘為經理人、與第三人之約定、協議或授權，無效（§146-1Ⅳ）。

（三）不動產：保險業對不動產之投資，以所投資不動產即時利用並有收益者為限；其投資總額，除自用不動產外，不得超過其資金百分之三十。但購買自用不動產總額不得超過其業主權益之總額。保險業不動產之取得及處分，應經合法之不動產鑑價機構評價。保險業依住宅法興辦社會住宅且僅供租賃者，得不受第 1 項即時利用並有收益者之限制。保險業依第 1 項規定辦理不動產投資等事項之辦法，由主管機關定之（§146-2）。

（四）放款：

1. 放款限制：保險業辦理放款，以下列各款為限（§146-3ⅠⅡ）：

(1) 銀行或主管機關認可之信用保證機構提供保證之放款。

(2) 以動產或不動產為擔保之放款。

(3) 以合於第 146-1 條之有價證券為質之放款。

(4) 人壽保險業以各該保險業所簽發之人壽保險單為質之放款。

前項第 1 款至第 3 款放款，每一單位放款金額不得超過該保險業資金百分之五；其放款總額，不得超過該保險業資金百分之三十五。

2. 利害關係人之放款：保險業對其負責人、職員或主要股東，或對與其負責人或辦理授信之職員有利害關係者，所為之擔保放款，應有十足擔保，其條件不得優於其他同類放款對象，如放款達主管機關規定金額以上者，並應經三分之二以上董事之出席及出席董事四分之三以上同意（§146-3Ⅲ）。

3. 有價證券設質之放款：保險業對每一公司有價證券之投資與以該公司發行之有價證券為質之放款，合併計算不得超過其資金百分之十與該發行股票及公司債之公司業主權益百分之十（§146-3Ⅳ）。

（五）國外投資：保險業資金辦理國外投資，以下列各款為限（§146-4）：

1. 外匯存款。

2. 國外有價證券。

3. 設立或投資國外保險公司、保險代理人公司、保險經紀人公司或其他經主管機關核准之保險相關事業。

4. 其他經主管機關核准之國外投資。

保險業資金依前項規定辦理國外投資總額，由主管機關視各保險業之經營情況核定之，最高不得超過各該保險業資金百分之四十五。但不包括一、二、三、四保險業資金辦理國外投資之投資規範、投資額度、審核及其他應遵行事項之辦法，由主管機關定之。主管機關並得視保險業之財務狀況、風險管法令遵循之情形就投資金額予以限制。

　　有關國外投資限額修正後放寬認定，目的為推動金融進口替代政策和增加國外投資比重，對下列金額不計入其國外投資限額：(§146-4II 但書)

(1) 保險業經主管機關核准銷售以外幣收付之非投資型人身保險商品，並經核准不計入國外投資之金額。

(2) 保險業依本法規定投資於國內證券市場上市或上櫃買賣之外幣計價股權或債券憑證之投資金額。

(3) 保險業經主管機關核准設立或投資國外保險相關事業，並經核准不計入國外投資之金額。

(4) 其他經主管機關核准之投資項目及金額。

（六）專案運用：保險業資金辦理專案運用、公共及社會福利事業投資，應申請主管機關核准或備供主管機關事後查核，以加速引導保險資金投入。保險業資金依第 1 項規定辦理公共及社會福利事業投資，應符合下列規定(§146-5)：

1. 保險業或其代表人擔任被投資公司董事、監察人者，其派任之董事、監察人席次不得超過被投資事業全體董事、監察人席次之三分之二。

2. 保險業派任被投資公司董事席次達半數者，該被投資公司應設置至少一席具獨立性之董事。

3. 不得指派保險業人員兼任被投資事業經理人。

（七）轉投資之放寬：保險業業主權益，超過第 139 條規定最低資本或基金最低額者，得經主管機關核准，投資保險相關事業所發行之股票，不受第 146-1 條第 1 項第 3 款及第 3 項規定之限制；其投資總額，最高不得超過該保險業業主權益。保險業依前項規定投資而與被投資公司具有控制與從屬關係者，其投資總額，最高不得超過該保險業業主權益百分之四十(§146-6)。

（八）利益輸送之禁止：保險業因持有有價證券行使股東權利時，不得有股權交換或利益輸送之情事，並不得損及要保人、被保險人或受益人之利益。保險業於出席被投資公司股東會前，應將行使表決權之評估分析作業作成說明，並應於各該次股東會後，將行使表決權之書面紀錄，提報董事會。保險業及其從屬公司，不得擔任被投資公司之委託書徵求人或委託他人擔任委託書徵求人(§146-9)。

（九）對關係人放款或其他交易之限制：(§146-7、§146-8)

1. 主管機關對於保險業就同一人、同一關係人或同一關係企業之放款（或其他交易得予限制）。

2. 從事放款以外之其他交易得予限制。

3. 利用他人名義向保險業申請放款之限制。

4. 申請放款之款項為利用他人名義之人所使用，或其款項移轉為利用他人名義之人所有，推定為利用他人名義申請放款，均屬限制之列。

七、保險業資金違法運用之處置：

（一）行政處分：保險業資金之運用違反規定者，處 1 百萬元以上 1 千萬元以下罰鍰或解除其負責人職務；其情節重大者，並得廢止許可(§168Ⅴ)。

（二）刑事責任：嚴格規定違法運用資金之刑責，如保險業依第 146-3 條第 3 項或第 146-8 條第 1 項規定所為之放款無十足擔保或條件優於其他同類放款對象者，其行為負責人，處 3 年以下有期徒刑或拘役，得併科 2 千萬元以下罰金(§168Ⅵ)。

第三項　安定基金

一、設置目的

為保障被保險人之基本權益，並維護金融之安定，財產保險業及人身保險業應分別提撥資金，設置財團法人安定基金。財團法人安定基金之組織及管理等事項之辦法，由主管機關定之(§143-1)。目前成立「財團法人保險安定基金」負責處理問題保險公司。

二、設置方式

安定基金由各保險業者提撥；其提撥比率，由主管機關審酌經濟、金融發展情形及保險業承擔能力定之，並不得低於各保險業者總保險費收入之千分之

一。安定基金累積之金額不足保障被保險人權益，且有嚴重危及金融安定之虞時，得報經主管機關同意，向金融機構借款(§143-1Ⅲ Ⅳ)。保險業對於安定基金之提撥，如未依限或拒絕繳付者，主管機關得視情節之輕重，處 30 萬元以上 300 萬元以下罰鍰，情節重大者，並得解除其負責人職務(§169-2)。

三、　基金辦理事項(§143-3 Ⅰ)

（一）　對經營困難保險業之貸款。

（二）　保險業因與經營不善同業進行合併或承受其契約，致遭受損失時，安定基金得予以低利貸款或墊支，並就其墊支金額取得對經營不善保險業之求償權。

（三）　保險業依第 149 條第 3 項規定被接管、勒令停業清理或命令解散，或經接管人依第 149 條之 2 第 2 項第 4 款規定向法院聲請重整時，安定基金於必要時應代該保險業墊付要保人、被保險人及受益人依有效契約所得為之請求，並就其墊付金額取得並行使該要保人、被保險人及受益人對該保險業之請求權。

（四）　保險業依本法規定進行重整時，為保障被保險人權益，協助重整程序之迅速進行，要保人、被保險人及受益人除提出書面反對意見者外，視為同意安定基金代理其出席關係人會議及行使重整相關權利。安定基金執行代理行為之程序及其他應遵行事項，由安定基金訂定，報請主管機關備查。

（五）　受主管機關委託擔任監管人、接管人、清理人或清算人職務。

（六）　經主管機關核可承接不具清償能力保險公司之保險契約。

（七）　財產保險業及人身保險業安定基金提撥之相關事宜。

（八）　受主管機關指定處理保險業依本法規定彙報之財務、業務及經營風險相關資訊。但不得逾越主管機關指定之範圍。

（九）　其他為安定保險市場或保障被保險人之權益，經主管機關核定之事項。

四、　辦理之範圍及限額

安定基金辦理前項第 1 款至第 3 款及第 9 款事項，其資金動用時點、範圍及限額，由安定基金擬訂，報請主管機關核定。保險業與經營不善同業進行合併或承受其契約致遭受損失，依第 1 項第 2 款規定申請安定基金墊支之金額，由安定基金報請主管機關核准(§143-3 Ⅱ Ⅲ)。

第四項　保險業之行政管理與罰則

　　保險法有關保險業之行政管理，經多次修正，強化行政管理及加重違法取締，並建立問題保險業之接管機制，例如金管會在 94 年公告對國華產物保險公司勒令停業清理案。

　　歷來修正保險法，往強化管理、增加行政處分及加重處罰等方向發展，行政管理層面包括：1.業務檢查；2.會計表冊之檢查；3.限制營業或增資處分；4.撤銷決議或解職處分；5.監管、接管、停業或解散之處分；6.清理之處置。

　　說明重點如下：

一、　有關保險業公開揭露契約：

　　　　保險業公開揭露保險契約：各家保險公司設計之保險商品互有異同，消費者購買保險商品時，保險業如能公開揭露保險契約，可維護金融消費者知的權利，通過第 138-4 條明文規定「保險業應於其網站或主管機關指定機構之網站公告現行銷售中保險商品之契約條款，並公開揭露該等商品之預定附加費用率、承保範圍、不保事項及其他經主管機關指定之保險商品資訊。」

二、創新金融實驗：

　　　　為促進普惠金融及金融科技發展，第 136-1 條規定，得依金融科技發展與創新條例申請辦理保險業務創新實驗。

三、　問題保險業之監管、接管（§149 以下）

（一）　適用要件：保險業資本適足率列入監管接管之強制處分，保險業有下列 2 種情況，主管機關應依規定為監管、接管、勒令停業清理或命令解散之處分：

　　1. 資本等級為嚴重不足，且其或其負責人未依主管機關規定期限內完成增資、財務或業務改善計畫或合併者，應自期限屆滿之次日起 90 日內，為接管、勒令停業清理或命令解散之處分。

　　2. 前款情形以外之財務或業務狀況顯著惡化，不能支付其債務，或無法履行契約責任或有損及被保險人權益之虞時，主管機關應先令該保險業提出財務或業務改善計畫，並經主管機關核定。若該保險業損益、淨值呈加速惡化或經輔導仍未改善，致仍有前述情事之虞者，主管機關得依情節之輕重，為監管、接管、勒令停業清理或命令解散之處分。

依照過去處理問題保險業之實驗經驗，主管機關有必要令保險業提出財務或業務改善計畫，如有系統危機產生時，致其或其負責人未於主管機關規定期限內完成增資、財務或業務改善或合併計畫者，主管機關得令該保險業另定完成期限或重新提具增資、財務或業務改善或合併計畫。

（二）業務之委託：依規定監管、接管、停業清理或解散者，主管機關得委託其他保險業、保險相關機構或具有專業經驗人員擔任監管人、接管人、清理人或清算人；其有涉及安定基金辦理事項時，安定基金應配合辦理。

（三）監管後行為之限制：保險業經主管機關為監管處分時，非經監管人同意，保險業不得為下列行為：
1. 支付款項或處分財產，超過主管機關規定之限額。
2. 締結契約或重大義務之承諾。
3. 其他重大影響財務之事項。

（四）接管後管理處分權之移交：
1. 權限移交：保險業經主管機關派員接管者，其經營權及財產之管理處分權均由接管人行使。原有股東會、董事會、董事、監察人、審計委員會或類似機構之職權即行停止。
2. 表冊移交：保險業之董事、經理人或類似機構應將有關業務及財務上一切帳冊、文件與財產列表移交與接管人。董事、監察人、經理人或其他職員，對於接管人所為關於業務或財務狀況之詢問，有答復之義務。

（五）接管後營業之限制及受讓之處理：
1. 保險業於受接管期間內，主管機關對其新業務之承接、受理有效保險契約之變更或終止、受理要保人以保險契約為質之借款或償付保險契約之解約金，得予以限制。
2. 接管人執行職務而有下列行為時，應事先取得主管機關許可：
(1) 增資或減資後再增資。
(2) 讓與全部或部分營業、資產或負債。
(3) 與其他保險業合併。
(4) 有重整更生可能而應向法院聲請重整。
(5) 其他經主管機關指定之重要事項。

（六）監管、接管之期限：監管、接管之期限，由主管機關定之。在期間內，有監管、接管原因消失時，監管人、接管人應報請主管機關終止監管、接管。接

管期間屆滿或雖未屆滿而經主管機關決定終止接管時，接管人應將經營之有關業務及財務上一切帳冊、文件與財產，列表移交與該保險業之代表人。

（七）違反監管、接管或清理之處理：保險業於主管機關監管、接管或勒令停業清理時，其董（理）事、監察人（監事）、經理人或其他職員有下列情形之一者，處1年以上7年以下有期徒刑，得併科2千萬元以下罰金(§172-1)：

1. 拒絕將保險業業務財務有關之帳冊、文件、印章及財產等列表移交予監管人、接管人或清理人或不為全部移交。

2. 隱匿或毀損與業務有關之帳冊、隱匿或毀棄該保險業之財產，或為其他不利於債權人之處分。

3. 捏造債務，或承認不真實之債務。

4. 無故拒絕監管人、接管人或清理人之詢問，或對其詢問為虛偽之答覆，致影響被保險人或受益人之權益者。

在金管會成立後第一件處分實例，94年公告國華產物保險股份有限公司勒令停業清理案[13]。

有關主管機關對保險業管理之通則，重要條文規定參見表4-9：

⚖️ 表4-9　保險業管理之通則（第五章第一節）

條文	管理規定
§136	保險業之組織
§136-1	創新金融實驗
§137	保險業與外國保險業開始營業之限制
§137-1	保險業負責人資格、限制等準則之訂定
§138	保險業營業範圍之限制

---

[13] 公告事項（參見金管會94年11月18日金管保二字第09402526590號）：

1. 國華產物保險股份有限公司因業務財務狀況顯著惡化，不能支付其債務，及無法履行契約責任，有損及被保險人之權益，爰依保險法第149條第3項及第4項規定予以勒令停業清理，並委託財團法人保險事業發展中心為清理人，依據保險法行使有關清理人之職權並辦理相關清理之工作。

2. 國華產物保險股份有限公司應將其業務之經營及財產之管理處分權移交予清理人，原有股東會、董事及監察人之職權，依保險法第149條之8準用第149條之1之規定，即行停止。

3. 該公司之保險商品自即日起依法不得再行銷售，消費者為保障自己之權益，請勿購買。

⚖ 表 4-9　保險業管理之通則（第五章第一節）（續）

條文	管理規定
§138-1	地震危險承保之機制
§138-2	保險金給付與信託
§138-3	保險業經營保險金信託之規範
§138-4	保險業公開揭露契約
§139	最低資本或基金
§139-1	具有控制權人資格適當性
§139-2	關係人認定
§140	參加紅利分配之保險契約
§141	保證金之繳存
§142	繳存保證金之標的
§143	保險業向外借款，為擔保之限制
§143-1	安定基金設置之目的與管理
§143-2	刪除
§143-3	安定基金之辦理事項
§143-4	資本等級
§143-5	不符合資本等級之管理
§143-6	不符合資本等級之處分措施
§144	保費算式之核定
§144-1	共保之適用
§145	準備金之計算與提存比率
§145-1	法定盈餘公積之提列
§146	保險業資金之運用
§146-1	保險業資金得購買有價證券之種類
§146-2	保險業對不動產投資之限制
§146-3	保險業辦理放款之限制
§146-4	國外投資之範圍及限制
§146-5	保險業資金之專案運用、公共及社會福利事業投資
§146-6	保險金投資關係企業
§146-7	關係人交易之限制

⚖ 表 4-9 保險業管理之通則（第五章第一節）（續）

條文	管理規定
§146-8	利用他人名義申請放款之適用
§146-9	保險業利益衝突之禁止
§147	保險金額之限制
§147-1	專業再保險業之排除規定
§148	業務檢查
§148-1	財務業務報告之編製
§148-2	資訊揭露
§148-3	內部控制及稽核制度之建立
§149	命糾正或改善、撤銷職權、解除職務、監管等處分
§149-1	接管後處分權之移交
§149-2	接管後營業之限制及受讓之處理
§149-3	監理期限與監理之終止
§149-4	解散後之清算程序
§149-5	監管人、接管人、清理人或清算人之報酬
§149-6	禁止財產移轉、交付或設定及限制出境處分
§149-7	公司組織之保險業接管他保險業營業、資產及負債之適用
§149-8	保險業之清理
§149-9	債權申報及清理計劃之公告
§149-10	第三人對保險業債權之限制
§149-11	保險業許可之撤銷
§150	解散後執照之撤銷

四、違反處罰之減免及加重

　　主管機關對保險業管理漸趨嚴格，違反本法之處置，包括禁止財產處分及限制出境；違法投資之處理；沒收、易服勞役；刑事處分等。且為減少保險犯罪對社會所產生的損害，規定犯第 167 條（即非保險業者經營保險業務）及第 168-2 條（即保險業負責人意圖為自己或第三人不法之利益致損害保險業者之處罰）的犯罪，引進「自首者減輕或免刑」、「查獲其他正犯或共犯免刑」、「自白減輕」及「嚴重犯罪者之加重刑責」等機制。茲分別說明之：

（一） 禁止財產處分及限制出境：保險業經主管機關依第 149 條第 3 項監管、接管、勒令停業清理或命令解散之處分時，主管機關對該保險業及其負責人或有違法嫌疑之職員，得通知有關機關或機構禁止其財產為移轉、交付或設定他項權利，並得函請入出境許可之機關限制其出境(§149-6)。

（二） 違法投資之處理：

1. 保險業從業人員背信罪：保險業負責人或職員或以他人名義投資而直接或間接控制該保險業之人事、財務或業務經營之人，意圖為自己或第三人不法之利益，或損害保險業之利益，而為違背保險業經營之行為，致生損害於保險業之財產或利益者，處 3 年以上 10 年以下有期徒刑，得併科 1 千萬元以上 2 億元以下罰金[14]。其因犯罪獲取之財物或財產上利益達 1 億元以上者，處 7 年以上有期徒刑，得併科 2 千 5 百萬元以上 5 億元以下罰金。保險業負責人或職員或以他人名義投資而直接或間接控制該保險業之人事、財務或業務經營之人，二人以上共同實施前項犯罪之行為者，得加重其刑至二分之一。第 1 項之未遂犯罰之(§168-2)。

2. 減免及加重之刑事政策：犯第 167 條或第 168-2 條之罪，於犯罪後自首，如有犯罪所得並自動繳交全部所得財物者，減輕或免除其刑；並因而查獲其他正犯或共犯者，免除其刑。在偵查中自白，如有犯罪所得並自動繳交全部所得財物者，減輕其刑；並因而查獲其他正犯或共犯者，減輕其刑至二分之一。其犯罪所得利益超過罰金最高額時，得於所得利益之範圍內加重罰金；如損及保險市場穩定者，加重其刑至二分之一(§168-3)。

3. 撤銷權之行使(§168-6)：

(1) 保險業負責人、職員或以他人名義投資而直接或間接控制該保險業之人事、財務或業務經營之人所為之無償行為，有害及保險業之權利者，保險業得聲請法院撤銷之。

(2) 第 1 項之保險業負責人、職員或以他人名義投資而直接或間接控制該保險業之人事、財務或業務經營之人所為之有償行為，於行為時明知有損害於保險業之權利，且受益之人於受益時亦知其情事者，保險業得聲請法院撤銷之。

---

[14] 第 168-2 條第 1 項之罪，為洗錢防制法第 3 條第 1 項所定之重大犯罪，適用洗錢防制法之相關規定(§168-7)。

(3) 聲請法院撤銷時，得並聲請命受益之人或轉得人回復原狀。但轉得人於轉得時不知有撤銷原因者，不在此限。

(4) 第 1 項之保險業負責人、職員或以他人名義投資而直接或間接控制該保險業之人事、財務或業務經營之人與其配偶、直系親屬、同居親屬、家長或家屬間所為之處分其財產行為，均視為無償行為。

(5) 第 1 項之保險業負責人、職員或以他人名義投資而直接或間接控制該保險業之人事、財務或業務經營之人與前項以外之人所為之處分其財產行為，推定為無償行為。

(6) 撤銷權，自保險業知有撤銷原因時起，1 年間不行使，或自行為時起經過 10 年而消滅。

（三）沒收：犯本法之罪，因犯罪所得屬犯罪行為人或其以外之自然人、法人或非法人團體因刑法第 38 條之 1 第 2 項所列情形取得者，除應發還被害人或得請求損害賠償之人外，沒收之(§168-4)。

（四）易服勞役：犯本法之罪，所科罰金達 5 千萬元以上而無力完納者，易服勞役期間為 2 年以下，其折算標準以罰金總額與 2 年之日數比例折算；所科罰金達 1 億元以上而無力完納者，易服勞役期間為 3 年以下，其折算標準以罰金總額與 3 年之日數比例折算(§168-5)。

（五）加重處罰與免罰：保險業或受罰人經依本節規定處罰後，於規定限期內仍不予改正者，主管機關得按次處罰。依本節規定應處罰鍰之行為，其情節輕微，以不處罰為適當者，得免予處罰(§172-2)。

⚖ 表 4-10　保險法罰則之規定

條文	規定內容
§ 166	未經核准而營業
§ 166-1	散布不實消息致損害國內外保險業信用罪
§ 167	非保險業者營業，併罰行為人及法人
§ 167-1	保險輔助人未依規定執業
§ 167-2	保險代理人、經紀人、公證人未依規定執業
§ 167-3	保險代理人公司與經紀人公司違反內控
§ 167-4	保險代理人、經紀人與公證人拒絕檢查
§ 167-5	保險業違反往來義務
§ 168	違規營業或資金運用超過範圍
§ 168-1	拒絕配合檢查業務
§ 168-2	背信罪
§ 168-3	自首
§ 168-4	沒收
§ 168-5	易服勞役
§ 168-6	撤銷權之行使
§ 168-7	洗錢防制法之適用
§ 169	超額承保之處罰
§ 169-2	安定基金提撥違反規定
§ 171	違反保險費率計算公式與準備金提存比率
§ 171-1	違反資訊揭露
§ 171-2	違反持股申報義務
§ 172	遲延清算
§ 172-1	違反監管、接管或勒令停業清理
§ 172-2	處罰後逾期未改正按次處罰

第二篇　案例解析

BUSINESS LAW

 案例一

> 保險契約是否為「要式性」？

解析

　　保險契約是否為要式契約，有主張肯定說，依本法第 43 規定，保險契約，應以保險單或暫保單為之，另第 55 條、第 87 條、第 108 條規定保險契約法定應記載事項，故有認為保險契約為要式契約。亦有主張否定說，認為保險契約為不要式契約，僅需當事人雙方意思表示一致即可成立保險契約。目前實務上採否定說（臺灣高等法院暨所屬法院 89 年法律座談會）。

　　本法第 43 條規定保險契約，應以保險單或暫保單為之，由字義觀之似為要式契約。惟由上述說明可知，保險為契約之一種，於當事人相互表示意思一致時，即告成立，並非要式行為，故對於特定之保險標的，一方同意交付保險費，他方同意承擔其危險者，保險契約即應認為成立，並不以作成保險單或暫保單為要件（76 台上595 號判決），保險單或暫保單僅為完成保險契約之最後手續。

 案例二

> 　　一般稱保險契約為最大善意契約，目的在防止道德危機，實務上認定保險契約違反最大善意契約之類型如何？

解析

　　保險契約為最大善意契約，訂約時不得有詐術使人陷於錯誤之情形。依本法第64 條第 1 項、第 2 項規定，要保人有據實說明之義務，即「訂立契約時，要保人對

於保險人之書面詢問，應據實說明。要保人有為隱匿或遺漏不為說明，或為不實之說明，足以變更或減少保險人對於危險之估計者，保險人得為解除契約。」

由於據實說明之義務影響保險契約中危險之估計，甚至造成解除契約之效果，因此實務上常發生此類爭議，例如已向業務員詳實告知而業務員向保險人隱匿時之效果如何，茲舉兩種情況，一、應告知未告知；二、已告知但效果未及於保險人之情形，說明相關實務見解：

一、應告知未告知之情形

（一）未告知與保險事故之關聯性（92 台上 1761 號判決）

　　1. 事實

　　　（1）被上訴人（即受益人）主張

　　　　　　上訴人（即保險人）之業務員陳○圓於 86 年 8 月 19 日向訴外人李○財招攬人壽保險契約，經上訴人指定臺中市全○醫院為體檢醫院，並由陳○圓陪同完成體檢，李○財於同年 9 月 8 日與上訴人訂定「至尊保本終身保險」契約，保險金額為 200 萬元，並指定伊為受益人。嗣被保險人李○財於 87 年 1 月 26 日因敗血症併發多重器官衰竭死亡，上訴人竟拒不給付保險金，爰依前開保險契約為請求等情，求為命上訴人給付 200 萬元及法定遲延利息之判決。

　　　（2）上訴人（即保險人）主張

　　　　　　李○財於投保前之 85 年 5 月間，即因肝功能異常至臺中縣沙鹿○綜合醫院及光○綜合醫院求診，其投保時，對於伊之書面詢問故意隱瞞，足以影響伊對於危險之估計。且慢性肝炎或酒精性肝炎等疾病，須透過血液作肝功能檢查，非醫師依通常之診查即可發現。李○財對體檢醫師所詢問事項，未據實告知，且依通常檢查，無從發現其罹患肝炎疾病或肝功能有異常現象。又肝功能異常，身體對細菌感染及有毒物質之抵抗力即減弱，易發展成敗血症。李○財於 87 年 1 月 21 日送至光○綜合醫院就診，因長期酗酒致肝功能異常，對細菌之感染及有毒物質之抵抗力減弱，造成敗血症以致死亡，其生前罹患之肝疾病與死亡間有相當因果關係存在等語，資為抗辯。

2. 判決要旨

　　本案法院認為未告知與事故之發生有相當因果關係，保險公司不應理賠。最高法院將原判決廢棄，發回臺灣高等法院台中分院。

　　保險契約為最大誠信契約，倘要保人有隱匿或遺漏不為說明，足以變更或減少保險人對於危險之估計之情事，要保人如主張保險人不得解除保險契約，即應就保險事故與要保人所未告知或不實說明之事項並無關聯，且該事項已確定對保險事故之發生不具任何影響，保險人亦未因該未告知或不實說明之事項，而造成額外之負擔，對價平衡並未遭破壞予以證明始可。亦即須就保險事故與要保人所未告知或不實說明之事項間之無關聯，證明其必然性；倘有其或然性，即不能謂有上開法條但書適用之餘地，保險人非不得解除保險契約。故保險法第 64 條第 2 項但書之規定，須保險事故與該未據實說明者完全無涉，始有適用，例如未說明己身有肝病，但死亡係車禍者。如未說明之事項與保險事故之發生有關聯、牽涉、影響或可能性時，即無該但書規定之適用，保險人依該條項解除契約，自不以未告知或說明之事項與保險事故之發生有直接之因果關係為限。

（二）保險人於保險契約訂定前，已指定醫師對被保險人為身體檢查，如要保人（或被保險人）對自己以前或現有之病症未告知時，醫師亦未發覺，是否違反告知義務？

1. 研討意見：（72 年 5 月 2 日司法院第三期司法業務研究會）

（1）甲說（不違反說）

　　依保險法第 64 條第 1 項規定：「訂立契約時，要保人對於保險人之書面詢問，應據實說明。」不因保險人曾派員檢查而免除，如要保人違背此項義務，致影響保險人對危險之估計者，保險人得依法解除契約。

（2）乙說（違反說）

　　要保人於承保前，既經保險人指定醫師為體格檢查，如疾病在通常體檢下醫生應可發覺如未被發覺，則為保險法第 62 條第 2 款之事項，可不負通知之義務，自不違反告知義務，如在通常體檢下，醫生不能發現之疾病，要保人（或被保險人）未告知，則違反告知之義務。

（3）研討結論：採乙說。

2. 司法院第一廳研究意見

　　保險公司於訂定人壽保險契約時，為明瞭被保險人之身體、健康狀態等足以影響危險估計之事項，乃指定醫師對被保險人之身體檢查，以專家立場提供意見，以補保險人專門知識之不足。惟醫師之檢查是否正確，有時需賴被保險人之據實說明，故人壽保險契約，保險人通常除指定醫師體檢外，仍以書面詢問被保險人之健康情形，要保人亦不能因保險人已指定醫師體檢，而免除告知義務。

　　惟保險人既指定醫師檢查被保險人之身體，則醫師因檢查所知，或應知之事項，應認為保險人所知及應知之事項。故如要保人未將自己以前及現有之病症告知，而體檢醫師以通常之診查，不能發覺者，則要保人自屬違反告知義務。惟如體檢醫師，以通常之診查，即可發覺，而醫師未發覺、應認為屬於醫師應知之事項，而為保險人所應知，自不得再解除契約。

二、已告知但效果未及於保險人之情形

（一）業務員之告知是否屬於已告知？（85 台上 179 號判決）

　　1. 事實

　　（1）被上訴人（即被保險人）主張

　　　　被上訴人彭○瑄之父即被上訴人蔡○寶之夫彭○煥生前於 82 年 3 月 9 日及同年月 15 日，分別以彭○瑄及其自己為被保險人，向上訴人（即保險人）投保 19 年期新光幸福兒童教育年金壽險及新光防癌終身壽險，約定保險金額各為 50 萬元，分別指定彭○瑄及蔡○寶為受益人。嗣彭○煥於 82 年 10 月 24 日因心肺衰竭死亡，上訴人竟否認契約存在並拒付保險金等情，求為確認彭○瑄就上訴人與彭○煥於 82 年 3 月 9 日所訂立之 19 年期新光幸福兒童教育年金壽險契約之保險金請求權存在，並命上訴人給付彭○瑄 25 萬元、蔡○寶 30 萬元暨各加付法定遲延利息之判決。

　　（2）上訴人（即保險人）主張

　　　　要保人彭○煥以彭○瑄及其自己為被保險人向伊投保幸福兒童教育年金壽險與防癌終身壽險時，對伊之書面詢問，均未據實告知其於投保前患有支氣管性氣喘，曾兩次住院治療之事實，足以影響伊對危險之估計，已依法解除前開保險契約，被上訴人不得請求保險金等語，資為抗辯。

2. 判決要旨

　　翁○滿係為上訴人保險公司從事保險招攬之人，為保險法第 8-1 條所稱之保險業務員，屬上訴人之使用人。類推適用民法第 224 條債務人之使用人關於故意或過失責任之規定，翁○滿之故意或過失，上訴人應與自己之故意或過失，負同一責任。而要保人兼被保險人彭○煥曾患有氣喘病之事實，既於翁○滿招攬保險代填要保書上書面詢問事項時受告知，僅因翁○滿認係小事而未予據實填載，致上訴人未能知悉，為原審依法確定之事實。則上訴人就翁○滿之過失，應與自己之過失負同一責任，尚不得以要保人或被保險人故意隱匿或為不實之說明，而主張解除保險契約。

（二）人壽保險被保險人之身體現有病症，要保人雖未告知，但為負責檢查身體之醫師所知，惟醫師並未轉知保險人，保險人是否仍享有解除權？

1. 研討意見：（72 年 5 月 2 日司法院第三期司法業務研究會）

（1）甲說（否定說）

　　保險人以要保人違反告知義務，援引保險法第 64 條第 2 項規定主張解除契約者，須證明要保人對於重要事項隱匿或說明不實。而所謂重要事項，即以要保人之隱匿或不實說明是否足以變更或減少保險人對於危險之估計及動搖其訂約之決心為斷。要保人對於重要事項雖曾為隱匿或不實說明，但若為保險人所知或因過失而不知，則要保人之不實說明不至影響保險人對危險之估計，或縱有影響，其影響亦屬出乎保險人本身之過失，自不得再以解約推卸責任。就本題情形而言，要保人隱匿現有病症至為顯然，但問題是保險人之醫師，從事體檢時已知要保人有病，而負責體檢之醫師應認為是保險人之代理人，在代理權限範圍內，代理人雖未告知，對保險人而言，仍應發生告知之效力。故特約醫師已知而未告知保險人時，自應認保險人已知該要保人有病之事實，則依保險法第 62 條第 2 款之規定，保險人不得以其特約醫師未告知而諉為不知，而主張解除契約。

（2）乙說（肯定說）

　　保險法第 62 條第 2 款之規定，不適用於同法第 64 條有關說明，隱匿、遺漏之情形。本題仍應以保險人是否已知為準而決定保險人是否可

以解除契約，特約醫師既未將體檢情形告知保險人、保險人自得以要保人有隱匿情事，而主張解除契約。

(3) 研討結論：多數採甲說。

2. 司法院第一廳研究意見：同意研討結論。

 案例三

在保險標的價額過高者，有利用「複保險」達成分散風險之目的，保險法規定複保險對於人身保險究竟有無適用？

解析

複保險係指要保人對於同一保險利益、同一保險事故，與數保險人分別訂立數個保險契約之行為(§35)，因此要成立複保險之前提為「同一保險利益」、「同一保險事故」、「與數保險人」分別訂立「數個」保險契約。

複保險對於保險標的價額高者，有危險分擔實益，惟執行上常有涉及隱匿、不當得利之情形，因此保險法上亦設有相當之限制。

複保險規定於總則章，是否對財產保險及人身保險均有適用？迭有爭議。大法官第576號解釋，認定複保險僅適用於財產保險，不得適用於人身保險。

該號解釋重點主要有三：

1. 複保險之限制合憲，不違背契約自由原則。

2. 人身無價與財產保險之目的不同。

3. 76台上1166號判例「有關複保險規定適用於人壽保險契約」不再援用。

 案例四

人壽保險之要保人甲，行經火車平交道，柵欄已下，火車行近，仍冒險穿越，致被撞重傷致死，甲之繼承人請求保險人給付保險金，有無理由？

解析

研討意見：（72 年 5 月 14 日司法院第三期司法業務研究會）

（一）甲說（肯定說）

1. 人壽保險契約，依保險法第 105 條規定，得由第三人為要保人而訂立，故要保人某甲須亦係被保險人，死亡時始有給付保險金之問題。

2. 保險法第 29 條第 2 項前段規定，保險人對於由要保人或被保險人或其代理人之過失所致之損害負賠償責任。又依同法第 109 條規定，被保險人死亡時，保險人不負給付保險金責任之情形有 4：

    (1) 被保險人故意自殺。

    (2) 被保險人因犯罪處死。

    (3) 被保險人因拒捕致死。

    (4)被保險人因越獄致死。

    本例甲行經火車平交道柵欄已下，火車已行近，仍冒險穿越平交道，被火車撞傷致死，甲雖有重大過失，但與前開保險人免責之情形均有未合，保險人自應負給付保險之全責。

3. 保險法第 112 條、第 113 條規定「保險金額約定於被保險人死亡時給付於其指定之受益人者，其金額不得作為被保險人之遺產。」、「死亡保險契約未指定受益人者，其保險金額作為保險人之遺產。」，本例要保人甲須未指定其繼承人以外之人為受益人，其繼承人始得請求保險人給付保險金額，否則僅得由指定之受益人請求。故本件要保人甲雖有重大過失，如係被保險人且未指定其繼承人以外之人為受益人，則甲之繼承人請求保險人給付保險金，為有理由。

（二）乙說（否定說）

    本題情形，甲死亡，雖非故意，亦屬重大過失，參照保險法第 133 條之規定，保險人不負賠償責任，故甲之繼承人請求保險人給付保險金為無理由。

    研討結論：採甲說。

    司法院第一廳研究意見：同意研討結論。

    分析人身保險中對於自招行為設有不給付之規定，包括下列情況：

一、人壽保險

（一）被保險人故意自殺：

1. 原則上，被保險人故意自殺[15]者，保險人不負給付保險金額之責任。但應將保險之保單價值準備金返還於應得之人(§109 I)。

2. 例外情況，保險契約載有被保險人故意自殺，保險人仍應給付保險金額之條款者，其條款於訂約 2 年後始生效力。恢復停止效力之保險契約，其 2 年期限應自恢復停止效力之日起算(§109 II)。

（二）犯罪處死拒捕或越獄致死：被保險人因犯罪處死或拒捕或越獄致死者，保險人不負給付保險金額之責任。但保險費已付足 2 年以上者，保險人應將其保單價值準備金返還於應得之人(§109 III)。

二、健康保險

（一）帶病投保：保險契約訂立時，被保險人已在疾病或妊娠情況中者，保險人對是項疾病或分娩，不負給付保險金額之責(§127)。

（二）自招行為：被保險人故意自殺或墮胎所致疾病、失能、流產或死亡，保險人不負給付保險金額之責(§128)。

三、傷害保險

（一）自招行為：被保險人故意自殺，或因犯罪行為，所致傷害、失能或死亡，保險人不負給付保險金額之責任(§133)。

（二）受益人故意傷害被保險人：受益人故意傷害被保險人者，無請求保險金額之權。受益人故意傷害被保險人未遂時，被保險人得撤銷其受益權利(§134)。

四、健康保險及傷害保險：並無準用保險法第 109 條之規定。

---

[15] 所謂「故意自殺」，應係指被保險人在精神狀態得以自由決定其意志狀況下，而決意結束自己生命之行為，其手段如何，固非所問，惟必須故意始可。又被保險人或受益人僅須證明保險事故之損害業已發生即可。保險人如主張其有免責事由，應由保險人負舉證之責（臺灣高等法院 93 年保險上 26 號判決）。

第三篇 實用 Q&A

BUSINESS LAW

Q1

何謂保險事故？

A 所謂保險事故係指，不可抗力、不可預料之危險事實。而保險所擔當者之危險，在客觀上係「不可預料或不可抗力之事故」，在主觀上為「對災害所懷之恐懼及因災害而受之損失」，故危險之發生不僅須不確定，非故意，且危險及其發生須為適法。

Q2

保險公司與外國保險公司在保險法上的定義如何？

A 保險公司為保險業最常見之一種類型，以股份有限公司為限。

外國保險公司，指依外國法律組織登記，並經主管機關許可，在我國境內經營保險為業之機構(§6II)。

Q3

保險人之責任範圍有哪些？非保險業可否經營保險？

A 保險人係指經營保險事業之各種組織，在保險契約成立時，有保險費之請求權；在承保危險事故發生時，依其承保之責任，負擔賠償之義務。其範圍包括股份有股份有限公司或合作社。非保險業並不得兼營保險保險業務，違反者，依第166條，應勒令歇業，並處3百萬元以上3千萬元以下罰鍰。

Q4

何謂保險利益？

 保險利益者，係指要保人或被保險人對於保險標的（包括財產保險與人身保險）須具有利害關係。保險契約當事人對於保險標的所具有之特定利害關係，因保險標的之存在而獲有利益，因保險標的之毀損而遭受損失。保險利益之功能，在避免以保險契約作為賭博工具及做為計算實際損失之標準，避免超過實際損失之保險金。

Q5

何謂保險業務員？

 保險業務員，指為保險業、保險經紀人公司、保險代理人公司，從事保險招攬之人。保險業務員之規範依「保險業務員管理規則」辦理。依實際運作來看，業務員如係領取固定薪資者，其與保險公司間之關係以解釋為「僱傭」為宜；倘業務員所受領之報酬為混合制（底薪＋招攬佣金制）或佣金制，則應屬僱傭與承攬之「混合契約」。

Q6

財產保險與人身保險有何不同？

 保險法規定係以「保險對象」或「保險標的」而加以分類，分為「財產保險」及「人身保險」，所謂「財產保險」係以財產或責任為保險標的之保險，而「人身保險」係以人之生命、身體為保險標的之保險。通說認為二者區別實益在於僅財產保險有保險法上「不當得利禁止原則」（與民法之不當得利不同）之適用。亦即財產保險之目的在填補損害，有複保險原則之適用，而人身保險並非以填補被保險人財產上之具體損害為目的，被保險人之生命、身體之完整性，既無法以金錢估計價值，自無從認定保險給付是否超額，僅得於締約時，事先約定一定金額作為事故發生時給付之保險金額。故人身保險契約與填補財產上具體損害之財產保險契約有所不同。

Q7

何謂複保險？何謂再保險？

所謂複保險，係指要保人對於同一保險利益、同一保險事故，與數保險人分別訂立數個保險之契約行為(§35)。其數個保險事故相同而保險期間重疊之保險契約，且須事故發生時，有效契約總保險金額超過保險標的之價值。複保險之規定，在預防變相的超額保險，故僅在財產保險有適用。

「再保險」為保險之保險，亦即保險人以其所承保之危險，轉向他保險人為保險之契約行為(§39)。由於屬保險責任全部或一部之轉移性質為「責任保險」，係與原保險契約相對稱而來。原保險之要保人在保險法上仍稱為要保人，亦得稱為原要保人或原被保險人；再保險之要保人，則稱為原保險人；再保險之保險人，則稱為再保險人。

Q8

保險單與暫保單有何不同？

依本法第 43 條規定，保險契約應以保險單或暫保單為之。所謂保險單，是正式的書面，在保險契約成立後，保險人無論依法令或慣例，均應出具正式書面的「保險單」。保險單之簽發為完成保險契約之最後手續。保險單一經簽發則先前議定之條件，暫保單或其他的約定，均歸併於保險單，其上所載之條款遂成為決定當事人權利義務之主要依據。

至於「暫保單」，指當事人間口頭約定之書面記錄而已。其目的無非在就口頭契約之存在提供證明，在保險單簽發前對要保人提供保護，故保險契約之書面，正式者稱為「保險單」，非正式者稱為「暫保單」。

Q9

何謂共保條款？何謂共保方式承保？

依本法第 48 條規定，共保條款者，指保險人得於約定保險標的物之一部份，應由要保人自行負擔由危險而生之損失。有此約定時，要保人不得將未經保險之部份，另向他保險人訂立保險契約。其目的在促使要保人或被保人對保險標的物之保管，盡較大之注意義務，以防範危險之發生，通常適用於危險性較高之險種，例如海上保險、汽車竊盜險等。

依本法第 144-1 條規定，保險業得以「共保方式承保」，指要保人就同一保險標的、同一保險事故與數保險人訂立一個保險契約之行為。保險業採用「共保方式」，係基於保險業者之承擔能力及迅速有效達成政策目的之考量。此與第 48 條由保險人約定由要保人自行負擔危險之「共保條款」有所不同。

Q10

何謂特約條款？

特約條款，係源自英美法上之擔保制度(warranty)，指保險契約訂立後，為有效控制危險，保險人要求要保人及被保險人承諾履行特定義務，如有違反，賦予保險人解除保險契約之權利。

依本法第 66 條規定，為當事人於保險契約基本條款外，承認履行特種義務之條款，得以特約條款訂定之事項，依第 67 條規定與保險契約有關之一切事項，均得以特約條款定之。保險契約當事人之一方違背特約條款時，他方得解除契約（§68 I）。

特約條款之擔保可分「肯定擔保」與「允諾擔保」，前者只擔保有關訂約時或訂約前某一事實之存在或事物狀態陳述之真實性。後者則係擔保契約訂立後某一作為或不作為之履行，或某一事實之存在。本法第 66 條屬於允諾擔保之性質，第 67 條則具有肯定擔保之性質。

Q11

何謂集合保險？何謂總括保險？

以多數之物為保險標的，稱「集合保險」，集合保險見於火災保險，房屋所有人就其房屋傢俱及財產投保火災保險，即使部分傢俱、財務屬於被保險人之受僱人或同居人所有，亦得同享保險契約之利益(§71)。

總括保險係以一定範圍內之物為保險標的，於災害發生後，就其實際損失，計算賠償金額之保險契約，其與集合保險的區別在於總括保險之保險標的有可交換代替的特性。

Q12

責任保險制度的目的何在？

責任保險者，謂責任保險人於被保險人對於第三人，依法應負賠償責任，而受賠償之請求時，負賠償之責(§90)。其目的在提供加害人足夠清償能力，並保護受害第三人得以獲得補償。保險人並得經被保險人通知，直接對第三人為賠償金額之給付。

Q13

何謂保險金之質借制度？

保險費付足 1 年以上者，本法規定要保人得以保險契約為質，向保險人借款，保險人得於 1 個月內期間，貸給可得質借之金額(§120)，此即為保險金之質借制度。但其並非真正之消費借貸關係，蓋在平準保費之制度下，保單之現金價值係屬要保人所有，故其性質實為「預支現金」，在保險人與要保人之間，並無債權債務關係，若要保人未償還時，保險人不得訴請法院強制執行，僅能依保單條款規定，主張終止保險契約。

Q14

何謂「財團法人住宅地震保險基金」？何謂重大震災國庫擔保？

為達到地震危險分散機制，依保險法第 138-1 條規定，財產保險業應承保住宅地震危險，以主管機關建立之危險分散機制為之。成立「財團法人住宅地震保險基金」負責管理，就超過財產保險業共保承擔限額部分，由該基金承擔、向國內、外為再保險、以主管機關指定之方式為之或由政府承受。有關危險分散機制之承擔限額、保險金額、保險費率、各種準備金之提存及其他應遵行事項之辦法，由主管機關訂定住宅地震保險危險分散機制實施辦法。

所謂重大震災國庫擔保，指因發生重大震災，致住宅地震保險基金累積之金額不足支付應攤付之賠款，為保障被保險人之權益，必要時該基金得請求主管機關會同財政部報請行政院核定後，由國庫提供擔保，以取得必要之資金來源。

Q15

何謂「財團法人保險安定基金」？執行情況如何？

安定基金設立的目的為問題保險公司有資本適足率嚴重不足或財務業務顯著惡化時，為保障要保人、被保險人、受益人之權益，並維護金融的安定，由財產保險業及人身保險業分別提撥資金，設立「安定基金」，提供保障。目前成立「財團法人保險安定基金」，展開基金之運作。

保險安定基金依據 96 年修正保險法第 143-1 條與「財團法人保險安定基金組織及管理辦法」第 2 條而設立，98 年完成財團法人設立登記程序。對問題保險公司的處理，包括接管國華人壽、國寶人壽、幸福人壽及朝陽人壽等。

國家圖書館出版品預行編目資料

商事法 / 陳櫻琴, 蔡鐘慶, 王忠一, 黃仲宜, 顏忠漢,
郭豐榮編著. -- 八版. -- 新北市：新文京開發出版
股份有限公司, 2024.01
　　　面；　公分

ISBN　978-986-430-999-3（平裝）

1. CST：商事法

587　　　　　　　　　　　　　　　　　　112022688

商事法（第八版）　　　　　　　　　（書號：H124e8）

編 著 者	陳櫻琴　蔡鐘慶　王忠一　黃仲宜　顏忠漢 郭豐榮
出 版 者	新文京開發出版股份有限公司
地　　址	新北市中和區中山路二段 362 號 9 樓
電　　話	(02) 2244-8188（代表號）
F　A　X	(02) 2244-8189
郵　　撥	1958730-2
初　　版	西元 2006 年 03 月 25 日
二　　版	西元 2007 年 09 月 25 日
三　　版	西元 2010 年 09 月 15 日
四　　版	西元 2015 年 08 月 10 日
五　　版	西元 2016 年 08 月 10 日
六　　版	西元 2019 年 09 月 10 日
七　　版	西元 2022 年 08 月 10 日
八　　版	西元 2024 年 02 月 01 日

New Wun Ching Developmental Publishing Co., Ltd.

New Age · New Choice · The Best Selected Educational Publications — NEW WCDP

新文京開發出版股份有限公司

NEW WCDP

新世紀‧新視野‧新文京 — 精選教科書‧考試用書‧專業參考書